U0115031

影响

中国绘画进程的
100位画家

张桐瑀 编著

广西美术出版社

序

为了贴近读者，普及美术史常识，本书选取 100 名推动中国美术进程的艺术家及其代表作，以历史为线，艺术家为点，采用图文并茂的形式，令大家读后既熟悉了艺术家和作品，又了解了美术史的发展脉络。

这一想法是受传统美术史学启示而来的。传统美术史学善于用最简练的文辞阐明深刻的道理。如"画龙点睛"、"外师造化，中得心源"、"胸有成竹"、"读万卷书，行万里路"都是深刻的艺术哲理。传统美术史学又善于删繁就简，从众多的美术家中挑出几个人物概括某一阶段的美术史现象，如"书坛二圣"、"画坛四祖"、"徐黄异体"、"元四家"、"明四家"、"四王"、"四僧"、"扬州八怪"等。这样的做法虽然简单了些，却抓住了美术史发展的环节，且令后人易记。

《影响中国绘画进程的 100 位画家》从传神论者顾恺之写起，直到谢世不久的李可染、陆俨少。纵跨魏晋南北朝、隋唐、宋元、明清，近现代一千多年的历史。选取的 100 位画家都是中国绘画史上的杰出成就者。阅读此书，不仅能了解历史上杰出画家鲜明的个性和艺术特色，而且可通中国绘画史发展的三大脉络。中国人物、山水、花鸟画之变迁，工笔、写意之变化，文人画的来龙去脉，书卷气的形成以及中国画由传统走向现代的过程，均可从此书中品读体会。

以点成线、以人带史、图文并茂、夹叙夹议是此书的特色。作者在引子中将中国文化、西方文化和日本、印度文化分别以泥土、金石、竹木为喻，也甚有趣。读者如不同意，可与作者争鸣。

本书作者张桐瑀君，多年来专攻中国书画创作和研究，曾随我攻读硕士，其硕士论文《黄宾虹引书入画之研究》是迄今为止对黄宾虹书画关系研究最深入者。读研期间，桐瑀君还写了一本黄宾虹书法的专著。

回忆三年相处，互相切磋，留下了许多美好的记忆。我们之间与其说是师生关系，还不如说是师友关系更为恰当。桐玮君能吃苦、勤钻研，对一个问题喜欢追根究底，确是一个研究者。为了看古代书画真迹，他自费跑遍了国内的博物馆，在字画鉴定上多有心得。当今社会，机遇多多，诱惑多多，但除了书画研究外桐玮君均不心动，很有些"风雨不动安如山"的精神。吾生无他好，书画娱生涯。愿与桐玮君共勉。

　　是为序。

李一

中国艺术研究院研究员

目 录

序 005

引子 011

第一部分
山水画的萌芽　人物画的极盛——魏晋六朝隋唐时代的绘画

传神论者——顾恺之 031

山水画的奠基人——展子虔 035

青出于蓝传神写照——阎立本 038

一代画圣——吴道子 042

丘壑一变奇境出——李昭道 045

水墨世界　诗的情怀——王维 048

中国工笔人物画样式的确立者——张萱与周昉 051

第二部分
由描绘到写意的历程

笔墨并重搜妙创真——荆浩、关仝 059

水墨轻岚写潇湘——董源、巨然 064

豪放狂逸写禅心——贯休与石恪 070

富贵野逸与花鸟精神——黄筌和徐熙 075

以图纪实写轶事——顾闳中 080

惜墨如金写烟岚——李成 084

得山之骨　与山传神——范宽 088

树起文人画旗帜的诗人——苏轼 092

胸有成竹写君子——文同 095

云烟变灭写山川《林泉高致》开新篇——郭熙 098

写生花鸟　山野之气——崔白 102

淡墨写出无声诗——李公麟 106

烟云变幻潇湘奇观——米芾与米友仁 110

不爱江山爱画图——赵佶 115

中国式的现实主义画风——张择端 119

疏影横斜写村梅——扬无咎 122

水墨苍劲立新风——李唐 126

一角半边写江山——马远、夏圭 130

几团笔墨一点禅机——梁楷与法常 136

留得清气在人间——赵孟坚 143

兰蕙清风万古香——郑思肖 147

撷取人间一段情——李嵩 150

精工而有士气的青绿山水——赵伯驹、赵伯骕 154

真工实能写士气——钱选 161

托古改制以退为进——赵孟頫 165

自辟蹊径写富春——黄公望 168

浑厚华滋墨精神——吴镇 173

人中高士画中逸品——倪瓒 176

王侯笔力能扛鼎——王蒙 179

元气淋漓　浑厚高古——高克恭 182

只留清气在人间——王冕 185

铅华洗尽露墨华——王渊、张中 188

第三部分

书卷气的形成——明清绘画的沉滞与复兴

外师华山中得心源——王履 195

光复元人意气的倡导者——沈周 198

以文化成书卷气——文徵明 202

江南第一风流才子——唐寅 205

繁中置简 静里生奇——王绂 210

不是文人是画工——仇英 213

笔不工意工的院体花鸟画——林良、吕纪 216

夕阳无限好，只是近黄昏——戴进、吴伟 222

浓妆淡抹总相宜——陈淳 228

笔底明珠无处卖，闲抛闲掷野藤中——徐渭 232

浙派殿军——蓝瑛 236

中国绘画南北宗的确立者——董其昌 240

古拙派人物画的复兴——陈洪绶 244

为真人传神写照的肖像画——曾鲸 248

壮阔雄奇 笔中逸气——弘仁 252

一片苍莽 风光无限——石谿 255

于无声处听惊雷——八大山人 259

清代文人画的中坚——王时敏、王原祁 263

山水清晖耀古人——王翚 270

搜尽奇峰打草稿——石涛 274

中西绘画整合的探索——吴历 278

胸中万象指中出——高其佩 281

一洗时习 别开生面——恽寿平 284

水墨浑沦 气象万千——龚贤 287

笔意遒劲 机趣横生——华嵒 290

扬州八怪的主将——李鱓 294

笔底幻化出清新——金农 298

画到精神飘没处 更无真相有真魂——黄慎 301

一枝一叶总关情——郑燮 304

沟通中西绘画的先驱——郎世宁 308

文人画发展方向的最后转折——赵之谦 312

胸襟潇洒墨花飞——蒲华 316

一拳打破去来今——虚谷 320

笔无常法 别出新机——任伯年 323

天惊地怪 笔走龙蛇——吴昌硕 328

第四部分
传统图式与价值的嬗变——中西方绘画的冲突与整合

才华蓬勃 笔简意深——陈师曾 333

兼收并蓄 开创新风——高剑父 336

黑墨团中天地宽——黄宾虹 339

天惊地怪见落笔——潘天寿 343

衰年变法 别有新意——齐白石 346

寂寞的耕耘者——林风眠 350

尽精微，致广大——徐悲鸿 354

独自成千古 悠然寄一丘——张大千 357

笔飞墨走精灵出——石鲁 361

一碗苦茶献众生——蒋兆和 365

江山如此多娇——傅抱石 369

"南陆北李"意匠新——李可染、陆俨少 373

后记 379

引子

引 子

由于原始早期时代，东西方各民族生存与繁衍所面临的自然与社会问题十分相似，所思所想、生活日用大略相同，感情表达、方法手段大致相类，因而，东方文化与西方文化出发点相距不远。然而，东方、西方虽在出发点上有相似之处，但在所走方向上却相去甚远，即便行进中或有冲突与借鉴，可发展走向仍各有原委，不相混同。也许在某一天，中西文化会再有一次大的会师，双方也只可能微笑着互相拥抱一下，带着从对方学来的先进文化，进行着自己下一目标的文化旅程，东西方文化最终会成为人类社会、文化不断发展不断超越的推动力。

全世界各民族的文化都对世界有所贡献，只不过不同时代、不同时期，每一民族、

舞蹈纹彩陶盆 新石器时代

每一国家、每一地区对世界作用有大小和强弱之分，但这一切都构成了人类世界向前发展的完整链条。早期的希腊、罗马、两河流域、尼罗河流域、中国、印度，后来的欧洲、美国、日本、苏联，都对世界的古代文化和现代文化贡献卓著。文化是和人类生活相关的一切内容，只是不同时期所解决的问题有所不同罢了，从大的方面来讲，无非是早期的人与自然关系、近现代的人与社会关系和当下与未来的人与人的关系，这三种关系解决的好与坏，是人类或某民族文化是否良性发展的前提。西方以"人定胜天"的勇敢，控制与利用自然，和自然形成矛盾对立关系，却又以科学、民主、自由、博爱的共识，很好地解决了人与社会的关系，重视个人价值，注意社会团体功能的发挥，推动着科学与法制向前发展。中国以"天人合一"的平和，把自己当作自然的一部分，和自然形成和谐统一关系，以伦理、礼俗、尊卑的理念，很好地解决了人与人的关系，重视家庭构建，注意人伦等级功能的发挥，推动着儒学与孝道向上提升。

这样看来，处理好人与人的关系将是世界未来的课题，而中国在此方面，有着三千年的经验，可以成为西方世界的借鉴，到那时，中国文化会再次复兴，中国文化也将成为世界性文化，只是现在刚刚有了一点苗头，还需要我们主动地去推动和拓展。世界各民族文化，由于生活、生产、自然环境的不同，所选择的文化方式与形制也有所不同，而在文化框架内的绘画艺术也自然有所差别，这也是绘画民族性的基础。

一般说来，世界文化艺术不外于"仰观天象，俯察地理；远取诸物，近取诸身"而成。单从生活方式、自然环境、物理基础而言，可大致分为三种类型：西方的"金石文化"，日本、印度的"竹木文化"，中国的"泥土文化"。正是这种三足鼎立的态势，撑起整个世界文化，构成了人类文明的基本框架。

西方的"金石文化"注重金属和石器，这也和生存方式紧密相连，西方农业和定居生活比我们要晚得多，以狩猎和肉食为主。原始时期击打猎物和城邦奴隶制时期用于战争抢掠，无不是通过金石武器而获得。现代奥林匹克传统体育项目中，有许多就是当年战争的遗存，掷铁饼、投铅球、投标枪，助跑投掷的距离差不多是船头到船尾的长度，投铅球的动作在我们看来，仍有在船头旋转怕掉进水里的感觉。金属武器是他们头等重要的工具，因为在海上战争，不能像陆战那样穿铠甲兵服，战士们都赤裸身体，不然的话，

鹳鱼石斧纹彩陶缸 新石器时代

一旦掉进水里，铠甲兵服会使他们沉入海底。起先是战争必需，也因在战争中体现出了个人的价值和自信，他们赤裸的身体后来渐被提升到美和艺术的高度。看来艺术正是在长期生活中造就的，"远取诸物，近取诸身"是为注脚。有学者说，中国没有"裸体文化"和"性文化"，并呼吁建立中国的"裸体文化"。这是没有重视中国的文化国情所致。我们的文化发源地——黄河上下，是黄土万里（海洋文化影响中国是后来的事了），我们的文明一开始就是根植于"海中地"上皇天后土之中的"衣冠文明"，和西方肇始于"地中海"水面上的"裸体文明"是有区别的。

西方的居所也都以石材为主，在关键装饰部位配以金属点缀，从教堂到皇宫再到民宅无不如此。甚至全用金属构成建筑，法国埃菲尔铁塔便是这种爱好的极端表现。西方的医药大多也都从金属石块中提炼，从狩猎到战争再到日常生活，"金石文化"无所不在。

因为是"金石文化"，表现在美术中是重视质量、体积，长期的狩猎和战争使他们发现了单眼瞄准更加准确，就有了对透视和空间的认识，表现在美术中则是强调定点透视和空间位置。

再者西方人眼窝都很深而且视域窄，闭上一只眼就是一架天然"透视镜"。碧海蓝天造就了他们对色彩的敏感，在美术中走的是以色图形的道路。因为是金属石块，就有了反光和高光，在绘画中就有了光和影。西方绘画的创作过程是由点到线，由线到面，由面到体积，由体积进入空间，再由空间构成画面，并用色彩呈现画面，由画面表达思想，再由思想体现智慧与修养。因此，审美要求和审美习惯和我们有所不同。而中国的"泥土文化"重视的是我们赖以生存的土地。中国是以农业和素食为主的，定居生活比西方早得多。也有过以"金属和石器为标志"的时代，可我们的食品主要不是靠战争获取，而是通过耕种从泥土中长出。我们的体育项目更多的是以柔克刚，西方人锻炼的是体魄，我们练就的是智慧。揣摩智慧往往只能靠人的表情，我们的人物画重视的是面容，头以下有时显得造型不准，可我们主要看的是是否传神。最早的绘画理论是"传神论"，和西方最早的绘画理论多是数理原则大相径庭。

泥土对我们华夏民族的造就比任何一个民族都重要，在日出而作、日落而息，脸朝黄土背朝天中增加了我们对泥土的亲和力，也增加了我们对土地的认识。自从我们的先民抟土造器开始，便掀开了中华"泥土文化"的新篇章。犁开春土一线，使我们领悟到这一线的魅力，犁开的泥土深浅和土壤肥力关系到收成的好坏，也关系到耕者的喜怒哀乐。对土壤的评价最后引申到书画评价是再自然不过的事情，书画中用笔"轻重缓急"，用墨"浓淡干湿"，画面浑厚华滋、敦厚有力，无不和土地耕种有关。心理学家判断，人类在长期进化中，进化行为在人类心灵深处也许同样留下了痕迹。并且沉淀在意识和本能深处，平时不易被人觉察，而在审美过程中则会起到微妙的作用。对泥土和作用于泥土之上犁痕的敏感和认识，使我们的绘画一开始就走上了用笔、用线造型的道路。

我们的建筑多是由土木构成，从长城的砖，到民宅的瓦，从皇宫的墙，到府第的门，无不以泥土为主，就是高级一些的琉璃还是用泥土炼就的。西方建筑理念中追求的是独立于自然，甚至是排斥自然的城堡式建筑，窗门很小，力求纵线的高耸。在这方面，我们刻意使建筑与自然息息相通，甚至用格、透、借景等办法，把很远的景致都纳入其中。窗门开得很大，留意横线的宽广，并且注重空白和空间疏密的运用，为书法绘画的空间布白具有"原始汤"之用。

因为我们是以农立国，在长期的农耕采集中，造就了我们善于宏观、整体把握事物的心眼，对土地好坏、果实成色用的是上下左右打量的眼光，而不是猎取时的单眼瞄准。因此，我们对平面空间的把握机会多于对焦点透视的认识，表现在美术中强调的是散点平面透视。这种透视方法不像西方绘画那样受定点、闭单眼的限制，运用起来比较自由，可以在一幅画中画春夏秋冬，千山万水，而西方绘画就很难做到这一点。另外，中国人的眼窝大多外突，视野广阔，这也是散点平面透视的生物学基础。长时间在烈日下的劳作耕耘，更向往大屋檐里和林荫之下的惬意，久而久之，我们发现了荫翳之美，那么就没有比浓淡相宜的水墨更适合这荫翳之美的了。这和西方人躲在暗处等待猎物袭击目标时，向往阳光下的多彩世界正好打了个穿插。西方绘画追求色彩的富丽变化绝不是偶然的选择，而是和生存方式紧密相关。由于泥土在我们的生活中无所不在，使我们有更多的机会在泥土上和泥土制品上刻画，这不仅是人的本质力量的外化，也体现出了人类对美的追求，我们对这刻画的线赋予了更多的情感和内涵。在绘画中不仅仅停留在轮廓线上，而是超越轮廓线，在线本身的美上用意颇深，所以在绘画中我们不称用线，而是称

人物驭龙图

为用笔。我们最高的艺术是用笔难度最大的，书法、绘画无不如斯。中国绘画有时在不构成任何物象的单纯笔墨中，可以体现出作者的学识、修养、品格、境界。中国绘画领域中，真正的大师很少，主要原因也许就在这里。在偏离笔墨本质，追求形色方面，大师更是罕见，因为这不是我们的强项。

所谓"竹木文化"，是指东方文化两极边界的日本和印度文化，这种文化往往是移植或吸收其他文化而成，是生长于"金石文化"和"泥土文化"表层之上的文化，它易受周边文化影响，改变自己的文化，适应性很强。印度古代就受到西方影响，在美术方面吸收得更多，甚至曾一度影响到中国美术的进程。日本古代文化多受中国影响，而近代更多的是受西方影响。古代的印度、近代的日本，都是我们看西方的窗口。因为是"竹木文化"，它很适合异地移植，只要培育得当，就能扎根发芽，开花结果；因为是"竹木文化"，体现在美术方面，追求的是竹木纹似的细腻效果和纹理的装饰风格，在色彩的单纯明净上更显神通。这在许多方面是很值得中西方共同借鉴学习的。

综上所述，由于中华民族和泥土的特殊关系，最早具有很强绘画性的作品，都和泥土有着密切的联系。新石器时代仰韶文化时期的甘肃秦安大地湾地画就画在地面上。更多的绘画性作品则出现在用泥土所制的陶器表面，我们名之为彩陶艺术。彩陶艺术大致可分为绘画类和图案类，绘画类以青海省大通县孙家寨所出的舞蹈纹彩陶盆和河南临汝县出土的鹳鱼石斧纹彩陶缸为代表。舞蹈纹彩陶盆，绘三组舞蹈者，每组五人，被间隔描绘于盆的内壁上，人是剪影式的，脑后垂着发辫，很像儿童。他们手拉着手舞动，律动整齐，音乐感很强。由于是画在器物内壁上沿部，欣赏时，有一种循环不已的韵律美。如果在舞者脚下几道弦线部位盛水欣赏，舞者身影会映入水中，使画面更加美丽动人，我想古人也许就是这样欣赏该作品的吧。

舞蹈纹彩陶盆在中国共有两件，另一件也出土于青海，其绘画技法、图案安排和前者极为相似，所不同的是舞者一组十多人，腰间好像着裙，很像女童，两幅作品可以互为参考研究。鹳鱼石斧纹彩陶缸上的作品就有些像独立的花鸟画了，技法难度也增加了很多。画面绘有鹳鸟衔鱼，旁边立一件石斧，缸高 47 厘米，画面大而突出，用白色在夹砂红陶缸外壁绘出鹳、鱼、石斧，然后以粗重有力的黑线勾出鹳的眼睛、鱼身和石斧的结构，鹳喙部位和石斧把握部位用锐器刻画而成，可以说是刻绘结合的作品，也是中国美术由刻画向绘画转变的佐证。关于这幅作品也有多种说法，有说是鹳鱼崇拜，有说石斧是权力象征，等等。我们在研究先人文化时很容易把图腾崇拜到处乱用，用当代社会政治学理去对应上古社会。其实上古社会自然对人们的影响是大于社会政治对人们的影响的，只是近代我们远离了自然，社会政治对人们的影响才增强。鹳鱼石斧纹彩陶缸有另外一个名字叫伊川缸，是埋葬死婴的葬具，上面所绘画面无非是祈福辟邪之用，这和汉唐陵墓绘画、明器用途并无二致。鹳鱼是表示鱼汛季节的丰收景象，石斧是猎鱼时把鱼赶入浅滩击打鱼头所用，鱼被击死后，剖腹晾晒，以备日后食用。也许有人会问，有些陶器上所绘的是鱼衔鹳或鸟又如何解释？我们所见到的大多是鱼衔水鸟，一般认为鱼不会飞是不可能吃到鸟的。其实在许多生物学、动物学中，我们都可以了解到鱼是能吃鸟的，而且能吃鸟的鱼有许多种，它们成群结队把涉水捕食的鸟拖入水中吞而食之，鱼衔鸟和鸟衔鱼所表达的意思没有质的差别，都表达了辟邪祈福、丰收吉祥的含义。

在彩陶艺术中，数量最多的还是图案纹样类。通过这些图案纹样不仅可以划分一个时期，也可以划分一个地区。彩陶艺术在中国文化中流行的时间长达三四千年，可以说是在所有美术种类中存在时间最长的，而且是母系社会时代女性所创造的灿烂文化。可我们当下许多美术工作者对彩陶艺术是最陌生的，虽然它处于美术的孕育萌芽阶段，但它却是源。如果我们对所研究的东西不去探本溯源，那也很难讲对流脉的梳理了。我们应当理智地认识到，没有一个孕育萌芽的阶段就没有以后的茁壮成长。彩陶艺术产生于没有文字的时代，它不仅是为了美观才如此这般，更重要的是表达了某种观念，传达了某种信息，也许代表着部落氏族的共同追求和共识。当时不仅在陶器上绘饰纹样图案，而且在人的身上和面部也用颜色涂绘纹饰，新疆出土的几具古代干尸脸部仍能看出涂绘的残迹。虽然彩陶艺术遍布全国各地，但代表其艺术水平的主要是黄河流域，并可简单划分为仰韶文化和马家窑文化。仰韶文化最初发现于河南渑池仰韶村，年代约为公元前5000～前3000年，其前段称半坡类型，后段称庙底沟类型。马家窑文化发现于甘肃临洮马家窑，年代为公元前3800～前2000年，根据先后传承，可分为石岭下、马家窑、半山、马厂等四个类型。彩陶艺术特点总体来讲：首先是注重立意，不单纯模拟自

龙凤仕女图

然形状，不斤斤计较事物局部细节，往往把被描绘物的本质特征概括为几何形，按一定格式规律重新组合成新的形态，以表现其律动意味。图案大都采用动的格式，庙底沟、马家窑还采用了动而不对称的格式，以突破均衡的二方、四方连续。作定点的圆点以奇数居多，这样形成的对称比偶数对称灵活可爱，但又不失稳定感。装饰纹样南北朝以前沿着彩陶运动的格式发展，象征了中华民族上升时期旺盛的生命力，也因此逐渐发展固定为代表中华文化传统的保留图案。彩陶图案具有标志性，是以最大限度的单纯化，高度概括、浓缩而成。有些纹样已发展成为徽标样式，只有能够表达完整的一个观念才能如此固定。这和象形文字有共同之处，思维方法是相同的，表现出古代人民较强的逻辑思维和善于把复杂的事物作哲理性概括的能力。可以说彩陶艺术已具备了后世美术发展的全部内核，也暗示出传统艺术发展的方向。在谈到刺激美术发展的作用时，首先应该肯定宗教为促进美术发展起了相当重要的作用，无论西方的基督教还是东方的佛教莫不如是。但在中国，墓葬文化也对美术的发展有着不可忽视的重要作用。中华民族在上古时期就对宗庙祖先非常重视，想方设法表达他们的崇敬之情和美好祝愿。把这种情绪外化于各种载体之上，便产生了绚烂多彩、美轮美奂的艺术作品。在佛教艺术引进中国之前，我们有着统一的具有民族特色的美术发展史。佛教美术传入后，改变了中国美术的进程，也改变了我们的审美习惯。在这以前，中国美术重视的是形与态，是一种意象的形和传神的态，体会的是形与象的意味，而不是西方的形与体给人的视觉冲击。中国人物画身上的衣褶是紧贴物象形态走，说是衣褶毋宁说是一种纹饰，一种表达情绪的纹饰，它疏密有致，节奏飞扬，耐人寻味。而西方的衣褶是紧贴形体结构走，表现的是体量和深度，因此，可以说中国重形、西方重体。在先秦法家韩非子的论述中有这样一个寓言故事：客有为齐王作画，齐王问曰："画孰最难者？"曰："犬马最难。""孰易者？"曰："鬼魅最易。""夫犬马，人所知也，旦暮罄于前，不可类之，故难。鬼魅，无形者，不罄于前，故易之也。"（《韩非子·外储说左上》）从这段文字里我们也可以体会到中国绘画对形的重视，也指出形有难易之分。而西方绘画造型就无所谓难易，只要掌握了技法，画山水、人物、静物要求都差不多，绘画技法有相对的共通性，会画一种其他都会，就看画家个人喜好。中国绘画分科很多，学一种会一种，所以才会出现画山水的几乎不能画

东王公、乐舞庖厨画像石　东汉　山东嘉祥

人物，擅长画人物却不擅花鸟、山水的特殊现象。

佛教美术传入后，由于人们对佛的尊崇之心，又有佛教规仪的固定样式，画者只好遵法而行，到了唐代才把佛教美术融化吸收为具有中国特色的大唐艺术。但重工、重法、重色还是佛教美术的衣钵。按中国自己血脉发展的帛画、汉画石和魏晋南北朝时期彩砖画受到抑制而发展缓慢。到了南宋前后，我们才摆脱尚工、尚法的羁绊，发展了最能代表中国特色的文人水墨写意，找回了那随意的用笔、鲜活的形象。佛教美术的进入，丰富了我们的审美视野，也使得绘画这个领域复杂化了，甚至是较以往更加矛盾了。我们美术学界的一些学术争论及审美趣味的差异，和外来美术介入，引起观念改变、复杂不无关系。甚至有人认为外来美术进入，是促进了中国美术发展进程还是延缓了这个进程，是一个值得研究的问题。

发现于湖南长沙的两幅战国晚期的帛画，是我国美术自主发展，没有受佛教美术影响时期的作品。虽然还残留着装饰图案的痕迹，但在用笔和样式上，已很像后世的写意画，可以说是卷轴画样式的先声。战国帛画一幅是《人物驭龙图》，一幅是《龙凤仕女图》，都是在丧仪中张举的旌幡，也就是俗语所言的灵头幡，逝者入葬时覆于棺盖之上。

《人物驭龙图》中，画一高冠长服、佩长剑的贵族男子侧身而立，手握驭龙缰绳，凌空而行。整个画面以劲健有力的线条勾出，注意笔的提按起始，用笔转折轻松自如。此图虽然还残留着许多图案纹样的痕迹，但这也证明了中国绘画，是从图案纹样中独立

君车画像石 东汉

宴饮画像砖 东汉 四川大邑

出来的。

　　《龙凤仕女图》画一名侧身而立的年轻女子，头绾发髻，着束腰绣花长袍，裙摆很宽，很可能是当时的流行款式。女子左手抬起，面带笑容，似乎正要紧随上方的龙凤，步入理想的天国。这幅画在整体艺术水平上要高于《人物驭龙图》。构图简洁精练，没有多余的东西。人物被安排在横线的十分之七处，避免了人物居中给欣赏者带来的压迫感，这也合乎"黄金分割"的构图原理。在用笔方面，《龙凤仕女图》也较《人物驭龙图》出色，提按顿挫均有照应，线条变化微妙而丰富。尤其凤凰的两根尾翎，用笔富有弹性，体现出较强的控笔能力。关于这幅画的内涵，有学者认为凤凰代表正义一方，龙代表恶

盐井画像砖 东汉 四川

势力;这幅作品表现了正义战胜邪恶、光明战胜黑暗的思想,图中凤凰处于即将胜利时刻,龙处于就要失败的境地等。但其实该作品用意非常简单明了,是一幅龙凤呈祥图,表达了人们对逝者的美好祝愿,这种龙凤呈祥图,现今还以各种形式流行着。

两汉时期,政治上主张"罢黜百家,独尊儒术",以儒学为标志、以历史经验为内容的先秦理性精神开始渗入人们的观念,"助人伦,成教化"、"惩恶扬善"成为艺术作品的礼教要求。按理说,这样的时代会产生那种说教式的刻板艺术样式。但恰恰相反,礼教根本没有束缚住两汉人的心灵。汉代是一个充满青春活力的时代,是一个极有魅力和充满幻想的时代,是一个造就出汉武帝和霍去病的英雄时代。这样的时代,礼教只能规范人的行为,但不能规范人的灵魂。人们充满了对生命活力的渴望和对美好生活的浪漫幻想。我们翻开汉代画册，一匹匹骏马、战车从画册中窜出，按都按不住，成群结队的人马不停地驰骋着，不知去往何方，到哪里才能停下。也许是去战场争杀，也许是欣喜汉帝国的广阔乐土，这些疾驰的人马到了东汉末年才放慢了脚步；也许是跑累了，也许是预感到不久将有一个自家兄弟相互拼杀的时代，总之汉画繁盛的时代也将谢幕了。

两汉画像石与画像砖，可代表汉代的绘画艺术成就。它浓缩了时代的方方面面，艺术品如果能代表一个时代，那它的价值会超出艺术价值而具有社会历史价值，汉画就是这种具有双重价值的艺术。

画像石与画像砖是以刀凿代笔，在坚硬的砖石上雕琢而成，是绘画与雕刻相结合的艺术。

画像石是用于构筑墓室、石棺、宗祠或石阙的建筑石材。画像砖多用于装饰宫殿府舍的阶基，西汉中期以后，主要用来装饰墓室。画像石萌发于西汉昭帝、宣帝时期，画像砖则在秦代时已有所发展。

东汉时期，画像石分布地区扩大，形成几个主要地区：以山东为基点，辐射苏北、皖北、河南、陕北、晋西北、四川地区。内容多为迎宾拜谒、车马出行、军列对阵、乐舞杂技、神仙鬼怪、历史典故、日常生活、帝王义士，等等，可以说是汉代现实生活的真实写照。雕刻技法主要有阴刻线、阳刻线、减地浅浮雕。山东地区的画像石，在雕刻技法、样式种类上比其他地区多而且水平也高，各种风格都有体现。最豪迈奔放、粗犷有力的是河南南阳地区的画像石，它是直接在荒石上凿刻而成。我们所见的南阳汉画拓片，画面斑驳不堪，以为是年代久远风化所致，其实是条石表面粗糙而形成的。最细腻有致的要算淮北地区的画像石了，它在减地浅浮雕的基础上，又在形象上雕刻细部，有些地方细如毫发。最具有生活气息的是四川汉画，所表现的内容大多是现实生活、生产场面，有躬耕畎亩、弋射收获、荷塘渔猎、深井采盐，等等。这些活生生的形象，不仅给人以审美享受，而且也让人领悟着生活与生命的内在意义。四川人至今在吃、喝、玩、乐方面的热情仍比其他地区高涨，就是一个有力的证明。

画像砖形状分大型空心砖和实心砖两种，画像制作方法有模印和刻画两种技法，模印又有阴模、阳模之分，是在砖坯未干时，用预先刻成的印模按印而成。阳模印的是凹线，阴模印的是凸线。我们现在所看到的汉画多是黑白拓片，虽然黑白分明、对比强烈，但和汉画本来的欣赏方法是不同的。汉画石、汉画砖原来都是着色的，由于年代久远而褪色，从色彩保存完好的砖石来看，当时的色彩非常艳丽华美。那时不仅汉画石、汉画砖大多着色，陶俑也不例外，西安出土的着色兵马俑就是明证。

创造汉画艺术的是古代的普通工匠，他们都没有留下自己的名字，却以群体的合力载入美术史册，推动着中国美术的发展以至成熟。从绘画史上看，汉画艺术是中国绘画从墙上到纸上、从坟里到家中、从图案到绘画欣赏转换的分水岭。

以上所举的作品，都没有作者的姓名，而且都是普通工匠所为。这些作品都和现实功用紧密结合在一起，并不是独立于功用之外，专供欣赏的艺术品。可是，在今天看来，这些并非艺术品的艺术品，是那样的耐人寻味、生动鲜活，虽然这些作品造型还不够准确，着色也随心所欲，但却将万物的神采传达无遗。这些普通工匠，并没有被形色所困，他们想表达的是自己的胸臆和万物的神采气韵。通过这些作品，我们也许会明白，中国最早的画论为什么是传神论，而不是造型论。这也预示着，中国美术史的车轮，不久将驶向晋代的传神论者——顾恺之。

第一部分

山水画的萌芽、人物画的极盛
——魏晋六朝隋唐时代的绘画

传神论者——顾恺之

汉末的战乱结束了两汉王朝的统一局面，进入了时间最长的政权分裂时期——魏晋南北朝。这个纷繁动荡的时代，在中国的 24 部"正史"中，竟有 11 部正史对此有过记述。

动荡战乱不仅动摇了统一的江山，也动摇了"独尊儒术"的礼教规范。长期的战争，人们对人生和生命的体认比任何时代都深刻，生命的突然消失，仕途的起伏坎坷，使人们在患得患失中更觉人生无常，在出世与入世中流连往复，在放浪形骸与希冀价值肯定间徘徊，矛盾的心情在所谓"魏晋风度"中体现出来。这使得中国绘画开始追求所谓的"神采"与"风度"。

信仰的危机，并不等于信仰的真空，从原始先人到当今人类，从来没有停止过寻找寄放心灵的载体。汉末东传的佛教开始在适合它成长的土地上扎根发芽，从更新的角度重新认识《周易》、《老子》、《庄子》的玄学清仪之风开始流行于士人阶层，这又造就了全新的艺术氛围。在中国历史上有一个独特的现象，就是任何少数民族进占中原后，不是生活难以适应，自行退却，就是被中原文化所融合，甚至把整个民族消解殆尽。中国文化包容量之大，在这里也可见一斑。魏晋南北朝阶段就是这样的一个时期，战乱纷争使各民族互相融合，文化在这里相互碰撞，佛教也踏上了汉化的历史驭车。文化艺术往往在曲折中产生，而不是太平盛世的产物。魏晋时代是一块适合生成艺术的土壤，顾恺之就生活在这样的土壤上。

战国、两汉时期，普通工匠、画工们创造了美轮美奂的作品，可谓彪炳千秋、永载史册。但是，那时的绘画一般都画在墓葬墙壁上和建筑材料上，而独立性绘画多和工艺图案、纹样相混杂，没有独立意义的绘画作品。以顾恺之为代表的，具有艺术家意识的画家们，把绘画从图案纹样中解放出来，从此绘画开始了本体意义的自律发展。

顾恺之（约 345—409），字长康，小字虎头，晋陵无锡（今江苏）人。他出身官宦家庭，父亲悦之历任无锡县令、别驾、尚书左丞。顾恺之幼时秉承家学，多才多艺，尤工丹青，有"才绝、画绝、痴绝"三绝之名。与上层社会名流过往密切，晚年通直散骑常侍，是东晋成就卓著的画家和早期绘画理论家。

据传说年轻时的顾恺之曾在南京瓦官寺许诺施赠百万钱，僧众未有肯信者。于是，顾命留白壁一墙，并关门闭户一百余日，画出了《维摩诘说法图》。及开光之时"光照一寺"，施者纷纷出钱，不久即得钱百万，可见顾恺之的绘画在当时是非常受欢迎的。他的绘画非常重视传神，尤其注重眼神的描绘。他作画数年不点眼，人问其故，他回答："四体妍媸本无关妙处，传神写照，正在阿堵中。"认为人物形体美丑对绘画的意义不是主要的，而眼睛才是传神的关键。他画过许多人物肖像画，都很好地表现了人物的风采。画有眼疾的殷仲堪将军肖像时，为使画面美观，他以"明点瞳子，飞白拂上，使如轻云之蔽日"的构思，巧妙地化丑为美。画谢鲲时，把谢画在有山岩的环境中，用以衬托人物的个性。他画裴楷肖像时，在面颊上加了三毫，顿觉神采殊胜。关于这"三毫"有两种说法，一种是在脸上画三根毛，以显人的神气；一种是在颧骨处加三笔，以示清瘦之志，但不管怎么说，都是围绕人的神采用意。

顾恺之有三篇画论《论画》《摹拓妙法》《画云台山记》，是关于绘画评论、美学追求、绘画技法的总结。中心思想是"传神"论和"迁想妙得"的意境追求。

顾恺之与南朝的陆探微、张僧繇，在绘画史上称为"六朝三杰"。可惜陆、张的绘画已无迹可寻，就是顾恺之的作品，也是靠后世临摹才得以流传至今。这些作品有《女史箴图》《洛神赋图》《列女仁智图》等。虽然是唐、宋摹本，也是我们研究早期绘画的重要资料。

《女史箴图》根据西晋张华讽谏贾后宣扬封建女德的《女史箴》内容所作。作品原分12段，前三段已佚，现存九段。《洛神赋图》根据三国时期曹植的《洛神赋》为题材内容所作。《列女仁智图》据汉代刘向《仁智传》内容创作，绘有智谋远见的妇女49人。现仅存28人。东晋时期的绘画仍然沿袭曹植"存乎鉴者，图画也"的理论体系，绘画的作用是："明劝诫，著升沉，千载寂寥，披图可鉴。"绘画题材多以伦理纲常为主。

从这几幅作品中我们可以看到，顾的用笔和汉画有着一脉相承的联系，他在汉画基础上进行了秩序上的梳理，使人物衣袍和人的情绪统一在一起，通过袍袖、帔帛的飘飞，体现人物的心理和感情，同时增加了画面的节奏律动感。线条是以连绵不断、悠缓自然

顾恺之《列女仁智图》局部

顾恺之《女史箴图》局部

的"高古游丝描"为之，如"春蚕吐丝"、"行云流水"一般，充分发挥了毛笔中锋的特性。改变了汉魏绘画先涂形色后勾线的画法，而是先勾轮廓后着色，为中国绘画用笔独立埋下了伏笔。东晋的绘画处在"尚韵"阶段，因此在形色方面不刻意追求，而是追求鼓动飞扬的神韵。顾恺之的绘画就是杰出的代表。

顾恺之在美术史上的贡献是多方面的，他把绘画艺术从图案纹样中解放出来，使卷轴画开始具有独立艺术价值；创立了使用毛笔的"描法"，为以后的"十八描"奠定了第一描；改变了先色后线的绘画方法，总结了两汉美术成果；使绘画艺术从工匠艺术提升到士人艺术，为文人介入绘画开了先河；提出了"传神"理论，指明了中国绘画的追求方向。可以说顾恺之是东晋最杰出、最伟大的艺术家，也是中国美术史上不可或缺的艺术宗师。

山水画的奠基人——展子虔

中国山水画滥觞时期，是在南朝的刘宋朝。作为人物环境背景来处理的山水，早已在汉画艺术中出现，中国山水画相对独立比西方风景画早一千多年，欧洲在文艺复兴后期才有风景画的概念，是历经百年在几个国家共同努力下才完成了风景画独立进程，而且在审美趣味上和中国有着极大的不同，追求的是质感、量感、空间感的形色方向。在解决了风景画所有问题后，开始了式微期，到现在我们已不知西方还有什么风景画派和风景名家，这是西方风景画走向终结的信号。而中国山水画在发展了一千五六百年后，仍然方兴未艾，生气依旧。这是一个值得研究的问题。

中国山水画的萌生，是有着深刻的社会、文化背景的。南北朝时期的兵荒马乱，给人民带来了深重的灾难，却造就了中国独特的士族庄园经济，使一些士人游离于社会，得以有机会对中国文化做形而上的深刻思考。东汉气节此时已无济国事，人们开始转向对个人的清议品评，由两汉的"齐天下"之激情开始转向退避山林、精研玄理的独善之道。山水诗也在此时繁荣起来，文人在以山水诗寄托情怀的同时，也把目光投向了锦绣山河。因战乱而南渡的中原民众，始终没有割断对家乡山川的眷恋之情。佛教昌盛必将广建庙宇，正如唐代诗人杜牧所云："南朝四百八十寺，多少楼台烟雨中。"可以说：率土之滨，莫不有寺。名山之顶，何处无僧。丛林僧众的生活，也是文人士夫向往的境界。儒、道、释、玄已成为南北朝山水画萌生的语境，在这语境中产生被称为"唐画之祖"的展子虔，便是顺理成章的事了。

展子虔，渤海人。据《历代名画记》载，曾历北齐、北周，至隋代，为隋文帝杨坚所召，任朝散大夫、帐内都督。

传说展子虔刚到京都长安时，汝南的著名画家董伯仁也从河北来到长安。他很看不起展子虔，轻视展所绘作品，随着时间的推移，董伯仁逐渐认识到展的绘画妙处，不仅改变了对他的成见，而且向展学习优点，最后同展子虔有了许多相同的绘画特点。正如李嗣真所说："皆天生纵任，亡所祖述。动笔形似，画外有情。"足以说明二位画家的绘画，是不受传统古法的约束，突破传统、另辟蹊径的创造。

在唐代，展子虔是以人物车马著名的，是一种"描法甚细，随以色晕开"的画法。人物面部神采如生，意态俱足。代表作品有《北齐后主幸晋阳图》、《维摩像》、《故实人物图》、《十马图》等，可惜都已散佚无存了。

展子虔现存的绘画作品，只有一幅山水画《游春图》，是收藏家张伯驹先生捐献给国家，由北京故宫博物院收藏的。虽有年代存疑，但不失为一幅具有历史意义的精品。该图以全景方式展现了广阔的山水场景，图中群山草木葱茏，白云出岫。画面中部，表

展子虔《游春图》

现出阳光绚烂，碧波荡漾的湖面上，有一叶扁舟游弋。湖岸之上有游人策马而行，杂以楼阁、院落、桥梁，在人们面前展示出一幅杏花初绽、春风习习的游春画面，将"仁者乐山，智者乐水"的趣旨，转化成了美丽的画卷。

该图是勾线敷彩的青绿画法，是以矿物质颜料赭石打底，然后再敷以石青、石绿而成，追求的是一种富丽堂皇的效果。从这里可以看出中国画的"水墨"是从"丹青"中蜕变而成的。从画面上看，峰峦层次重叠，前后远近分明，湖面宽阔、轻舟荡漾，已有"咫尺千里之趣"，完全改变了魏晋山水画的"人大于山、水不容泛"的缺点。在树木造型

上也改变了魏晋山水树木"列植之状则若伸臂布指"的幼稚程式。唐以前各种皴法还没有总结成形，是用勾勒人物之法勾勒山石，无皴无擦；山上远树之点完全是为状树之貌，和宋元以后各种"混点"树法差距很大；山水远近是靠罗列山形轮廓层层推去而成。这说明此时山水画还未完全成熟，尚待日后进一步的发展。

但是，展子虔的《游春图》在中国美术史上有着划时代的意义，在构图、用笔、用墨、用色等诸多方面构建了基础骨架，全方位找到了适合中国文化国情发展的山水画一般法式。中国画的所谓"南宗"、"北宗"都是从这里流变而成的，从《游春图》中，我们已窥视到了中国山水画成熟的曙光。

青出于蓝传神写照——阎立本

中国经过两晋、南北朝三百多年的战乱、分裂，至隋唐才又得以完成统一。这一时期是在两汉之后，中国文化空前发展的又一高峰，这一高峰是全方位的复兴，无论政治、经济、宗教、书法、文学诗词、美术等各方面都出现了高度繁荣，这是历史给予唐代的一次机遇。

隋朝统一的时间很短，但在各方面是开花结果阶段，政治上的胸怀博大，经济上的恢复，宗教领域，佛、儒、道都有自己的天地。书法中的魏碑为向唐楷过渡创造了条件，文学中的诗歌已为唐诗铺好了产床，佛教美术、造像已完成汉化进程。这一切都是在隋朝以前播下的种子，唐朝所承接的，是一个百花齐放的园地，只要施肥、剪枝适当，就等瓜熟蒂落，享受这丰收的果实了。在绘画的园地里，最先摘得这果实的人就是初唐画家阎立本。

阎立本（约601—673），雍州万年（今陕西西安）人，官至工部尚书，后任右相。初从父亲阎毗学丹青之法，后学张僧繇、郑法士而"青出于蓝"。

在唐代，画家的地位不是很高，这可能和中国文化注重形而上的思辨，轻视形而下的器物形色有关。唐代的绘画用笔、用墨还没有独立，笔墨的功用主要是摹物状形，在美术领域还没完成"提器为道、提技为艺"的任务。当时的阎立本虽然身居要职，却以绘画显名于众。人们把他与立功沙场的左相姜恪做了比较，称"左相宣威沙场，右相驰誉丹青"。据史料记载，有一次，唐太宗与侍臣泛舟春苑，见池中异鸟随波荡漾，太宗十分欢悦，急命阎立本写此情景，把已官至主爵郎中的阎立本，当作画师呼来唤去，以致他"奔走流汗，俯伏池侧，手挥丹素"。阎立本回家后感到非常耻辱，因而告诫儿子说："吾少好读书属词，今独以丹青见知，躬斯役之务，辱莫大焉！尔宜深戒，勿习此艺。"从中我们也可以体会到唐代画家的社会地位，不过如此这般而已。

唐朝崇奉佛教、道教，道释人物画极为盛行，佛教美术进入后，经过几百年的互相吸收，虽然已经汉化，但我们融合佛教美术的同时，也受其影响弥深。顾恺之前后时代

阎立本《步辇图》局部

的那种帔帛飘飞、绸服鼓胀的风格，以及衣纹按仪态、情绪而行的画法已有所改变。佛教美术受西方影响，西方美术重体量，衣褶顺结构而行，说明的是形体，只有衣褶而无衣纹。在唐代受佛教美术的影响，中国人物画的衣纹，也开始按形体结构而行。鼓胀飞扬的绸服已有所安静，画家往往把更多注意力集中到人物的动作表情上。佛教美术对中国人物画的另一个影响是人物安排方面，佛教美术有一定的样式，就是把佛放在高大而

晋武帝司马炎

阎立本《历代帝王图》局部

中心的地位，如一佛两菩萨就是典型。中国人物画吸收了这一点，也把主要人物和帝王放在中心突出地位，甚至把陪衬人物缩小，来突出重点。有人说，唐代佛教美术是在走向世俗化，其实唐代人物画是在走向佛教化，真正意义的佛教美术世俗化，是在五代、宋朝以后的事了。不能因为佛教美术有了世俗人物的模样，就说它是世俗化，正是企图把人的本质力量抬升到宗教的崇高地位，才使佛教美术有了世俗人物的模样，这也符合大唐盛世的风范气度。试想有哪个朝代的帝王能比佛的地位高呢？那只有唐代才能做到，唐代以后再也没有过。在阎立本的两幅帝王人物作品中就可以体会到这些，一幅是《步辇图》，另一幅是《历代帝王图》。

《步辇图》绢本横卷，后人摹本。贞观十五年（641年），唐太宗把文成公主嫁给吐蕃王松赞干布，松赞干布派使者来迎接文成公主入藏。此图描绘唐太宗接见吐蕃使者禄东赞的情景，图中人物身份和性格生动鲜明，这是一幅纪实性领袖人物画。

《历代帝王图》，共画了从汉昭帝刘弗陵到隋炀帝杨广13个帝王像。画面通过人物服饰、器物及坐立的不同姿态来表现人物性格，并注意抓住人物面部特征刻画气质个性，可以代表阎立本在肖像画方面的最高水平。

阎立本的绘画是在各种因素相互作用中产生的，有成就卓绝的一面，也有匠作之气的一面，这是唐代复杂的文化相互对抗、融合的表现，也是文化在发展的表现。

统治者人物画是一个从古至今永不衰微的绘画题材，近现代的伟人画更是数量繁多，但真正能载入美术史的却很少。阎立本画的大多也都是统治者，却幅幅永载史册，这是一个让我们深思的问题。

一代画圣——吴道子

唐代经济文化鼎盛时期的唐开元天宝年间，绘画艺术也发展到了繁荣昌盛阶段。吴道子就是这一历史阶段的杰出代表，被称为"百代画圣"，被民间画师奉为"祖师"，故又称"吴道君"。

吴道子(约685—760以后)，又名道玄，阳翟(今河南禹州)人。吴道子年幼丧失父母，少年时过着孤独的生活，长期生活于社会下层，养成了他放浪不羁、好酒使气的性格。曾向当时著名书法家张旭、贺知章学习书法，但没有学成，后改学绘画。由于他的刻苦努力，又有绘画的天分，不满20岁就有所成就。他曾任小吏，赴四川"写蜀道山水，始创山水之体，自为一家"。他还做过县尉，因觉俗务缠身，不能驰骋丹青，便辞去官职，开始从事绘画。他在寺观壁画创作上显示出了卓越才华，名声大振。唐玄宗知其名，召入内供奉，又被授予"内教博士"的职衔。因得玄宗召见，便改名吴道玄，后来他又晋升为相当于五品官的"宁王友"。因吴道子绘画名气渐盛，皇帝便下令"非有诏，不得画"。

天宝年间（742—755），唐玄宗想看四川嘉陵江山水景色，特命吴道子前往四川写生。吴道子饱游蜀中山川景色，把对嘉陵江的感受、体会，都铭记于心。回来时玄宗问他画在何处？他回答说："臣无粉本，并记在心。"玄宗大惑不解，遂命他在大同殿作画。吴道子飞笔走墨，一天之内就把三百里嘉陵江的美丽景色描绘出来。而"金碧山水"画家李思训，也在大同殿画嘉陵山水，却是"累月方毕"。唐玄宗赞叹道："李思训数月之功，吴道子一日之迹，皆极其妙。"

又据载，开元年间（713—741），舞剑名手斐将军欲以金帛请吴道子在天宫寺为其亡故的双亲作祚福壁画。吴道子不受金帛，却对斐将军说："我闻斐将军之名久矣，若能为我舞剑一曲，足能抵当所赠，且观后可壮我气，助我挥毫。"于是斐将军脱去哀服，持剑起舞。只见"走马如飞，左旋右转，掷剑入云，高数十丈，若电光下射。旻引手执鞘承之，剑透室而入。观者数千人，无不惊栗"。吴道子看毕，无比激动，挥毫图壁，飒然风起，"有若神助"。

从这两个故事中我们可以看到，一个是关于山水画方面的，一个是关于人物画方面的，这说明吴道子山水、人物都很擅长，这在他以前是少见的。

吴道子人物画有两种风格，一种是如唐初那种用笔细劲、敷色艳丽的风格；一种是他自己独创的用笔顿挫有致、着色浅淡的风格。正如元人汤垕所说，他早年行笔差细，中年似莼菜条，流畅而又有顿挫。十八描中的"柳叶描"与"枣核描"，就是吴道子的描法。吴道子还有一种叫"白画"的画风，开宋代"白描"之先河。

唐代人物画，在吴道子之前的阎立本，已从佛教美术中走出，完成了中国化进程，但由于用线匀细，而少有变化，再加用色过厚，又把线条遮蔽，很难体现出用笔优势。而吴道子却在这方面把人物画向前推进了一步，他把审美视角引入了线条本身，使其见线条风姿而又浅淡着色，这是具有划时代意义的一个伟大贡献，吴道子终于把中国绘画用笔、用墨的特色恢复光大，这是中国绘画的灵魂。张彦远《历代名画记》论吴道子用笔"离、披、点、画，时见缺落。众皆密于盼际，我则离披其点画，众皆谨于像似，我则脱落其凡俗"。从中我们也能体会到吴道子已开始游离形色追求，而走向对笔墨本体

吴道子《送子天王图》局部

价值的探索之路。我们在相传为吴道子所作的《送子天王图》中已能感受到那用笔的变化多端、黑白对比、动静呼应，这和前代相比有了很大变化，已从体制稠密、衣衫紧窄贴肉、结构严谨的"曹衣出水"，过渡到了其势圆转、衣服宽松、裙带飘举的"吴带当风"。

吴道子的另一贡献是把已能交代人体结构的画法，引入了山水画。吴道子以前的山水画就像展子虔、李思训所画的那样，细线勾描、用色浓重，空间平推而远。吴道子把人物画法用于山水画，这样就可以表现山石的结构形体，线条按结构穿插，能把每座山峰画得很立体，彻底改变了只能用平面山形堆垒推远的方法。吴道子又把淡着色或淡墨晕染的画法用在山水画上，使山水画从此有了笔墨的韵味。

《历代名画记》载，吴道子在佛寺画壁，"纵以怪石崩滩，若可扪酌"，足以说明吴的山水画效果了，山水画之变"始于吴，成于二李"的说法是有根据的，李昭道就是在父亲和吴道子的影响下才完成"山水之变"的。

吴道子在山水和人物画方面的贡献是不可估量的，他无愧于"一代画圣"的地位和祖师的称号。

丘壑一变奇境出——李昭道

在中国绘画发展时期的唐代，出现了两位以"金碧山水"画盛名于世的父子画家，即李思训及李昭道。

李思训（651—716），唐宗室孝斌之子，曾任扬州江都令，开元初年官至右武卫大将军。李思训妙极丹青，是一位早以绘事称著于世的大画家。其子李昭道，曾任太原府仓曹，后又官至太子中舍人，他在绘画方面子承父业，"为一时妙手"。因父子都以绘画齐名，所以有"大李将军"和"小李将军"之称。

李思训师承展子虔而有自己的独创，在前人小青绿设色法基础上，施以大青绿，并用泥金勾线，创成了色彩富丽的"金碧山水"画，被誉为"国朝山水第一"。传为李思训的作品有《江帆楼阁图》，整个画面成功地表现了烟波浩渺、漪纹重叠、林木杂生、岸坡曲转、院落幽静的艺术效果。李思训对山水画的语言给予最大限度的丰富，为山水画最后摆脱人物背景而成为独立欣赏的艺术科目做出了贡献。明代董其昌提出山水画"南北宗"说，把王维奉为南宗始祖，把李思训称为北宗始祖，从中我们就可以知道李思训在"青绿山水"系统中的地位了。

唐代张彦远所记："山水之变，始于吴，成于二李。"明人王世贞《艺苑卮言》云："山水至大小李一变也。"从这里我们似乎感觉到，在"山水之变"中，父子二人的贡献是相同的，但我们应该明白，名盛于时和在美术史上的贡献大小是不可同日而语的。我们在研究李思训的绘画中，得出大李的山水画只是在前人的基础上起了一个完善的作用，是一个程度和量的变化，这和在美术史上起重要作用的"山水之变"有一个质的差异。那么是谁完成这"山水之变"的呢。应该说是李思训的儿子李昭道。

从张彦远的"山水之变,始于吴,成于二李"来分析，李思训去世前三年吴道子才出生，吴不可能对已死去的李思训有任何影响，李倒有可能影响吴道子。李昭道无生卒年份可考，但从他在开元（713—741）中为太原府仓曹和后为直集贤院、太子中舍人的记载来看，他和吴道子应是同时代的人，在绘画艺术上互相影响是顺理成章的事。另外民间姓

李昭道《明皇幸蜀图》

氏排行除有大小之称外，还有大和二的称呼，那么"成于二李"的"二"应是指李昭道。

李昭道如果只是在程度上对父亲的绘画进行量上的改进，那是谈不上所谓贡献的。从世传他作金碧山水画时，设色用笔更为纤细毕具来看，尽管技术水平提升了，但艺术水平却有下降之嫌。时人"变父之势，妙有过之"的评说，也是和父亲相对而言，是程度上的完善，和"山水之变"无关。

真正促使李昭道在绘画艺术上起质的变化之人是唐代"画圣"吴道子。是吴道子把人物画表现身体结构的画法引入山水画创作，并把墨线变化丰富的用笔也用于山水画，把淡墨晕染用于山水之阴阳向背，这样才有所谓"怪石崩滩"的立体效果。试想展子虔、李思训那种平面山形、层层推远的绘画方法，怎么能有"怪石崩滩"的效果呢。李昭道顺应历史，以敏锐的艺术眼光发现了吴道子山水画中真正的艺术价值，把塑造力很强，按形体结构行笔的方法用到了他的山水画中，线条也很富于变化，改变了"青绿山水"用色打底的技法，而以淡墨打底，并以墨色分出山体的阴阳向背，这样既可以显墨色，增加色彩对比，又不失墨韵的深厚，并使展子虔、李思训那种还带有佛教壁画影子的山水画终于有了水墨意味和中国特色。从传为李昭道的《明皇幸蜀图》中，我们就可以领会到他所创造的艺术特色。

《明皇幸蜀图》是绘安史之乱时明皇避难入蜀题材，图中一队骑旅自右侧山间穿出，前方一骑者着红衣乘三花黑马正待过桥，骑者可能是唐明皇。马见小桥，作徘徊不进状，中部随者数人在解马放驼略作休息。山势突兀，白云出岫，山石勾勒虽无皴法，但其结构已交代明白，山势转折已很生动，在青绿石色下面已略有墨韵，是一幅可以代表李昭道绘画水平的佳作。

我们说李昭道完成了绘画史上的"山水之变"，并不否定李思训在山水画上的地位，李昭道正是在父亲的基础上才完成了他的大业，是在父亲量的积累上和吴道子质的促进下，才占据了美术史上的重要地位。只有这样"山水之变，始于吴，成于二李"才顺理成章，一代"画圣"吴道子的桂冠也名副其实。

水墨世界　诗的情怀——王维

　　王维（701—761）是唐代著名诗人和画家，字摩诘，贵族子弟，原籍太原，开元九年（721 年）中进士，为大乐丞，因伶人舞黄狮子获罪。在唐代黄色被定为皇族专用，皇族以外不得私用，舞黄狮已属犯上，王维因罪被贬为济州司库参军。一波未平一波又起，安史之乱，又被安禄山俘获，欲委以要职，王维拼死不从，并服药作哑，但最后还是被委职以用。平乱后，唐肃宗以陷贼官论，又把王维罪降为太子中允，后官至尚书右丞，世称王右丞。晚年在陕西蓝田辋川购得唐代诗人宋之问的"蓝田别墅"，与友人作画吟诗、参禅奉佛其中，过着陶渊明式的隐居生活。

　　王维开始学过李思训的画法，后又学吴道子，因此他作画有两种风格，一种是青绿山水，一种就是从吴道子画风变化而成的"水墨山水"画。就是这"水墨山水"掀开了中国美术进程新的一页，也奠定了王维"水墨山水"画之祖的历史地位。

　　中国山水画发展到吴道子那里，已找到了新的形式，对用笔、用墨本身有了进一步的认识，这种笔墨不仅可以被李昭道运用于改变青绿山水的面貌，就是笔墨本身也已具备相对独立的价值，长期的文化造就，使我们的先人，在笔墨的选择上，由自发到自觉。最后用单纯的笔墨建造我们的精神家园，已是必然结果。在色彩富丽的"金碧山水"发展高峰期，却出现了追求渲淡效果的"水墨山水"，这绝不是偶然的。艺术规律有时是逆反的，发展到一定极点，很容易走向它的反面，所谓"绚烂之极归于平淡"就是这个道理。另外，"水墨山水"是由王维所创，也绝非偶然，这也许和他的情怀所变有关。中年时的王维，政治上积极向上，也曾位居要职，但后来的变乱和个人仕途坎坷，使他感悟到人生无常，便隐于"蓝田别墅"。这也是一种"逆反"，这种"逆反"的结果，是最容易把感情寄托于诗词、书画的，那么"水墨世界"是最适合承载王维"诗的情怀"了。

　　王维是在吴道子画风的基础上，弱化了剑拔弩张的用笔，强化了水墨渲染的用墨。董其昌说他"始用渲淡，一变钩斫之法"，基本上点明了王维的绘画风格。"金碧山水"是用色彩对比强烈的效果表现山川的美丽，而王维的"水墨山水"是用黑与白对比来表现墨里乾坤，他非常爱画雪景图，就是对黑与白的强调。黑与白是我们的祖先最先认识到的对应关系，是最纯粹的对比，是一种认识世界的观念，中国哲学与文化莫不依此而生发。王维"水墨山水"一确立，群而应之的都是文人学者，足以表明它是中国文化的一个信号，是中国文人的一种共识。王维在唐代画名没有吴道子高，是以苏东坡、董其昌为首的文人学者，把王维推到了"始祖"地位。苏东坡在《书摩诘蓝田烟雨图》中写道："味摩诘之诗，诗中有画；观摩诘之画，画中有诗。"这里表明王维的绘画境界，已突破了前人那种山川景色的描写，而是把诗的情怀注入作品之中，使绘画有了"以文化成"的灵魂，从表现山水外在面貌，发展到表现文人内心世界，成为文人最好的情感宣泄途径，最后汇成了势不可挡的"文人画"巨流，以至在中国形成了文人画成为绘画主流的现象。

　　明代画家董其昌，以禅论画，把山水画分为"南北宗"，"北宗始祖"为李思训，"南宗始祖"为王维，并对拘泥形色的"北宗"颇有微词，对以表达文心万象的"南宗"推崇备至，把王维的艺术追求和生活方式，上升为中国文人理想的人格境界。实际上董其昌的"南北宗"，就是艺术表现语言上的"文野"之分，我们应该承认艺术上的追求不同，会导致表现手法上的差异和格调上的高低。

王维《山阴图》局部

文学史论一直把王维与李白、杜甫、孟浩然相提并论，称为诗坛"四杰"。王维在山水诗方面的成就，对他的绘画创作，有着非常重要的作用。他的诗不像六朝山水诗那样游离物象追求幽玄，也不是那种简单的风景描绘，而是景和情统一在一起，是可以落到实处的画面。如"明月松间照，清泉石上流"，"行到水穷处，坐看云起时"等诗，就是一幅幅生动的图画，而把李白的诗落实在画面上就有图解之嫌。但我们不要理解成王维在画上题诗，其实他从来不在画上题诗，他在画中表达的是诗的意境，真正在画中题诗，那是元明以后的事了。

王维的代表作有《辋川图》、《江山雪霁图》、《山阴图》等，但大多都是后世摹本，我们也只能根据这些摹本来体会王维的画风。

历代画家在美术史上的地位，都是以画迹而论的，后人可通过临摹作品来学习，但唯有王维留给我们的不是具体画法如何，而是一种灵魂、一种精神。

中国工笔人物画样式的确立者——张萱与周昉

中国人物画发展至中唐时，已有三种主要样式，南朝张僧繇的"张家样"、北朝曹仲达的"曹家样"、盛唐吴道子的"吴家样"。样式的建立，不仅是树立起一种风范，更重要的是体现出了绘画的发展进程。

"张家样"的确立者张僧繇，是萧梁时期的画家，他的画法吸收印度画风，追求物象高处受光的光影效果，画法是中间淡两边深，有物体凹凸出壁的幻觉。这种画法讲究轮廓线必须跟着形体结构走，由于中间淡两边深，所勾笔迹被两边深色遮蔽，而无法体现中国绘画用线的长处。

由于"张家样"是隐迹才能立形，用笔只能在轮廓上，而不能在形体上复加线条。美术史称"张家样"是"笔才一二，像已应焉"的"疏体"，其实这是受局限的绘画方法所导致，并不符合中国文化写意精神，因此它必将退出历史的舞台。

"曹家样"的创立者曹仲达，是来自中亚的北齐画家，他在绘画中吸收的是印度笈多朝佛教造像的特点，"其体稠叠而衣服紧窄"，即所谓"曹衣出水"。这种画风虽然可显用笔之致，但"衣服紧窄""曹衣出水"，是印度热地服装，和中国宽袍大袖的衣冠文化不相和谐。

"吴家样"的吴道子，变"曹衣出水"为"吴带当风"，有着"天衣飞扬、满壁风动"的艺术效果，用笔方面已有所变化，追求用笔力度和厚度，但在色彩上走的是淡墨浅色的风格。

在山水方面，已有李思训父子把强调富丽色彩的"金碧山水"发展到了极致，而人物画在色彩方面还有待发展，这方面的完善者，就是张萱和周昉。

张萱是开元年间（713—741）的宫廷画家，京兆（今陕西西安）人。朱景玄《唐朝名画录》说他以"画贵公子、鞍马、屏幛、宫苑、仕女，名冠于时"。

张萱前的人物画已基本从佛教美术中走出，有了中国文化的特点，把"张家样"的"画低不画高"，变为"画高不画低"，把用笔从"隐迹立形"中解放出来，因为中国绘

张萱《虢国夫人游春图》局部

画强调用笔，这种画法既能使用笔显露无遗，又不影响形体厚度和立体效果。在衣纹安排上，前人也基本上能和身体相符合，但衣纹走向和动作相符合就有些欠妥，我们看到唐早期人物画，动作多是直立、呆板的姿势，有匠作勉强之感。张萱正是在这些方面有所发展，他的人物画衣纹走向既表现形体又和动作天衣无缝，生动自然。唐早期人物画都是淡彩着色，而张萱把人物画色彩推向了一个高潮，追求富丽堂皇的贵族之气，用色厚实细腻，强调色彩的对比，由于色彩浓重，有时把人物墨线都给遮住了，所以他常用墨和色复勾一次衣纹，以使画面醒目。张萱在画儿童方面成绩斐然，画儿童一直是绘画中的难题，一般所作，不是身小而貌壮，就是类似于妇人，很难抓住特征。由于张萱有着超凡的造型能力和细致的观察能力，他笔下的儿童充满天真可爱之气，是其他画者所达不到的。这一点我们可从他的《捣练图》中所绘儿童身上体会到个中意味。

《捣练图》，横绢本设色，描写了妇女的劳动生活，全卷总共 12 人，人物活动分成三组，卷右一组，二妇女举木杵捣练（练是丝织品的一种，质硬，须煮后漂白，再以木杵捣之，才能柔软洁白），一人握杵观望，另一妇女正在卷起袖子准备接手。第二组一人坐地毡上理丝，另一人坐矮几上缝制。后一组人数最多，两人相对把练扯摆平整，一妇女正用熨斗熨平白练；背向而立的少女正用手扯练，一女孩蹲着扇炭炉，似因畏热而回首。在这繁忙的过程中，画家颇具匠心地描绘了一小女孩在白练之下俯身仰视，作玩耍嬉弄状，

张萱《捣练图》局部

使画面顿增生气。三组动态徐缓、仪态娴静的妇人，各自完整而又相互呼应，刻画入微，生动传神。

张萱的另一幅作品《虢国夫人游春图》，描写的是杨贵妃的姐妹三月三游春的场景。画面马步轻快，人的形态仪容，都符合郊游的主题。此作品最大的特色是不依任何背景，仅以一组人物的动作、马的跑动和色彩的运用就把春天的气息表现出来，真是令人不可思议。

继承学习张萱画风而有所变的是盛、中唐之际的画家周昉。他和张萱同为陕西西安人，先后任越州、宣州的长史。

据传说：郭子仪的女婿赵纵，曾请当时的名画家韩干画了一幅肖像，后又请周昉画了一幅，观者说都画得很好，很难分出谁优谁劣。郭子仪便问他的女儿，哪一幅画得最像呢？女儿说：两幅画得都很像，不过后一幅画得更好。因为前面一幅空得赵郎状貌，而后一幅却能得赵郎情性笑言之姿。因而，周昉的肖像画被认为超过了韩干。这表明他除表现人物特征外，更注意抓住人物的内在神情。另一个故事讲：周昉曾在长安通化门外新修的章敬寺画壁画，轰动全城，观者万计。周请问妥否，其间"有称其善者，或指

周昉《簪花仕女图》局部

其瑕者"。周昉一面听取不同意见，一面修改。经一月许，壁画图成，观者"是非语绝，无不叹其神妙"，被推许为当时第一。贞元年间有新罗国（古代朝鲜）人以高价购其画幅十卷而归，使画风传播海外。

周昉的代表作品有《簪花仕女图》，该图横绢本设色。画中盛装贵族妇女共六人，宽袖长裙、肩披帔帛、头簪鲜花，在庭中闲踱。有采花、赏花、漫步、戏犬四段情节，概括地描写了贵族妇女闲逸生活和内心深处幽怨、无聊的精神状态。另外，该图除描绘人物外，还描绘了作为环境背景的玉兰、仙鹤、小狗，为我们了解唐代花鸟画的发展提供了很好的参考。

《挥扇仕女图》是周昉的另一幅代表作品。该图描写汉成帝时班婕妤失宠，供养太后于长信宫，遂托词于纨扇，作怨诗以自伤悼的情状。此后"秋风纨扇"便经常出现于诗中、画中，表现宫中女子被遗弃的愁怨心理。图中一侧画梧桐一株以示秋节已至，昔日宫中佳丽手执纨扇倦容满面，是一幅立意明确的宫怨图。全图 13 个人物，分为独坐、抚琴、对镜、刺绣、倚桐等情节，图中各种道具起衬托画面意味的作用，把宫女们的失意、怨愁表现得淋漓尽致。

周昉《挥扇仕女图》局部

　　周昉的绘画，是对张萱画风的继承和发展。周昉在吸收张萱的富丽色彩的同时，改变了用色过分厚重而产生的"粉气"，施色有所减弱；改变了色遮墨线而后复笔重勾的方法，而是始终保持用笔的完整性。用色不遮墨线，既能体现用笔的力度，又不失色彩艳丽。张萱有时用色代墨勾薄服衣纹，画面略有"火气"，周昉也给予校正，改用淡墨勾薄服衣纹，尽量保持墨韵。

　　在唐代，周昉创造的"水月观音"形象端庄，风格华丽，成为佛教绘画流行的标准，被后世誉称为"周家样"而载入史册。其实，周昉在美术史上真正的贡献，是在张萱画风的基础上，建立了具有中国特色的工笔重彩人物画标准样式，以中国方式，解决了佛教美术中国化的问题，成为工笔重彩人物画不可逾越的高峰。

第二部分

由描绘到写意的历程

笔墨并重搜妙创真——荆浩、关仝

公元907年，唐王朝覆灭，中国进入了一个动荡战乱的"五代"时期。为避战乱，许多贤人达士隐退山林、藏而不仕，行"独善其身"之道，这其中就有以水墨山水名响绝代的荆浩。

荆浩，字浩然，自号洪谷子，生于唐末，卒于五代初梁，沁水（今属山西）人，是一位博通经史的士大夫。在唐末天下大乱之际，隐居于太行山的"洪谷"，号因此而名。他躬耕畎亩，过着自食其力的隐士生活，余暇之时，常坐望群峰，体会大自然的幽奥，每见奇景，"携笔复就写之，凡数万本，方如其真"。

有学者认为五代战乱频繁，北方文化南下，基本上无艺术可言，而南方由于北方南渡文人很多，文化艺术发展中心南移。文学艺术范围太广，单就绘画而言南方各种画科的确发展迅速，几乎全面开花，山水、花鸟、人物俱盛。然而，仅从山水画来说，中国山水画的最后成熟，开始标领于中国画之首，却是在五代的北方完成的。在美术史上，我们发现，太平盛世给人物画的发展带来机遇；个体生命坎坷造就写意花鸟画大师；而国运不祚，却是萌育山水画的时节。魏晋南北朝，国运不济，文人们仕途受阻，情怀寄望山林，山水画萌发并发展出雏形的"水墨山水"和成熟的"青绿山水"画。唐末五代天下又一次纷乱。有许多画家隐迹群山，将殷殷情意倾注毫端，用书之所剩的墨色，勾勒着风林雾岩，本是聊以自慰，无意却使"水墨山水"画最后成熟。这其中贡献最大者就是荆浩。

水墨山水画，兴起于盛、中唐，到了唐末有了较大发展。荆浩在其绘画理论著作《笔法记》中对用笔、用墨有了进一步的认识，而置赋彩于"媚"、"华"，提倡以墨为之的山水画。

荆浩擅画"云中山顶"，能表达出"四面峻厚"的气势。并且"笔"、"墨"并重，曾说："吴道子画山水有笔而无墨，项容有墨而无笔，吾当采二子之所长，成一家之体。"并提出绘事"六要"，"气、韵、思、景、笔、墨"。所谓"气者，心随笔运，取象不惑。韵者，隐迹立形，备仪不俗。思者，删拨大要，凝想形物。景者，制度时因，搜妙创真。笔者，虽依法则，运转变通，不质不形，如飞如动。墨者，高低晕淡，品物浅深，文采自然，似非因笔。"在"六要"中，把"墨"单独提出来，与"笔"并列，这说明"笔墨"到了五代已成为中国绘画造型的重要手段。关于用笔，早在南齐谢赫的"六法论"中，就有"用笔"一项，但"用笔"的内涵处延，仅指轮廓功用。如果"用笔"不和"用墨"相对应来研究，那么"笔墨"将不会有独立的审美价值。

当时邺都青莲寺的大愚和尚曾以诗向荆浩索画，诗云："知君恣笔踪，不求千涧水，止要两株松。树下留磐石，天边纵远峰。近岩幽湿处，惟借墨烟浓。"荆浩赠画并答诗云："恣意纵横扫，峰峦次第成。笔尖寒树瘦，墨淡野烟轻。崖石喷泉窄，山根到水平。……"诗中的"墨烟浓"、"墨淡野烟轻"，都透露出荆浩水墨山水画风格的个中信息。他在"搜妙创真"的基础上，又提出"神、妙、奇、巧"四个品第。关于用笔，荆浩提出"四势"，谓"筋、肉、骨、气"。"笔绝而不断谓之筋，起伏成实谓之肉，生死刚正谓之骨，迹画不败谓之气。"这种用笔要求是对笔本身的价值认识，是游离物象形廓用笔的本体追求。在画面意境方面，提出画有二病：一曰无形，二曰有形。"有形病者，花木不时，

荆浩《匡庐图》

关仝《秋山晚翠图》

屋小人大，或树高于山，桥不登于岸，可度形之类也。无形之病，气韵俱泯，物象全乖，笔墨虽行，类同死物。"荆浩虽然提出"笔墨"并重，但却又提出了"忘笔墨而有真景"的论断，这才是他"笔墨"的真正要义，他没有局限于"笔墨"之中，明白"笔墨"只是一种手段、过程，而不是目的，所谓"得鱼忘筌"就是这个道理。

传为荆浩所作的《匡庐图》，绢本水墨，该图虽名为《匡庐图》，实则是北方高山峻岭的真实写照："中挺一峰，秀拔欲动；而高峰之右，群峰巑岏，如芙蓉初绽；山经盘桓，飞瀑一线，扶摇而落。亭屋桥梁林木，曲曲掩映。"此图是全景式构图，树木山石勾皴渲渍，多以短笔直擦，有如钉头。作者着力表现宇宙天地的美丽壮观和大自然造化雄伟之美，把中国"水墨山水"画向前推进了重要的一步。不过此图画法更类明清画师，有伪托荆浩之嫌。

荆浩的《笔法记》在美术史上也具有重要的地位，他发展了

关仝《关山行旅》

前人的理论。尤其是"六要"的提出，把谢赫的"六法"向前推进了一步，把原来主要针对人物画的理论，转换成针对山水画，使理论具体化，具有可操作性。他提出的"笔墨"概念深入人心，以至此后成为可概括中国画的名词。被美术史家称为"三家鼎峙，百代标程"的关仝、李成、范宽，莫不学成于荆浩，而且关仝还是荆浩的入室弟子，被史家常一起称为"荆关"。

关仝是陕西西安人。画山水师法荆浩，"刻意力学，寝食都废"，至晚年笔力活泼，有"出蓝"之誉。师生共同创立了北方山水画风，在画史上并称"荆关"。关仝的山水画在宋初很有影响，被称之为"关家山水"。

与荆浩一样，关仝的山水多描写北方关陕一带的林木山川，尤爱画秋山寒林、村居野渡、溪桥山驿等。他笔下的山水，特别着力刻画山石树木的形质。如《图画见闻志》所言："石体坚凝，杂木丰茂，台阁古雅，人物幽闲者，关氏之风也。"其用笔劲利，有刀砍斧凿般的浑厚之气。他的代表作品有《关山行旅》，绢本水墨，画一怪岩巨峰突兀云天，气势伟岸。山中流水成溪、云雾缭绕，山岩大小有主宾揖让，山下有野村茅店、柴桥连岸，并有人来人往，杂以鸡犬马驴。树木皆"有枝无干"，这是"关家"树木的特征，画中山岩轮廓用笔有粗细提按和皴擦，以水墨渍染分出阴阳向背，把北方山水的雄壮之势昭然于表。

《秋山晚翠图》是关仝的另一作品，此图以万仞群峰拥立画面，几叠细泉顺岩而下；近景几株杂木落叶正黄，交代了秋天季节；岩边有栈道拾级而上，远处有刹顶露出，看来表现的是秋山问道之类内容。整幅画面有些拥塞之感，作者在中景以云雾虚之，尽量使群峰有灵动之势。整幅山水把北方秋季的萧瑟之气表现得神完气足。

明王世贞《艺苑卮言》评述山水画的发展，提出"大小李一变也，荆、关、董、巨又一变也"的观点，足以证明荆浩、关仝对后世山水的影响，荆、关以自己的绘画实践和绘画理论，上接晋宋隋唐，下开五代以后中国山水画的新局面，对我们当代的山水画创作有着现实意义。

水墨轻岚写潇湘——董源、巨然

五代的山水画坛，正当"荆关"一派在北方兴盛之际，江南也出现了新兴的"董巨"画风，虽然一个萌发于北方山林，一个滥觞于南方宫廷，但所表达的水墨精神和人文万象却是殊途同归。北宋以前，由于文化中心在北方，因而北派山水受到重视，有蓬勃繁盛之势。而在南宋以后，随着文化中心的南移，南派"董巨"画风才被世人所重视，而到了元明以后"董巨"画风几乎成了山水画主流，统治着山水画坛近千年，这真可以说是一个奇迹了。

我们不能简单地说南方山水和北方山水孰高孰低，从艺术风格来说，南方、北方各有特色，一种画风的艺术水平高低，并不和从事的人数、流行的广度成正比，而关键要看它介入美术发展史有多深、多广。一个没有介入美术史的画派，和一个没有介入美术史的画家，不管当时多么风行于世和多么风光于世，最后终究会被历史所淘汰。我们近现代，不就有许多所谓流派、所谓大师，仙逝不久就被从"大师"行列开除出局了吗？中国画大师的名号有误定的，但开除出局的所谓大师，没有一个是冤枉的。

"董巨"画风是以涓涓细流慢慢汇成滔滔江水，不仅流行于江南一隅，最后还倒灌北方，这是中国美术史的奇迹，是中国文化特有的现象。而成为"董巨"画风涓涓细流的源泉之人，就是五代南唐画家董源，从他的姓名，我们就能体会出他在中国山水画流变中的重要位置了。

董源，字叔达，钟陵（今江西进贤西北）人，南唐中主时任北苑副使，故俗称"董北苑"。董源善画山水，兼工画龙、牛及钟馗。他还擅长人物画，据传南唐中主李璟召宰相冯延巳商议国是，冯至宫门，却徘徊迟疑不敢入内，说是看见一位着青红锦袍的宫娥当门而立，因而未敢擅入。李璟命人查看，原来是在八尺琉璃屏上，有董源所绘古代美人夷光的肖像。可见董源人物画水平也很高超。

董源在山水画方面有两种风格，一种是李思训画风的青绿山水，一种是王维画风的水墨山水。他以水墨山水为体、以青绿山水为用；以墨为里、以色为表，通过吸收二家

董源《夏山图》

董源《潇湘图》

优点和对大自然的细致观察，体会江南山水的温润幽深，创立了和北方山水画风相迥异的南派山水，并促使中国山水画发展进入了又一次的转变时期，为后世画坛开辟了新的蹊径。

沈括在《梦溪笔谈》中评述董源时说："江南中主时，有北苑使董源善画，尤工秋岚远景，多写江南真山，不为奇峭之笔。"并说他的山水画风格是"近视之几不类物象，远观则景物粲然，幽情远思，如睹异境"。

董源的代表作有《潇湘图》、《夏山图》等。《潇湘图》，绢本水墨设色。图中绘起伏连绵的南方丘陵山岗，林麓映带，洲渚迂回，江湖平远，烟雾溟蒙，一派江南幽野秀色。山水之间点缀人物若干，左有渔夫合力网渔，一叶扁舟划来凑趣，右边江中渡船正要靠岸，上有六人，岸上众人击鼓奏乐，似乎在迎接一位贵客。芦汀沙渚间有六只小舟往来东西。画名《潇湘图》，为明代董其昌所取，根据"洞庭张乐地，潇湘帝子游"诗句而题。《夏山图》，绢本水墨设色，图中画平远景象，群峦丘岗，洲渚烟汀，树木葱茏，廊桥横溪，水边牧牛，云起山腰，形似龙头，把草木丰茂的江南景色，表现得淋漓尽致。董源所绘山水，多以横卷形式描绘草木繁茂的江南丘陵山景表现峰峦重叠、云雾晦明、平淡幽深的气象。用浓淡相宜的圆润之笔，皴山勾树，笔触形似披麻，山顶多作矾石，其上点以焦墨苔点，表现江南山顶草木。所勾皴笔层层积染、所点苔点浓淡相叠，层次参差而又浑然。董源这种画法为北宋山水画家米芾所赞赏，米芾在所著《画史》中说："董源平淡天真多，唐无此品，在毕宏上，近世神品，格高无与比也。峰峦出没，云雾显晦，不装巧趣，皆得天真。岚色郁苍，枝干劲挺，咸有生意。溪桥渔浦、洲渚掩映，一片江南也。"

董源开创了江南画派，成为后世文人画标准法式。董源山水画地位的确立，是和宋代沈括、米芾的发现和宣扬分不开的。从此以后董源名望日渐高升，元代黄子久把董源尊为山水之冠，到了明朝，董其昌则称董源山水为"无上神品，天下第一"，使董源在山水画坛的无与伦比的地位更加稳固。

董源被认为是江南画派的开创者，而承接衣钵又有所成的是和其合称"董巨"的巨然和尚。

巨然，江宁（今江苏南京）人，生卒不详，活动于五代、宋初，早年受业于江宁开元寺。当时南唐的君主信奉佛教，皇宫贵族与僧众之间交往频繁。巨然大概以此因缘得随董源学画，后来又成为后主李煜的宾客。南唐覆灭，后主降宋，巨然同行来到汴京（今河南开封市），居开宝寺。

巨然师法董源，有所发展，这种发展不是别出心裁、另立门派，而是在董源山水画体系内的发展，是把董源风格向前推进了一步。沈括《图画歌》云："江南董源僧巨然，淡墨轻岚为一体。"这也是"董巨"合称的由来。巨然的画法和董源差不多，也以温润之笔作皴法，以浓焦墨点点苔，整个山水给人烟云温润、平淡天真的感觉。但他还是有着自己的风格，他很少画平远山水，很少画江岸沙渚，而是变横为竖，他的山水画以高山大岭、重峦叠嶂、丛林层崖为主，变山顶小矾头为大矾头，林麓间多用卵石，变短披麻皴为长披麻皴。整个画面，山川深厚、草木华滋，比董源山水更加秀润可人。巨然的发展是在董源山水所有环节程度上的扩展和强调，完成了董源画风的指向目标。

巨然的代表作有《秋山问道图》、

巨然《层岩丛树图》

巨然《秋山问道图》

《层岩丛树图》等。《秋山问道图》现藏台北"故宫博物院",绢本水墨,图中绘层层峰峦相叠,林木丛生,"矾头"相聚,深山中一径通幽,树丛中掩映茅舍,一老者静坐其中,意境幽静,整个画面以"长披麻"为主,"短披麻"为辅的浓淡、干湿用笔为之。《层岩丛树图》也藏于台北"故宫博物院",绢本水墨,画风和上图有所区别,构图结景稍简,仅主峰两座,杂以树木,层崖丛树、烟雨微茫,皴法若有若无,山上矾石闪闪泛光,和上图相比更生动,更显率真、幽静,幽深淡远最合此画意境,可称为水墨山水杰作。山水画的第二次飞跃,从荆浩、关仝到董源、巨然已经完成,这是师徒四人共同努力的结果,至此，山水画开始了第三次转变的准备。

"董巨"画风的出现，是山水画发展史上的重要一环。唐代王维的水墨山水，留给后世的主要是一种水墨精神和诗人的境界，他的画迹在五代已很难寻觅，据说董源画类王维，想必相去不远，学者想通过"董巨"作品，学得王维风范，这也许是"董巨"名重的一个原因。水墨山水独立，北方"荆关"开先河，但北方多是立峰岩石，用笔只能从上往下竖拖，不便毛笔趣味施展，再加北方山水多重视山形，形和笔墨弄不好总是矛盾重重。而南方丘陵多为横坡，用笔、用墨横走即可，南方山水多一峦半岗，山形不必过分看重，笔墨可游离物形，着意自身品位。笔墨得以解放，文心可寄其中，人们不自觉地选择了董巨画风，这也许又是"董巨"画风影响文人阶层的一个原因。水墨山水独立，是针对着色山水而言，仅是对色彩的反动。

水墨山水要想独立发展，必须要创造自己的语汇天地，"董巨"山水画中，已有皴法开始独立。所谓皴法，即以书之所剩为皴。因此，文人书家最易介入绘事，而介入绘事首先选择的画风，就是"董巨"风格。这也为"董巨"名盛起了推动的作用。

看来"董巨"名扬天下，是经过一个过程的，这个过程就是人们的认识过程，而认识是永远不能完结的，相信将来我们对"董巨"会有一个更深刻的认识。

豪放狂逸写禅心——贯休与石恪

晚唐时期，工笔重彩人物画再也没有出现盛唐时的繁荣和辉煌，而这时期的水墨山水画却蒸蒸日上，地位开始超过人物画，并影响了人物画的趣味走向。晚唐时，佛教禅宗已发展壮大，以教外别传、不立文字、直指人心、见性成佛相标榜。禅机悟对、物我一如，是和水墨境界相协调的。禅宗说"不立文字"，可没说不准画画，所以禅师画"禅画"就成了一种风尚。五代画僧贯休就创造了风格怪异的宗教人物画。

贯休（832—912），字德隐，本姓姜，婺州兰溪（今浙江）人。7岁出家为圆贞禅师童侍，能日诵《法华经》一千字，20岁时受具足戒，几年后开始登坛讲授经义。60岁移居杭州灵隐寺。天复二年（902年），唐昭宗封钱镠为吴越王，贯休前去祝贺并献诗一首，但钱镠让他把诗中"十四州"改为"四十州"，贯休断然拒绝说："州亦难添，诗亦难改。余孤云野鹤，何天不可飞。"遂收拾行囊远走荆州，又因诗书雅事得罪荆南节度使而走他乡。天复三年（903年）前后，以70余岁高龄"避乱"入蜀，蜀主王建赐紫衣和"禅月大师"的名号。贯休不仅善诗能画，而且草书也很有名，时人将他比之为怀素和尚，将其书法谓之"姜体"。

贯休擅长佛像、人物，尤以罗汉著称于世。《益州名画录》说他师法阎立本，"画罗汉十六帧，庞眉大目者，朵颐隆鼻者，倚松石者，坐山水者，胡貌梵相，曲尽其态"。郭若虚《图画见闻志》也说他画水墨罗汉"悉是梵相，形骨古怪"，以此"迎请祈雨，无不应验"。据说蜀主以他所绘罗汉像"纳之官中，设香灯崇奉者逾月"，并命翰林学士欧阳炯作《禅月大师应梦罗汉歌》："西岳高僧名贯休，高情峭拔陵清秋。天教水墨画罗汉，魁岸古容生笔头。时帧大绢泥高壁，闭目焚香坐禅室。忽然梦里见真仪，脱下袈裟点神笔。高握节腕当空掷，窸窣毫端任狂逸。逡巡便是两三躯，不似画工虚费日。"贯休自谓这些"不类世间所传"的佛教人物形象，是"自梦中所睹尔"。其实这些梵像是他冥思悟对和禅学深厚的产物，是禅宗境界的外化。

贯休著名的作品是《十六罗汉图》，现藏日本皇宫内厅，日本学者定为宋初摹本。

现存于世的《十六罗汉图》有多种摹本流传，有纸本，有绢本，也有石刻；有设色，也有水墨。大多都流布海外，而日本藏本最接近原作面貌。此图以极度夸张的变形手法，着力表现超世绝尘的胡相异貌。用笔持劲，线条诡异飞动，曲绕方折，形象极尽夸张之致。以墨渲染，分出阴阳起伏，把岩石作为形象整体来考虑，既浑然一体，又有立体感，把古代僧众"苦修"的精神气质表现得很生动。有学者说，贯休的画法是由晚唐时吴越、西蜀两地的"泼墨山水"发展而来，讲究墨晕变化和笔法粗放，而不是细线勾勒的形式。由于泼墨的形态难以描摹，于是变成细线勾勒的样式。这个问题的研究，应把它放进美术发展进程当中，才可能解决。

初唐时期，尉迟乙僧画风"皆是外国之物象，非中华之威严"的形貌特征，他所画外国之人那种深目大鼻的形象，其实是真实写照，根本没有夸张变形，只是我们中土之人感到怪异罢了。盛唐时期，吴道子所画"地狱变相"之类题材，也是把眼目、嘴角夸张一些而已，并没有整体变形。

贯休《十六罗汉图·迦诺迦》

我们知道中国绘画在唐朝中后期有了很大的变化，"青绿山水"走向色彩极致，而开始出现水墨山水；粗笔人物的"疏体"的流行，又开始转向细致画风。唐代人物画，无论从形到色，至张萱、周昉时代，已达到不可逾越的地步，按着美术的"自律"发展规律，必将走向另一方向，那就是水墨和变形的追求。虽然人物、山水可互相影响，但终究代替不了自身的"自律"发展，因此，贯休在形上找到了突破口，又和水墨晕染相契合，形成了自己的画风。至于"泼墨"人物，是西蜀画家石恪才有的。所以，《十六罗汉图》应该就是贯休的画风，而且是有原稿本的。贯休的绘画，是美术发展的必然结果，他在人物画方面开启了一条道路，顺着这条道路一直可达我们近现代的写意人物画领地。

贯休人物画的变形，是全方位的变形，是根据禅意境界的要求来变形的，他笔下的罗汉是符合禅学意志的，是营造一种境界，不是那种"为赋新词强说愁"的为变形而变形，这一点值得我们当代画家深思。

贯休的绘画在当时不被欣赏，到了明代陈洪绶才渐被人所认识，真正产生影响却是在近现代。"禅画"在五代只是在禅林和居士阶层流行，其中的禅学画风和贯休相得益彰的便是西蜀画家石恪。

石恪，字子专，成都郫县（金属四川）人，生卒不详，大约活动于五代、宋初，后蜀亡，曾至汴京，奉旨画相国寺壁，授予画院之职不就，力请还蜀，相传死于归蜀之路。

史籍评论石恪人怪、诗怪画亦怪。他处世不合时流，常讽议时风，并刚性不羁，玩世不恭。豪绅相请作画，他常以图中所绘暗讽于人，真可谓蜀中一怪。

石恪绘画学张南本，《圣朝名画评》谓："初事张南本学画，才数年已出其右。多为古僻人物，诡形殊状。笔法颇劲，长于诡怪。"张南本是唐末活动于蜀地的著名道释人物画家，擅画火，与孙位画水齐名。石恪在张南本的基础上，形成了"自擅逸笔"的豪放画风。

石恪流世作品只有《二祖调心图》，现藏日本东京国立博物馆，确为真迹与否，学术界还没取得一致意见。该图描写《景德传灯录》所载《慧可传》中放荡不羁的行为。图中笔墨纵逸、简练洒脱，人物造型奇崛夸张。半熟纸与狼毫笔所呈现的破笔淡墨的效果，掩映着大笔大墨的纯正写意精神，眉目的精勾细点与衣袍的狂草疾书之间形成强烈对比，

石恪《二祖调心图》

透出水墨写意画的无限机缘，淋漓尽致地体现了写意画舍形求意、舍表求神的精神。

石恪的人物画，正好和贯休的人物画形成了对比、呼应关系。贯休是追求细劲用笔的变化和水墨晕染的玄淡，以及形的夸张。而石恪是以豪放的粗笔、泼墨，追求水墨淋漓的效果，一个以笔胜，一个以墨显；一个用线，一个用面；一个细致，一个粗放，他们都以自己的方式，表达着共同的禅学境界，而石恪的大写意更符合"一超直入如来地"的禅机妙理表达。

贯休与石恪，以合力完成了工笔人物画向写意人物画的转变，这种转变不仅是技法的变化，更重要的是水墨精神的转变。

对贯休与石恪的艺术价值认识，不是在古代，而是在近现代，这期间经历了一千多年。这是一个值得研究的问题，是我们的审美趣味变化才认识他们，还是我们的艺术滑坡才和他们息息相通？当代许多画家学习研究贯休、石恪，但真正成绩卓然者几乎没有，更多的是表面的庸俗化。但不管怎样，我们对贯休、石恪的认识还在深入着，他们的绘画艺术还在影响着后世的画家们。

富贵野逸与花鸟精神——黄筌和徐熙

中国花鸟画，可以说是世界上独一无二的画种，没有哪个国家有相对独立的花鸟画科，而我国在唐代已设花鸟画科，并有专业的花鸟画画家，从事花鸟画创作。西方绘画的静物画中常出现花鸟内容，但精神追求和中国大相径庭，西方油画中的花，是从野外采集回室内的"插花"之类，我们在欣赏的同时，已知它不久将枯干死去，也体会不出花卉所生长的环境如何富有情趣；西方油画中的鸟兽是从野外狩猎而归的美味佳肴，我们一边观赏一边品味的是煮熟后的味道，体会不出鸟和人、人与自然的关系及诗情画意。西方绘画中的花鸟是占有欲的表现，而且花鸟静物成为画科，是在文艺复兴以后的事了。而中国花鸟画，是中国人通过一枝花、一只鸟，来传达人的情怀，寄托人的感情，表现的是鸟语花香的大自然和人文关怀。

中国花鸟画萌芽于魏晋南北朝，至唐代渐趋成熟。我们在早期佛教壁画中已能看到花鸟的形象，但那时的花鸟，充其量是起"宝相花"图案装饰作用，离独立成科相去甚远。在初、盛唐的人物绘画中，以及在墓室壁画上，出现了大量的花鸟题材，但它们都是人物的陪衬部分，是处于背景地位。真正作为独立画种，则是从五代开始，是以黄筌、徐熙的出现为标志，他们使花鸟画踏上了发展的漫漫征程。

也许是花鸟画孕育时间太长的缘故，它包含了人物画、山水画所有的营养成分，在温度、湿度都很适合的"五代"土壤中，迅速地茁壮成长，一开始便以"黄徐异体"的成熟面貌与人物画、山水画并肩而立，旋即向着排行中国画之首的目标迅猛前进。

黄筌（903—965），字要叔，四川成都人，工人物、山水、墨竹和龙、水，尤擅花鸟画。曾先后历仕前蜀、后蜀和宋初。黄筌13岁起跟随刁光胤学画花鸟竹石，并师从滕昌祐、孙位等诸家，郭若虚称他"全该六法，远过三师"。黄筌从17岁入前蜀禁宫，任待诏职，一直到晚年，未离开过宫廷。后蜀孟知祥设画院时，授其"翰林待诏"职，并赐佩"紫金鱼袋"，任命他主持院事，当时他年仅23岁。太祖乾德三年（965年），黄筌随孟昶归宋，被封为太子左赞善大夫，礼遇备至。同年9月2日病故。

黄筌《写生珍禽图》

　　黄筌所作绘画,取材广泛。据《宣和画谱》记载,"凡山花野草,幽禽异兽,溪岸江岛,钓艇古槎,莫不精绝"。因他一生都是宫廷画家,所画题材多是皇家宫苑里的"珍禽瑞鸟、奇花怪石"。黄筌平日多与皇族往来,耳濡目染多为奢华生活,多数作品又是奉命所作,因而绘画风格渐以富丽工巧为能事,这是生活环境使然。

　　据传说:后蜀广政七年(944年),外地来使,送来仙鹤数只,蜀主孟昶命黄筌绘于偏殿壁上。黄筌抓住鹤的不同典型动态,画出唳天、惊露、啄苔、舞风、梳翎、顾步六种鹤姿。竟使真鹤误为同类,翔舞壁旁。蜀主甚为惊奇,对黄筌更是佩服不已。由于他画的鹤已超过唐代画鹤名家薛稷,因而有"黄筌画鹤,薛稷减价"的说法流传于世。又说孟昶命他绘四季花竹兔雉于"八卦殿"上,时有"雄武军"进献的白鹰见画中雉鸡,误以为真，连连飞扑过去。蜀主嗟叹不已，连命翰林学士欧阳炯作《壁画奇异记》一篇。

据记载，黄筌的作品数量极多。仅《宣和画谱》著录的就有349件，但流传至今的仅有一幅课徒画稿《写生珍禽图》。图中画麻雀、鸠、腊嘴等十只鸟，两只乌龟，还有蚱蜢、蝉、蜜蜂等许多昆虫。画得十分生动细致，质感很强，尤其那展翅张嘴的小麻雀，振翅乞食似在鸣叫。几只昆虫也画得轻雅巧致。

黄筌的花鸟画，多用细劲淡笔勾勒，然后淡墨渲染打底，再敷以色彩，即"双勾填彩"法。

沈括说他"画花妙在赋色，用笔极精细，几不见墨迹，但以五彩布成，谓之写生"。其实这种画法就是盛唐时张萱的"工笔重彩"人物画法的浓缩，这种画法本身已有几分富贵之气，再加黄筌所绘皆宫廷苑囿之花鸟，因有"黄家富贵"之评也顺理成章。黄筌花鸟画的功绩，是使花鸟画成为独立的画科，并确立了工笔花鸟画的基本模范样式。

真正使黄家画风发扬光大于宋代的是黄筌三子黄居寀。黄居寀继承家法，极擅花鸟，曾在孟蜀画院任翰林待诏，后随蜀主入宋，深受当朝礼遇。仍任职翰林待诏，并委以搜罗、鉴定名画，而成宋初画院的中心人物。黄家画风因其名盛，并左右了当时的画院，凡画家想进宫廷画院，必先符合黄家标准，黄家画风的影响之大可见一斑了。

和"黄家富贵"相对应的，就是"徐熙野逸"了。徐熙是五代南唐（937—975）钟陵（今江苏南京）人。虽出身于世代为官的"江南显族"家庭，却"志节高迈，放达不羁，以高雅自任"，人称"江南处士"或"江南布衣"。

徐熙以花木、禽鱼、蔬果为专攻，其画无所师承，全靠饱腹经史、寓兴闲放的才华描写野花汀草的逸淡之情。他的画风不追时流，不绘宫廷苑囿的名卉珍禽，视野专注重于野趣逸兴，所作花鸟质朴简练。《宣和画谱》说他"落墨以写其枝叶蕊萼，然后敷色"。沈括《梦溪笔谈》也说他以"墨笔"为主"殊草草，略施丹粉而已"，却有"神气迥出"的"生动之意"。徐熙也说："落笔之际，未尝以敷色晕淡细碎为功。"苏东坡曾题徐熙《杏花图》诗云："却因梅雨丹青暗，洗出徐熙落墨花。"可见徐熙的画法是"落墨为格，杂彩敷之"的一种画法，是用笔略粗，浓淡墨晕染，然后淡彩敷色。实际这种画法是在盛唐吴道子人物画基础上有所变化的一种画法。五代花鸟画之所以发展很快，就是因为在技法上直接借鉴了盛唐的人物画技法，吸收张萱、周昉画法而发展出的"黄家富贵"风格，

徐熙《玉堂富贵图》

以及吸收吴道子人物、山水画法而造就的"徐熙野逸"之风。花鸟画在五代发展迅速的另一原因是西蜀、南唐画院的建立，在花鸟画将要成熟之即，就在画院中得以总结和发扬，使艺术水平不断提高。可以说花鸟画赶上了这千载难逢的机会。

徐熙不仅勤于观察万物情态，更有高度的表现能力。据记载，李煜降宋时携去一幅徐熙所绘《石榴图》，图中画果实百多个，构图奇伟，笔力豪放。宋太宗见之，嗟叹曰："花果之妙，吾独知有熙矣！"并把此图遍示诸画师，要他们以此图作为创作范本，可见当时徐熙画风对画院也有很大影响。刘道醇《圣朝名画评》把徐熙列入花竹翎毛门"神品"中第一人，并把他与黄筌以及北宋画家赵昌做了比较："筌神而不妙，昌妙而不神，神妙俱完，舍熙无矣！"

徐熙传世作品几乎没有，传为徐熙作品的《玉堂富贵图》，现藏台北"故宫博物院"。此图绘牡丹几朵，上首有玉兰、海棠横枝而出，下首一羽锦鸡从石后闪现，整个画面一片烂漫气象。而用笔稍显粗略，用色不是很重，基本上能领略到徐家风范。

徐熙的孙子徐崇嗣，秉承家学，又创以"没骨"花卉画法，使花鸟画别开生面。这种画法是不用墨线勾勒，直接落色、落墨，为写意没骨画的发展埋下了伏笔。

"黄家富贵，徐熙野逸"和"徐黄异体"的提出，实际上是风格的判断，是审美追求不同的结果，也是成熟的标志，这表明花鸟画一走进艺术领域，就有两种成熟画风并行发展，这是其他画种所没有的现象，似乎预示着花鸟画必将后来者居上，登上中国画之首的位置。

以图纪实写轶事——顾闳中

唐代人物画在吴道子、张萱、周昉时期达到高峰，此后人物画领域似乎黯然了许多，开始了一段所谓"近不及古"的式微阶段。但这并不等于人物画停止了发展，而是按着

顾闳中《韩熙载夜宴图》局部

它固有的规律，顺着历史的轨道，驶进一片新的天地。

唐代以前，绘画主要内容是宗教题材，而后，又开始表现帝王嫔妃的生活场面，除画皇帝要忠实于实际人物形象外，其他都以典型形象概括而已，不在姓氏名分上用意。人物画发展到五代时期，绘画内容仍是以佛、道人物题材为多，而另一方面也出现了描写文人士大夫阶层的真实形象和生活的人物绘画，这标志着宗教美术一统天下的终结，也标志着世俗人物绘画的发端。而这一重大转折，是以五代画家顾闳中为代表的。

顾闳中（907～960），五代南唐著名人物画家。关于他的生平事迹，史籍记载极少，《宣和画谱》中载"顾闳中江南人也，事伪主李氏为待诏，善画，独见于人物"。后世记评，也多依此为据。但是他所作的《韩熙载夜宴图》却在许多典籍中多有提及，可以说是人因画传了。

《韩熙载夜宴图》是以南唐中书侍郎韩熙载生活轶事为题材绘制而成的作品。韩熙载，山东青州北海人，唐末进士，其父韩嗣光为青州军"留后"，后被军队拥戴做了统帅，再后因战乱被杀。韩熙载扮成商人，逃至江南，因他对儒学"礼法"极为熟悉，还好文章诗词，因而被南唐朝廷收用。此时，北方宋已建朝，南唐后主极为恐惧，一面把淮北盐场拱手奉送，一面排斥异己，尤其对朝中北人，疑忌猜测，甚至用毒药将他们害死。韩为避祸，便纵情声色，疏狂自放，以求"明哲保身"。但李煜仍不放心他，乃命人监视，得知韩熙载"多好声伎，专为夜饮，虽宾客糅杂，欢呼狂逸，不复拘制"，李煜惜其才能，置而不问，但对韩的声色夜宴生活颇为感兴趣，"乃命闳中夜至其第，窃窥之，目识心记，图绘以上之"，于是顾闳中绘出《韩熙载夜宴图》。

《韩熙载夜宴图》绢本设色，采用分段叙事的长卷形式，分听乐、观舞、休息、清吹、送别五段情节。每段以屏风、床榻等物相隔，既互相联系又相对独立。这种手法比前人有所进步。

第一段听乐，描绘韩熙载和诸宾客听女伎弹奏琵琶。七男五女，有太常博士陈致雍、门生舒雅、教坊副使李家明及其妹等。人物有坐有立，都在凝神聆听。韩侧面注目女伎，若有所思。

第二段观王屋山舞六么。韩击鼓助兴，面对此景，德明和尚拊掌低首，不敢正视。

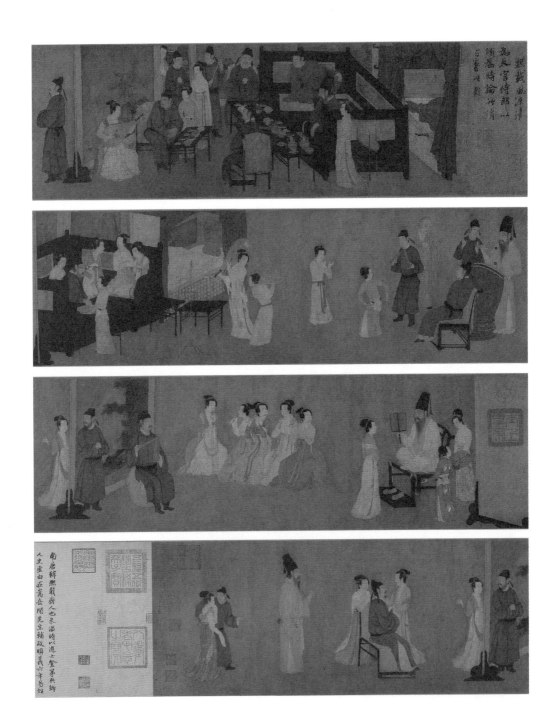

顾闳中《韩熙载夜宴图》

情态塑造极为成功。

第三段写休息场面，韩与侍女坐于床上，转身净手。

第四段写韩袒胸坐于椅上，听五乐伎吹笛和演奏筚篥，描写得非常精彩。她们坐姿各异，衣纹穿插有致，衣着颜色对比丰富。

第五段众人相互告别，依依不舍，韩伫立招手，神色怅然。

整个画面充斥着一种矛盾的对比，有纸醉金迷的及时行乐，也有对生命前途的失望和忧虑，既有热烈的气氛，又有清冷的黯然。图中除伎女形象有典型概括外，其余男子都是现实中人物，如此之多真实人物，集中于一幅图画之中，是前无古人的，它表明中国人物画已完全从佛教图式中走出，开始表现现实当中有血有肉的人。图中交代了人物的不同身份、年龄，不同性格和不同的精神状态。这也说明中国绘画造型能力是很强、很敏感、很丰富的，是和西方造型艺术相对应的另一大造型艺术体系，是可以自足的体系，是已从西方艺术影响中走出，完成了中国民族化进程和典型范式的铸造。

《韩熙载夜宴图》在用笔、用色上有明显的张萱、周昉遗风，待再细而观之，便觉已是"旧瓶装新酒"了。张萱、周昉画风，是用线的结构穿插来表现身体形态，再敷以遮线或不遮线的色彩，尽量保持相对平面圆浑的体积感。

顾闳中在用线方面是强化用笔的力度、转折顿挫，加强用笔在造型中的主要作用，敷色服务于用笔，并顺着衣纹染以深色，突出体积感，脸部也顺结构染出明暗。以前人物画脸部只有大的明暗关系，而顾闳中却把眼、鼻、嘴、耳的局部结构交代出来。这都是和以前人物画所不同的，是对工笔人物画的发展。

通过研究顾闳中的人物画，我们发现在他的工笔人物画中，已有了后世小写意人物画的端倪。

惜墨如金写烟岚——李成

李成（919～967），字咸熙，其祖上是唐代的皇族宗室，居长安（今陕西西安）。祖父名鼎，在唐末为国子祭酒，苏州刺史。唐末五代之际，李鼎从苏州避乱迁至北海营丘，后世称李成为李营丘。李成出生时，唐朝已覆灭十多年，他的家世也已中落。由于他出生于这样一个贵族家庭，自幼博涉经史、爱好赋诗，喜弹琴下棋，尤好饮酒。他在五代北周时，与枢密使王朴交好。王特别爱重他的才能，准备推荐其出仕，但刚到汴京，王朴却去世了，他因此十分忧郁不得志。李成晚年好游历江湖，宋初司农卿卫融出知陈州，闻其名而专诚聘请。李成因而依附于卫融门下，移家淮阳，在淮阳期间，他依然终日酣饮狂歌，最后竟醉死在客舍里，年仅49岁。

李成的家世和修养，以及颠沛的人生，使他天然地具备了作为一个大山水画家的先天条件。

对他来说，绘画是一种精神所寄的需要，而不是为了以画求名。唐朝王维以诗入画，创水墨山水后，文人介入绘事日渐增多，而大多是操持山水画，那时写意花鸟还没有成为主流。人物画很难寄望情怀，再因形色要求较山水严谨。操弄山水虽是娱己悦性，但也成为古人人格修养之一。因文入画日久，山水画中人文精神逐渐崛起，以至成为山水画精神追求的指向。

李成山水画出自荆浩、关仝一派，在五代就以擅画名响于世，入宋声望更重，被称为"古今第一"。《宣和画谱》称他"所画山林薮泽，平远险易，萦带曲折，飞流、危栈、断桥、绝涧、水石——风雨晦明，烟云雪雾之状，一皆吐其胸中，而写之笔下"。他善于描绘山川地势和气候的微妙变化，借此抒发胸中情怀。

李成和其他文人画家不同的是，他并不止于情感的抒发和自娱自乐，而是十分讲求技法功夫的锤炼。他师法荆浩、关仝，在绘画技法方面已有深厚功底，基于此上，又师法身边自然妙理，脱去"荆关"窠臼，自创"李家山水"，才得以"百代标程"。米芾说："李成师荆浩，未见一笔相似，师关仝则叶树相似。"从中我们可以明白，李成是"师法"

李成《读碑窠石图》

李成《晴峦萧寺图》

而不"师迹"，这也是艺中正道。

李成勾石似卷云，皴石似两点，作画常以"卷云皴"、"雨点皴"合而用之法为之，圆润深厚，写树用笔劲挺，写枝如蟹爪一般，世人又称"蟹爪式"。李成用笔不轻不重、笔活墨润，富于微妙变化。正如《图画见闻志》所言："气象萧疏，烟林清旷，毫锋颖脱，墨法精微者，营丘之制也。"故有李成"惜墨如金"之说。关于"惜墨如金"说，有一种误解，认为是指用墨很少的画法，或者指那种简笔水墨画。但我们所看见的李成作品，大多都是构图很满，用笔、用墨非常复杂的山水画，和通常所说的"惜墨如金"概念相矛盾。

我们知道，宋代以前的山水画，尤其北方山水，大多都以浓重之墨为之，不在远近浓淡上着意，以山石轮廓形状大小来定远近，前后关系分大小，不分浓淡。这种画法在稍晚些时候的范宽作品中还能体会到，由于不着意用墨色分远近，所以范宽山水远景往前面跑，有一种山势逼人的感觉。因此，才有"范宽之笔，远望不离座外"的评价。李成由于对自然气象观察非常细致，发现由于明暗、空气、雾气等原因，使山川树木有近浓远淡的感觉，通过体会总结而把原理运用于创作当中。实际上他把"量感"、"质感"、"空间感"引入画面，这种方法是符合视觉规律的，按着这种方式画山水，就要考虑物理的远近虚实关系，远景就只能用淡墨，近景受光部也只能用淡墨，因此，只有往浓墨中加水才有淡墨，而加了水墨也就省下了，"惜墨如惜金"才得以成立。这是一种素描味道的山水画，在古代山水画作品中，素描成分最多的就是李成的山水，所以也就有"李成之笔，近视如千里之远"的评论。

李成作品有《读碑窠石图》，现藏日本大阪市立美术馆，图中画一骑驴的旅行者，仰头看碑。石碑左右有几株苍劲古树，枯梢老槎，多节盘曲，意境萧疏清寂，可体会李成画风意味。

李成另一幅作品《晴峦萧寺图》，现藏美国纳尔逊美术馆，画面上首两座高峰重叠，左右山峰低小淡远，当中萧寺一座，寺下有小山冈三四座，画的下首有山中泉水而成的溪流，有木桥横溪，山脚下有亭馆数间，人群往来。《梦溪笔谈》云李成"画山上亭馆及楼塔之类，皆仰画飞檐"，此图可以佐证之。该图是李成所作与否还无定论，但它最和李家画风相近，观者细加体味便知。

李成画派在当时影响极大，以至有"齐鲁之士，惟摹营丘"之说。众多学者，如翟院深、许道宁、郭熙、王诜都是李派流脉，尤以郭熙、王诜成就最高。

得山之骨　与山传神——范宽

范宽，字仲立，华原（今陕西铜川）人。性情温厚，为人豁达大度，故称"范宽"，有容忍宽厚之意。他是一位隐士，仪状峭古、举止疏野、嗜酒好道、落泊而不拘世故。"居山林间，常危坐终日，纵目四顾，以求其趣。虽雪月之际，必徘徊凝览，以发思虑。"（《圣朝名画评》卷二）他的山水画取法荆浩、李成，而后悟通，乃叹曰："前人之法，未尝不近取诸物，吾与其师于人者，未若师诸物也，吾与其师于物者，未若师诸心。"于是改变因袭画迹的旧习，隐居于终南、太华山川林麓之间，凝神观察大自然的云烟惨淡、风月阴晴、晨昏明晦，一有所感，便寄于竹笔毫端，楮绢之上即现千岩万壑、溪水奔流之景。刘道醇的《圣朝名画评》以"在古无法，创意自我，功期造化"来评价他的创造精神。

范宽山水画的突出特点是雄壮浑厚，有威猛之势。郭若虚在《图画见闻志》中有这样一段评述："峰峦浑厚，势状雄强，抢笔俱均，人物皆质者，范氏之作也。"又说"画山水惟营丘李成，长安关全，华原范宽，智妙入神，才高出类，三家鼎峙，百代标程"。范宽所画崇山峻岭，多以顶天立地的章法表现雄伟壮观的气势，又用碎如雨点的坚实皴法皴出富有质感的山岩，山顶画以丛生的密林，成功地表现出北方山水的特征，被誉为"得山之骨，与山传神"的能手。

《溪山行旅图》是范宽唯一一张没有争议的真迹。图中写一架大山耸峙，雄浑苍莽。山顶层岩密树，山涧飞瀑一线，山下空濛一片，平岗之上有林中古刹，清溪流出山谷，驮队从右边走进，似有蹄声回响山中。笔法劲健、浑厚，主峰以"雨点皴"为之，岩石质感极强，仿佛整座大山直奔额前压下，令人咋舌，难怪明代董其昌把此画评为"宋画第一"。美术教育家徐悲鸿曾说，绘画国之重宝有二：一是《八十七神仙图卷》；二是范中立《溪山行旅图》。可见此画在美术史上的地位了，该画现藏台北"故宫博物院"。

范宽另一件代表作，是藏于天津市艺术博物馆的《雪景寒林图》，此图真迹与否还有存疑，但并不影响它的艺术价值和存在价值。图中群峰嵯峨而立，主峰形如初绽莲蕾，

范宽《雪景寒林图》

范宽《溪山行旅图》

有怒放之势，前景作寒林野村，山腰古刹隐现，右下有溪桥连岸。山势奇突，疏林密布，枝芒森森，寒雾依山，一派北国风光。

综观范宽作品，构图上多以主峰占满画面，这种构图一般不为山水画家所取，弄不好有拥塞之感，而范宽却能化腐朽为神奇，在主峰边侧用远山组成能把视线引出画面的趋势线，这样既能使主峰有顶天立地之感，又没有拥塞感，使人的视线有出路。他用笔苍劲，有如南阳石刻汉画所刻之线，嘎嘎作响。这是因为他着笔持劲，另外还因为画在圆丝粗纹帛绢上，用笔如不提按有力而缓笔慢行，绢帛就不吃笔墨，墨迹浮在绢表面而使画面浮滑轻飘。他在用墨方面是层层皴擦、反复渲染，其画面立体厚度不像李成那样追求视觉上的远近、浓淡，而是层层反复渲染，以求内在的丰富和深厚，这种渲染实际上是一遍遍的积染。中国画有一个特点，同样的墨色深度，一遍给足和一层又一层累积，效果是不一样的，一遍给足者，画面黑气太重；层层积染者，画面墨韵十足。我们当代许多水墨画看上去乌烟瘴墨、污浊不堪的重要原因，就是图省事而一遍染就造成的，画家们已没有了层层点染的耐心，殊不知中国画就是在层层点染中，慢慢陶冶画家的心性，观众就是在慢慢欣赏中才提升了修养，提高了品位。所谓"艺可陶人"，就是这个道理。

在空间深度处理方面，范宽不求近浓远淡，而是用山石结构线穿插和山形轮廓线前后来决定远近，在山体局部有一些变化丰富的小山峦和树木，而整个山体大的浓淡是统一的，为了不使小的变化破坏整体效果，他所画的主峰都是整个山体连在一起，中间从不断开。这样可把变化控制在整体内。求小变化，不求大变化，这样才能使画面山势逼人，气壮山河。世人所评"李成之笔，近视如千里之远，范宽之笔，远望不离座外"之语，真是一语中的。

范宽在创作中并不局限于吸收北派画法，同时也吸收南方山水画法，他的"雨点皴"，层层点染法，都有五代"董巨"的影子。范宽山水画，在整体架构上是北方的，而在架构内部填充的却是南方画法。我们试将《溪山行旅图》放倒横看，就会发现有许多地方和董源《潇湘图》相似。这说明范宽是在总结南北画风的基础上，才创造了自己的风格。

范宽的山水画，可以代表整个宋代的山水画水平，是五代以来山水画发展的结果。他的艺术不仅名盛宋代，而且也深深地影响着当代画家，国画大师黄宾虹山水画中的"层层点染"，就得益于范宽的画法。

树起文人画旗帜的诗人——苏轼

文人画，顾名思义是以文人阶层为主要力量所从事的绘画，追求的是一种文化境界和人文品格。文人画的产生，是中国文化发展过程中的奇特现象，有着深刻的社会、文化背景。它从原来的文人闲暇之余事，上升为中国画主流首位。

这样的结果绝不是文人笔下有几张佳作流传，也不是靠几个文人脑热凑趣就能完成的，而是有着广泛的群众基础和文化共识条件，如此，才得以完成"支流"变"主流"的任务。文人画在形态上，既和工匠、宫廷画风判然有别，又和未经绘事磨砺的文人"墨戏"不同。文人画出的画不一定是文人画，可画出文人画的一定是文人，而首先树起文人画大旗的人就是苏轼。

苏轼（1037～1101），字子瞻，号东坡居士，谥文忠，四川眉山人。诗书世家，父苏洵，弟苏辙，皆为北宋著名散文家，世称"三苏"。苏轼在宋代文坛是一个杰出人物，论散文，他是"唐宋八大家"之一；论诗，他与黄庭坚并称"苏黄"；论词，他与辛弃疾并称"苏辛"；论书，他与黄庭坚、米芾、蔡襄合称"宋四家"。论经历，更是曲尽人生颠沛，因反对王安石变法，苏轼屡遭打击而被贬，先后到杭州、密州、徐州、湖州等地任官。后因诗歌"犯讳"，被捕下狱，至哲宗复朝，官至翰林学士。新党上台，再次被贬惠州，最后被贬至儋州。徽宗即位，遇赦北还，死于途中。

苏轼的文才和人生经历，造就了他在文学艺术上的成功，一生的颠沛，更易使他情怀所变，寄托于书画之中。苏轼在绘画上，擅长墨竹松石，以表达傲岸清高的品格，宣泄他内心的盘郁之气。苏轼以墨竹称绝于世，画竹方法受文同影响。他反对墨守成规，画竹能放能收，舒展自如。黄庭坚评其画曰："石润竹劲，佳笔也！""劲"是苏轼画竹所追求的品格，也是他发泄胸中磊落不平之气的途径。他的代表作品《枯木怪石图》卷，现藏日本永青文库。

苏轼图绘枯木怪石，恣意用笔，着墨不多，不求形似，而具超远的诗意，正如米芾所评："子瞻作枯木，枝干虬屈无端，石皴硬亦怪怪奇奇，无端如其胸中盘郁也。"

苏轼在绘画领域影响最大的，当属他的绘画理论，如："观士人画如阅天下马，取其意气所到；乃若画工，往往只取鞭策皮毛槽枥当秣。"用"意气"二字，一下就把文人画（士人画）和匠作之画截然区分开来，而抒写"意气"正是文人画的内在追求。

他的"论画以形似，见与儿童邻。赋诗必此诗，定知非诗人。诗画本一律，天工与清新"之句，又回答了文人画的两个问题。不以形似与否论长短，主要着重于物的神气、人的意气传达，以及追求诗情画意的有机表达和清新的境界。这是继承唐代王维的思想，把诗中有画、画中有诗统一在一起，并转入"花木竹石"之中，表达诗的情意。

他在《净因院画记》中说："余尝论画，以为人禽宫室器用皆有常形，至于山石竹木、水波烟云，虽无常形而有常理。常形之失，人皆知之，常理之不当，虽晓画者有不知。故凡可以欺世而取名者，必托于无常形者也。虽然，常形之失，止于所失而不能病其全。若常理之不当，则举废之矣。以其形之无常，是以其理不可不谨也。世之工人，或能曲尽其形，而至于其理，非高人逸士不能辨。"在这里，苏轼以形与理的辩证关系，说明表现物

苏轼《枯木怪石图》

象的精神和气韵神采的关键所在，理顺了法与理、神与形的内在联系，同时也表明，文人画并不是任意涂抹的"墨戏"，而是对物理、物态、物情、观察取舍后的概括，是对生活细致观察后的总结。据记载，李公麟的《贤已图》，作几人掷骰子，盘中已有五颗成六点，一颗旋转未定。画中有一人正张嘴疾呼"六"。赏此画者，都赞不绝口，独苏轼斜视而言："李龙眠天下士，顾乃效闽人语耶？"众人不解，他于是说："四海语言，言六皆合口，惟闽音则张口。今盆中皆六，一犹未定，法当呼六。而疾呼者乃张口何也？"李公麟听了，"亦笑而服"。这个故事充分说明了苏轼对生活细节的观察是何等细致入微。

苏轼留给后世的许多启示，启发了画家的思维方式，引导着人们追求艺术的更高境界。他的出现，结束了以具体画法标领后世的时代，开辟了从"理"而入的新天地，使文人画从"自发"阶段，向"自觉"阶段迈出了关键的一步，其影响是深远的。

胸有成竹写君子——文同

中国绘画发展到宋代，已发生了审美追求上的转换，从五代前追求色彩的富丽转向对墨韵的崇尚，这时的山水、人物、花鸟，都明显地加强了墨的运用，就是色彩明丽的作品，也都以墨线控制着和墨色牢牢压在色彩上。是以墨显色，打个平手的也是墨不碍色、色不碍墨，相得益彰。到了宋代，连最讲求色彩富丽堂皇的青绿山水，也是以墨打底，求其深厚了。由于文人介入绘画和绘画自身的成熟，单科画种纷纷变一为二，走上了"同源不同流"的风格流变之路。人物画最先成熟，也最早出现了以贯休、石恪为代表的水墨写意画风。山水画的水墨写意虽然在王维时已创水墨山水，但由于画迹无存而不可领会。到了"荆、关、董、巨"时期，写意水墨以浩荡之势，流布山水画坛。花鸟画成熟最晚，但水墨写意独立最快，花鸟画很快就完成转变的原因有三：一是在技术上起点高，它是在人物画、山水画成熟的基础上起步，直接借鉴即可，二是在社会层次上起点高，花鸟画刚发展时，就赶上南唐、西蜀各自建立画院，花鸟画直接进入画院炉火铸造成型；三是品位层次起点高，花鸟画发展阶段，正是文人纷纷开始进入画坛的时期，使绘画拥有了更丰富的文化内涵。在这方面比较典型的就是文同了。

文同（1018—1079），字与可，人称石室先生，自号笑笑先生，又号锦江道人，梓州永泰（今四川盐亭东）人。曾任邛州、洋州等知州，1078年，奉调湖州（今浙江吴兴）任知湖州职，虽在赴任途中病逝于陈州（今江苏淮阳），但世人仍以"文湖州"称之。

水墨写意花鸟到底始于何人，学界目前尚无定论，但在宋初前后的水墨花鸟概念多指勾线染墨一类，和后世水墨花鸟概念有别。史载徐熙子孙徐崇嗣创"没骨画""落墨花"，似与后世水墨写意花鸟概念相合，可惜无画迹存世，无法断定。

文同擅画墨竹，他是在前人双勾染墨画法基础上，以水墨直接落笔写之，自创新格，成就超过前人。他画竹主要是兴之所至，借墨娱性。文同出身于三代不做官的士族家庭，自幼好经读史，文才极高，虽官任太守，心却流连田园景色。他的《野径》诗云："山圃饶秋色，林亭近晚清。……排石铺衣坐，看云缓带行。"诗中流露出逃避厌世的情绪。

他逃避现实但又不失君子之德。苏轼在写给文同的诗中云："壁上墨君不解语，见之尚可消百忧。而况我友似君者，素节凛凛欺霜秋。"当时文人多以竹子来比喻人品的"孤傲高洁"，这是后来盛行梅、兰、竹、菊"四君子"画的一个重要原因。文人士大夫可以通过笔墨宣泄，寄托自己的内心世界和人生感悟。

文同画竹，兴致一来如痴如醉，一见精良楮绢，更是情不自禁捉笔便画。画竹起初，文同对所作墨竹不甚珍惜，常被别人随意拿走。后来求画竹者越来越多，使他颇为累顿。有一次他看到别人乞画之绢在案头集堆，很是厌恼，把帛绢掷于地，愤愤道：我要把这些东西做袜子穿了！苏轼画竹，取法文同。据说苏轼任官彭城（今徐州）时，文同便向求画者说："吾墨竹一派，近在彭城，可往求之。"他又给苏轼写信道：对不起，做袜子的材料都要聚到你那儿去了！一时传为笑谈。后来他又对乞画纠缠者解释道：我以前是学道未至，意有所不适，又无法排遣，故而写墨竹以求发泄，那是我的病之所致。现在我的病已好了，叫我怎么画呢？

苏轼因此风趣地说：依我看，与可这种病也未必是全好了，难道就再也不发作了吗？我正伺其病发，可从中取利。他认为是病，我却希望他病才好，我这也是一种病呀！

文同写竹是法与意、物与情的高度统一，绝不是信手涂抹。正如苏轼所言："画竹必先得成竹于胸中，执笔熟视，乃见其所欲画者，急起从之，振笔直遂，以追其所见，如兔起鹘落，少纵则逝矣。"这是一种身心竹化、物我统一的境界。"胸有成竹"成为后世写意画中的术语，也成为至今仍被广泛应用的成语典故，其意义是深远的。

文同的代表作品是《墨竹图》，现藏于台北"故宫博物院"，图中写倒垂竹枝一梢，竹竿用墨笔直挥而成，枝以行书笔意写出，竹叶顺枝向上撇出，浓淡相宜，把竹子所特有的柔劲姿态表现出来，没画一点背景，却有山谷空蒙的感觉，堪称竹中精品。

文同虽然仅以画竹名世，但他的画法却开启了写意花鸟画的大门，画法上也已见书法用笔的先声，这对书画结合有着划时代的意义。他的墨竹中，已明显地体现出文人画风格，为后世文人画进入画坛奠定了良好的基础。他的墨竹对"梅、兰、竹、菊"成为"四君子"的范式起了促进作用，他的理论成为文人画精神的组成部分，他以他的人文声望为文人成为画坛主力，起了号召的作用。

與可自首守洋州墨竹高風稱
第一流傳三百有餘載復見蘇蜀
更起逸想當盤礴欲畫時胸
藏千畝誰得知忽如見起鷹隼
落奇態橫出何精精仙人騎鳳
綠雲裏不見其身但見其尾個翔千
仞欲下未翻翻餘音滿人耳世間
物性各不同貞脆好醜隨化工惟
有此君家幽澹不与桃杏争春紅
由來美人姿不及君子德至今淇奧
篇遂歌綠如簀揚君得此求我詩
我今已老才力衰願君努力慎愛
惜眷聖衛武誠當師
泰和王直為
彥謐宗伯題
壁上墨君不解語高節萬仞陵首
陽要看凛凛霜前意冷落為歡意
自長　寫真誰是文夫夫子許我
他年作主無遙想納涼清夜永
平安時報故人書
右東坡
誰畫參天鐵石柯鳳毛春暖錦
婆娑玉堂妙筆交游盡六合無
塵水絕波　老可當年每畫之滿
堂賓客動秋思蒼龍過雨影在壁
別出參差玉一枝
右道園
誰是丹青三昧手晴窗試寫翠琅
玕尚書雅有冰霜操一挽清風五
月寒　我亦有亭深竹裏一枝
寒玉落晴暉道逢黃髮驚相問
不改清陰待我歸
右松雪
彥謐尚書得此竹求余題余無以為言也
為取宋元蘇虞趙三學士詩中之句各為之
絕後之又何必余言哉 廬陵陳循德遵志

文同《墨竹图》

云烟变灭写山川 《林泉高致》开新篇——郭熙

郭熙，字淳夫，河阳温县（今河南孟州市）人。早年事迹无史可载，只知道他是北宋熙宁（1068—1077）图画院艺学。据《林泉高致·序》云："少从道家之学，吐故纳新，本游方外。家世无画学，盖天性得之。遂游艺于此以成名。"从中可知，郭熙爱游历林木山泉之间，绘画乃天性使然，但也并非无师自通。他早年画法谨细，后来师法李成，在此基础上，观察自然阴、晴、晦、明之变化，自创山水品格。宋神宗赵顼非常欣赏郭熙的山水画，殿堂之上多装以郭熙的墨迹，其作品以"长松巨木，回溪断崖，岩岫巉绝，峰峦秀起，云烟变灭，暗霭之间，千态万状"之意趣，名响于世。

郭熙学李成，在整体经营和体格上相似，但在用笔、用墨上是有所不同的。相同点是，他们观察自然山川的"眼光"是一样的，都偏重于视觉上的物理空间和透视效果，着眼于物体的阴阳体量关系和类似于素描手法的过渡，也都着意于画面的虚实和纵深的空间关系，一眼望不到天际。郭熙和李成的不同点是，李成是按着空间虚实，以浓淡相宜的尖利之笔来完成物象，是以点、线构成画面；郭熙是用浓淡变化的较粗之笔勾勒山石，有时一条线从形转到体，也就是一段线行走一定距离后转而成面，这样更有利于形体的塑造，使物象更立体。郭熙的画面是点、线、面互用构成画面，最后再以水墨渲染，染出更加细腻的体面关系。由于这种绘画方法易使画面显得粗糙，郭熙深谙此理，所以在画树木时，仍保持李成尖锐细劲的画风，使画面保持精致和丰富。他把李成的画风强调到了极端，发展到了极致，同时也预示了李成一派的终结，若想发展需另寻他路了。实际上南宋画风就是肇源于李派后学郭熙、王诜、许道宁等，变"染"体面而成"劈"体面。

藏于台北"故宫博物院"的《早春图》，是郭熙代表作之一，图中春寒浮腾、薄雾轻笼、山水灵秀，构图曲折，富于变化。近、中、远景作奇峰怪石，树木相杂其间，疏密有致；山右有两叠山泉，山左有溪水曲绕，山中有亭台楼阁，山下有平江春水。此图把早春季节的大气、阳光和万木复苏的感觉，描写得非常成功。

藏于故宫博物院的《窠石平远图》，是现存郭熙最晚的手笔。图中几块巨大的窠石

郭熙《早春图》

郭熙《窠石平远图》

上面，长有几株姿仪怪异的树木。右边有平坡横陌，溪流欢腾，远处一堵山峦，平衡了左重右轻的构图。此图通过石的面、树的线；石的整、树的疏；平坡的静、溪水的动；画面下首的实、上首的空，把秋深清旷、天高云淡的意境完美地表现出来，堪称郭熙晚年绝唱。

郭熙在皴法方面，变李成直笔为曲笔，创"鬼脸石"和"卷云皴"，这是根据"鬼脸石"的肌理走向而创造的"卷云皴"。而他的"蟹爪树"法，也是为和"卷云皴"相协调而保留的李成画法。

李成流脉到了郭熙那里，已是"无限风光在险峰"了。他站在了最高处，"一夫当关，万夫莫开"，别人休想越过，他自己往前再走也很危险，好在他停住了。后世学郭熙绘画的不是很多，成绩卓著者几乎没有。他的绘画对后世影响实则没有他的绘画理论那样巨大。

郭熙的绘画理论，都集中在其子郭思整理而成的《林泉高致》中，主要记载了郭熙的绘画创作体会，是继五代荆浩《笔法记》之后，又一重要的绘画理论著作。

在绘画目的、价值取向方面，郭熙提出山水画要有"可行"、"可望"、"可游"、"可居"之景，以"可居"、"可游"为上。并说："画凡至此，皆入妙品。"

在绘画写生、体会自然方面，提出"饱游饫看"，要对山形地貌精心观察。他的"东南之山多奇秀，西北之山多深厚""春山淡冶而如笑，夏山苍翠而如滴，秋山明净而如妆，冬山惨淡而如睡"就是他在观察、体会自然后所总结概括的。

在山水画空间透视上，郭熙提出"三远法"，"自山下而仰山巅，谓之高远；自山前而窥山后，谓之深远；自近山而望远山，谓之平远"。透视"三远法"的提出，体现出中国绘画特殊的观察方法和视角，和西方绘画中单眼、定点的"焦点透视"，有很大的区别。"三远法"除透视功用外，还有一个作用是营造意境，随着三种"眼光"的不同，意境的表达也有差别。在《林泉高致》中，郭熙对画家的修养也有所论及，同时也提出了一些具体问题，如绘画过程中的"四法"——分解法、潇洒法、体裁法、紧慢法；在用墨方面的焦墨、宿墨、退墨、埃墨，等等。

总而言之，《林泉高致》的出现，是中国山水画成熟后的总结，也表明山水画理论自身的成熟和发展，对我们当今的山水画创作，仍有着指导意义。

写生花鸟　山野之气——崔白

北宋熙宁、元丰年间，在中国绘画发展过程中，山水、花鸟都出现了新的气象和发展进程上的转折。山水方面以郭熙为代表，花鸟方面则以崔白为代表。

崔白（1004—1088），字子西，濠梁（今安徽凤阳）人，熙宁初补图画院艺学。崔白擅画花竹翎毛、道释鬼神、山林走兽。当时开封许多寺庙，都有崔白所绘道释人物壁画。熙宁初年，宋神宗命他与画院画家艾宣、丁贶、葛守昌共画拱殿屏风画，崔白所作最为精绝，遂被命为图画院艺学。但由于崔白性情疏阔放纵，不愿受此约束，因而力争不就。神宗惜其才高，恩准他"非御前有旨，毋与其事"，才勉强应职。

崔白的花鸟画，以写生见长，忠实于通过细致观察以后所得粉本。

花鸟画自五代黄筌、徐熙，创"富贵"和"野逸"品格以后，一百多年，一直是黄筌"富贵"之风统领宋代画院内外风格，连徐熙后世徐崇嗣也不得不迁就"黄家"，而改"野逸"

崔白《寒雀图》

之风。因此，黄筌风格在很大程度上也渗入到崔白的绘画中，这一点在崔白的作品中可以体现出来。但这仅是在具体画法上的吸收，在绘画格调上、境界上还是以继承徐熙"野逸"之风为主。追求野逸趣味，是比较符合崔白疏阔性格的，再加上他也同徐熙一样是南地之人，很容易接触、感染"野逸"之风。还有一点是，崔白在熙宁初期（1068 年）进入画院，已是六十多岁的老人。绘画风格"定性"前他一直是民间画工，在社会上漂泊已久，未受宫廷画院"熏染"、限制，因而在绘画风格上，有着天然的"野逸"取向。但是，崔白的"野逸"是建立在对物理情态上的细致观察和写生基础上的，是有的放矢。

在宋代花鸟画方面，把写生提到了很重要的位置，出现了一批刻意写生、借物传神的画家，如崔白以前的赵昌，善画花果、折枝，他常在晨露未干之时，对花竹草木仔细观察，并当场摹写，因号"写生赵昌"。画猿名手易无吉，为得猿猴天趣，深入山中，栖于树上，观察猿的行踪。这种风气也一定对崔白的绘画创作，起了很大作用。

花鸟画发展伊始，是直接借鉴人物、山水画法而成，但只是局限于技法上，对山水画的境界品格却没吸收多少，是崔白将山水画的大境界引入花鸟画，使花鸟画的场面变得宏阔广博，意境内涵更加博大，同时，他还把山水画的画法，在他的绘画中进行强调，

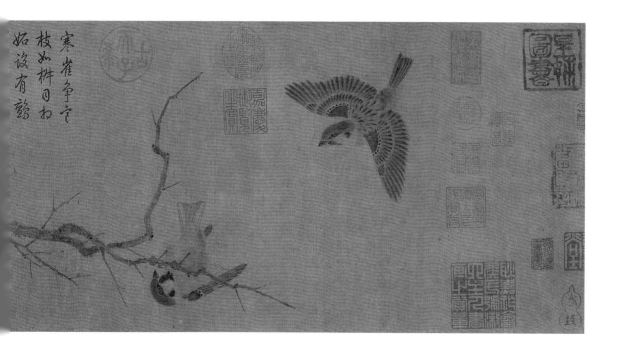

崔白《双喜图》

为花鸟画增加了可看的内容，也使他的花鸟画更加大气。

现存故宫博物院的《寒雀图》卷，画一群麻雀飞鸣跳跃于枯树之间，有的静观，有的对语，有的欲飞欲落，还有的"倒挂金钟"，神态各异，生动活泼。以山水树木之法画墨枝老干，层层积皴，笔势厚重，以干画法为之。麻雀笔法细致而又不失笔触，以湿画法为之。整个画面，干与湿、软与硬对比别致，把萧飒秋景和生命活力统一在一起，足可以代表崔白画风。

另一幅代表作品是《双喜图》，现藏台北"故宫博物院"。图中画秋风寒飒，竹树摇荡，空旷之野两只灰喜鹊在疾风中朝地面野兔惊飞鸣叫，使觅食野兔大吃一惊，抬头观望，搞不清是谁打扰了谁。图中虽然画的是朔风扫叶、大地凝寒，但着意醒题的，却是活泼的生机。该图比《寒雀图》用笔、用墨更为洒脱，不凝不滞，水墨韵味非常浓厚，突破了"黄家富贵"，超越了"徐熙野逸"而自成一格。

山水画追求意境，花鸟画追求情趣，但在花鸟画的情趣之中，也有象征的表现，如鹤表吉祥、桃表祝寿、竹表君子，等等，不一而足。可过分运用，会使这种象征流于俗气。另外，在花鸟画的章法安排上，总是把重要之景摆在突出地位，把花鸟姿态摆出最佳状态，画面总有一个无形的第三者存在，花鸟动态也有讨好观者之嫌。

而在崔白绘画中，绝看不见第三者的影子，花鸟动态自自在在，绝没有外人围观的痕迹，是"裁出天然情一段"的"无人之境"、"山野之气"。

虽然崔白在品格上吸收了"野逸"之风，但实际上，徐熙的"野逸"是针对"富贵"而言，他本身的风格是不会游离整个人文环境的，"野逸"是程度上的，而不是质的区别，是包含清雅之气的"野逸"。真正的"野逸"是在崔白的绘画中，他的绘画才是真正意义上的"山林之气"，野逸之风。

淡墨写出无声诗——李公麟

李公麟（1049—1106），字伯时，舒城（今安徽）人，熙宁三年（1070 年）中进士，曾任检法御史、朝奉郎等职。元符三年（1100 年）因病辞官，隐居故乡龙眠山庄，因号龙眠居士。李公麟博学多才，精于鉴别古文字、器物，能文擅书，好结文人雅士。绘画方面，人物故事、释道人物、鞍马走兽、仕女人物、花卉翎毛等，无所不能。李公麟毕生致力于绘画，由于虔于艺事、疏于人事，在仕途上并不得意。他曾与王安石、苏轼、黄庭坚、王诜、米芾等名士交往密切，并根据名士相聚而绘《西园雅集图》。

李公麟的绘画是在学习前人的基础上，又有所发展和创造的，他曾反复临摹顾恺之、陆探微、张僧繇、吴道子及前世名作，但又不"蹈袭前人"，而是"集众所善，以为己有"。同时他非常注意观察现实生活中的各色人等，体会颇为深刻。为更切实观察人物神情，他在出仕的 30 年中，每遇佳节好日，必拉二三好友，"访名园荫林，坐石临水，翛然终日"。

他一生作画成癖，晚年得了风湿症，半身麻木，行动不便，但他躺在床上还伸手比画着作画的动作，家人相劝，他才恍然，笑曰："余习未除，不觉至此。"一时传为艺中笑谈。

李公麟的人物画长于形象塑造，能表现出不同地域、民族、阶层的特点，又勇于突破陈规，创立新的样式。据记载，他所画长带观音、石上卧观音是前所未有的。他在绘画创作上主张"以立意为先，布置缘饰为次"，自称"吾为画，如骚人赋诗，吟咏性情而已"。这种心境和那些只长于匠作之人有着很大的区别。以这种心境绘画，必有不同凡响之作。李公麟所创不重"缘饰"重韵致的白描画法，和他的胸次高逸有很大的关系。

盛唐吴道子已创"白画"之法，但那时"白画"多以道释壁画为题材，或是壁画稿本，线条粗简而形取大势，更多的是为"着色"而作，没有形成可以细加品味的画科。而李公麟是在吸收前人的基础上，将"白画"发展成了中国绘画中的独立画科。他将顾恺之的高古游丝描、吴道子的兰叶描糅合变化，成为潇洒流丽、秀逸平和的线描，在品格上吸收了以王维为代表的文人水墨画的精神，以文人的情怀倾注于绘画，使简洁的白描具有了丰富的内涵；以水墨渲淡法运用于绘画，使白描的语言更加细致，在单纯中求得变

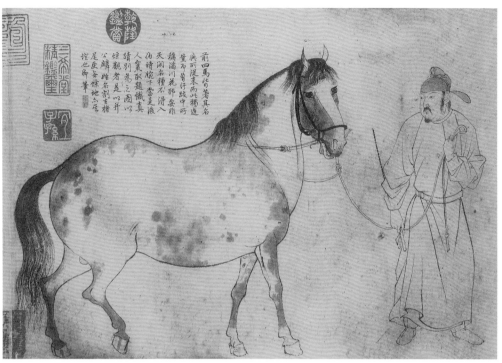

李公麟《五马图》两幅

李公麟《临韦偃牧放图》局部

化。李公麟的白描画，是在淡墨轻毫之中吟咏性情，使个体性情通过绘画而得以表现。而代表李公麟艺术水平的是《五马图》，该图在二次大战中曾见于世，而后即销声匿迹，再没出现过，也可能毁于战火，幸好有战前所拍照片和柯罗版复制品存世，可以作为我们研究的依据。图中绘五匹骏马——凤头骢、锦膊骢、好头赤、照夜白和满川花，并各有"奚官"一人牵引。五马均以墨笔单线勾勒，惟奚官帽带及马的斑纹略施淡彩。所描之马形象生动、肥瘦得体、皮毛质感很强。奚官的形象个性鲜明，衣纹穿插走势和身体结构非常协调，以最概括的线描，表现出最单纯的素描关系，质感、量感都有所顾及。《五马图》无论在技法和格调上都堪称杰作，通过《五马图》我们体会到中国画白描的表现力是非常强的，它本身已说明问题，不需再涂块面、调子，以最单纯的表现最丰富的，"不施丹青而光彩动人"，这就是白描画的魅力所在。

李公麟画完"满川花"不久，那匹马就死了。黄庭坚曾说："盖神骏精魄皆为伯时笔端取之而去。"虽是借题发挥，也证明时人对李公麟的绘画才能是很钦佩的。李公麟喜爱画马，经常出入马厩，那些养马的人看见他画得如此精妙，恐画家真把马的灵魂"画去"，竟恳求他不要再画了。可见他画马水平非同凡响。

《临韦偃牧放图》，描绘了牧放岗坡陌间的群马一千余匹和一二百个牧放之人的百态千状，整个画面浩浩荡荡，热闹异常，虽是临摹唐人的作品，却也有自己的独特面目。

自李公麟创白描画法后，白描成为中国画的独立样式，几百年来，影响不绝，当今美术院校仍把白描定为必修课，认为白描是国画家绘画能力和修养的体现。

烟云变幻潇湘奇观——米芾与米友仁

　　北宋中后期，文人介入绘画者越来越多，形成一股潮流，几位文人中坚热衷于绘事，又推动文人画，形成浩荡之势，使中国绘画发展改变了方向。这几位文人中坚是以苏轼、米芾、文同、黄庭坚、欧阳修等为核心的。黄庭坚、欧阳修是文人画鼓吹者，苏轼是文人画的旗手，文同是文人花鸟画领域的身体力行者，而米芾则是文人山水画的探索家。

　　米芾（1052—1108），初名黻，字元章，号海岳外史、襄阳漫士等，30岁后改名芾。

米芾《山水图》

米芾自称楚国芈氏之后，世居太原，后迁往襄阳，曾长期侨居镇江等地，宋徽宗时招为书画学博士，后任礼部员外郎，人称"米南宫"、"米颠"。

　　米芾自幼聪颖，6岁便背诵诗书，7岁开始学习书法，10岁已能书写碑刻。米芾出身于贵族世家，母亲阎氏，曾为英宗皇后高氏的乳娘。米芾幼年之时，便随其母生活于皇家邸宅，和皇亲国戚常相往还。米芾18岁时，宋英宗和皇后高氏的儿子赵顼即位，高氏为皇太后，念及乳褓旧情，"恩荫"米

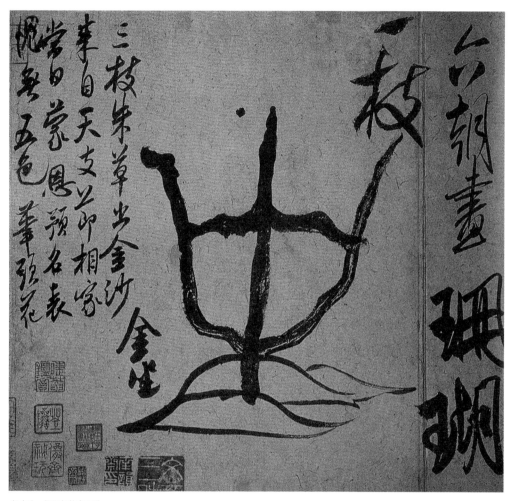

米友仁《珊瑚笔架图》

芾为秘书省校书郎。米芾开始进入仕途。徽宗大观二年（1108年），因头上生疡，卒于淮阳，时年57岁。

米芾是一个性情萧散、放浪不羁的名士。他爱穿唐人服装，行走翩翩，所到之处，莫不被群聚而观，仪状怪奇而成为众人茶余饭后之笑谈。他爱奇石成癖，每遇怪石，相呼"石兄"而拜，因而后世常绘米颠拜石图。人称米芾为"颠"，他索性装疯卖傻，用以惊俗。他还生性好洁，以示殊众。他酷嗜古书画，有不得手者，他便装痴佯狂夺人所藏。米芾装疯，很多人跟着模仿，可见米芾是痴出了名的。

米芾是"宋四大书家"之一，其书学自"二王"（王羲之、王献之），不专一家，广

米友仁《潇湘奇观图》

收博取，自成新格。用笔恣肆纵横之间表现出他山水画中的萧散意态。

山水画在五代南唐董源时，已开始以点为主，"点染江山"了。米芾向来对荆浩、关仝、李成一派颇有微词，讥其有刻意形迹、匠作之气，并说自己的画笔"无一笔李成、关仝俗气"。可见，他对画危峰峻岭的北派山水成见很深。而对董源却一再推崇有加，评其画"天真平淡""不装巧趣""真意可爱""唐无此品""格高无与比也"。他在《画史》中说："余家董源《雾景》横披，全幅山骨隐显，林梢出没，意趣高古。"从中我们也可以体会出，米芾山水画是因学董源的。明代董其昌云："米家父子宗董、巨，删其繁复。独画云仍用李将军勾笔。"米芾所作，大抵是以简括之笔勾出山的大致形状，用轻毫淡墨勾出云雾轮廓，再用大小错落浓淡相宜之"混点"点出树木山峦，稍浓墨笔皴出前后层次，以清水笔润泽、淡墨渍染，使整个画面烟云变灭，鸿蒙浑融。其实这是以点染为主，勾皴极少的一种画法，是从董源那里撷取出"点法"而成，这种"点"在米芾笔下又被赋予新的感受，强调为米氏云山中的"米点"，或"落茄点"。而这"米点"最主要还是来源于米芾对自然造化的观察所得。米芾酷爱自然，据说，"每卜居，必择山明水秀处。其初本不能作画，后以目所见，日渐模仿之，遂得天趣"。米芾曾在长沙居住过，烟云苍茫的潇湘之景，对米芾山水画创作有很大的启发作用。

米芾创作山水画的目的和工匠、画院画家有一个最大的区别，就是绘事乃"滑稽诙笑之余"，戏笔自遣而已，绝不是为了取悦于人，是抒写性灵和性情。这样画出的画自

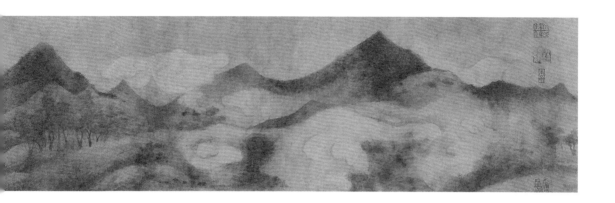

然也就格高意远，难怪从古至今学米芾者，大多只得皮毛而难摄精髓，主要原因是能摹其迹，不能摹其情怀。米芾的绘画真迹已很难找到，一般研究都以其子米友仁作品相参考，在学界一般称米芾为"大米"，称米友仁为"小米"。

米友仁（1074—1153），初名尹仁，后改名友仁，小名虎儿。黄山谷曾赠以"元晖"古印一方，并诗曰："我有元晖古印章，印刓不忍与诸郎。虎儿笔力能扛鼎，教字元晖继阿章。"遂字元晖。米友仁是米芾的长子，因擅画山水，世将"大米""小米"并称"二米"。

米友仁秉承家学，好古善鉴，宋朝南渡后任兵部侍郎、敷文阁直学士等职。米友仁的山水画，在继承米芾画法的基础上又有所创造，把南方山水那种烟雨空蒙、云雾变幻的意境表现得淋漓尽致。米氏云山是在米友仁笔下才发扬光大的。

《潇湘奇观图》是米友仁的代表作，现藏故宫博物院。该图从左而右展开，一缓坡据左下而居，上有烟树丛中茅舍一间，在坡岗之间水溪如镜，溪边有几重山峦，此处是该画高峰险地，也是画的高潮之处，往后出现大片绵羊状白云舒卷，白云掩处，山峰渐远渐淡，连接天际混茫。好一幅《潇湘奇观图》，真得云山神采。米友仁自题："余生平熟悉潇湘奇观，每于登临佳处，辄复写其真趣。"这足以表明潇湘神采出自生活，而艺术来源于生活却高于生活。

"米氏云山"是在董源的基础上而有所创新，但我们把米友仁《潇湘奇观图》和董源《潇湘图》相对比时，发现它们之间有着很大不同。董源在用笔用墨方面，虽然和五代北方山水以勾线皴擦为主的画风有了区别，而以"短披麻皴"和点染画法为主，但在质上却没有大的区别。董源的点是线的缩短，"披麻皴"更是线的缩短，在形态上它们是量上的差别。在用笔方法上和北方山水也相去不远，点远树是竖着点，拉长即是线，山的立体关系追求整个山峦的层次和明暗，是点和染合在一起，既是点又是染。整体有些素描关系，云是染出来的，而不用线勾，山坡和树木不相混同。在《潇湘奇观图》中我们看到，整个画面以"大混点"为主，而这种"点"是用毛笔腹部侧戗笔着纸为之，不是用笔尖中锋所成。米氏画法往往是趁湿层层点染，不是笔笔干积。米氏的云是淡墨勾出来的，"染"也从"点"中独立出来作为一个单独的程序存在，米氏"点"法更接近于书法，预示着"写"将从"描"中解放出来。在追求立体方面，如果说董源抓住了明暗的话，那么米氏则抓住了黑衬白、白衬黑的道理，他用这种方式，自由地表达了山的立体感与层次感。

"文人画"并不是由文人来画就是文人画，它必须要完成自己的功夫法则和形成自己独立的语汇才能形成画科，才能有自我本体的发展。中国绘画用笔、用墨成熟较早，而用点成熟最晚，"点"的成熟，标志着文人画整个体系基本建立。而促使这"点"法最终独立的就是米氏父子，在他们以后，笔与墨、点与线都有了自身的审美意味，文人画成为文人画家明确追求的方向，即将以一个独立的画种登上历史的舞台。

不爱江山爱画图——赵佶

中国历史上能书善画的皇帝不在少数，但都是国政之余事，娱情悦性而已，可在宋代却出现了一位以一国之君的身份涉足绘事而有所建树的皇帝——赵佶。

北宋徽宗赵佶（1082—1135），神宗赵顼第十一子。他是中国历史上有名的昏庸无能、败落皇帝，也是中国美术史上著名而有才华的画家。他任用蔡京、童贯等佞臣，亲信奸佞，置国政朝事于不顾，溺于声色，淫逸无度，横征暴敛，并设立"花石纲"，掠夺奇花异草、怪石珍禽，使江南百姓倾家荡产，激起宋江、方腊领导的农民起义。对金兵侵扰中原，表现异常怯懦无能，只知屈辱求和。1125年，金兵两路进攻汴京，元帅童贯闻风逃窜。

赵佶让位给他的儿子钦宗赵桓，自称"太上皇"。第二年，汴京陷落。次年4月，赵佶、赵桓和后妃、宗族亲属等三千余人，全被金兵掳去。赵佶受尽折磨，最后死于荒寒的北方。

生居皇家的赵佶从小就受到艺术的熏陶，在赵佶未即位之前，就常和王诜、赵令穰、黄庭坚、吴元瑜等书画名手相往来。而他最擅长的花鸟画，就师出吴元瑜。即位后，他对绘画的喜爱，远远超过对江山社稷的关注，尤其在花鸟画方面着意颇深，而且成就卓著。

现存于故宫博物院的《芙蓉锦鸡》图，可为赵佶代表作品，图中绘回首锦鸡立于一枝芙蓉花上，锦鸡凝视着翩飞的双蝶，左上一枝芙蓉指向双蝶，下面斜卧的一枝芙蓉因锦鸡的重量而微微下垂，上下两枝芙蓉把锦鸡的视线和双蝶飞舞的空间留出。为加强锦鸡视线和双蝶的呼应，在双蝶下又自题五言绝句一首，形成一个块面，把双蝶下面和芙蓉之间的空间"堵住"。为使弯垂芙蓉更具下垂之势，右下角题有"宣和殿御制并书"及赵佶"天下一人"四字合拼的签名花押。可以说此图的题字，是参与画面空间布白的开始，是画面的一个组成部分。画的左下角绘婀娜秋菊几枝，点出芙蓉花开的季节。该图以精练的笔墨、准确的造型、设色的艳丽，而成为"宣和体"花鸟的典型范式。赵佶的花鸟画因学于吴元瑜，吴元瑜的老师则是崔白，而崔白的画风又遥承徐熙"野逸"之风，这一定对赵佶有所影响。赵佶除具工致艳丽的画风外，还有一种水墨"野逸"风格的花鸟画。以《柳鸦图》卷为代表，该图卷现藏于上海博物馆，原为《柳鸦芦雁图卷》的前

赵佶《芙蓉锦鸡》

半幅。柳和鸦采用没骨画法，设色浅淡，构图洗练，粗壮的柳干、细嫩的枝条，姿仪丰腴的栖鸦墨韵十足，在动与静的对应中，把鸦的憩息安详与枝头嬉闹表现得神完气足。画面在粗细、墨白、疏密对比上也颇为成功，是赵佶难得的佳作。

赵佶在美术史上的贡献，除他本人的绘画创作外，对于画学和画院的建设、建制也是一个重要的方面。他的个人嗜好，推动宫廷绘画形成纤巧工致、典雅绮丽的新风貌，寓形象的写实性、诗意的含蓄性、法度的严谨性为一体，而成宋代宫廷画风之"宣和体"的特征。

他曾把宫中所集古今名画集为 100 帙，分列 14 门，总数达 1500 件，称为《宣和睿览集》。他还敕令编撰了美术史上著名的《宣和书谱》、《宣和画谱》。仅《宣和画谱》就有 20 卷，收集宫内古今名画，计 6300 余件作品，详分为十门，并加以品第。这一极有价值的编撰，为我们研究古代绘画提供了十分宝贵的资料。

赵佶除花鸟画外，还擅长人物、山水画。现存《听琴图》、《文会图》是赵佶的人物画代表作。赵佶还有两幅临摹唐代张萱的作品留存于世，一幅是《捣练图》，一幅是《虢国夫人游春图》，为我们领略唐人绘画提供了很好的参考。

赵佶酷嗜书画，并身体力行，客观上提高了画家在社会上的地位和待遇，他取消了旧制所定"凡以艺进者，不得'佩鱼'"的限制，允许画院画家和其他文官一样，佩带鱼袋。列朝之时，书院为首，画院次之，琴、棋、玉院皆在画院之下。并把图画院列入科举制的一部分，叫作"画学"。又亲自命题招考画师，以注重"工谨""法度""形似"为要旨，据说有一次，赵佶命画师们写生孔雀升墩，结果都不满意，众人不知究竟。赵佶说，孔雀升墩一定先举左脚，而画师们所绘皆抬举右脚，由此可见院体绘画要求之谨严。

总而言之，赵佶在政治上的失败和荒谬，已被历史所定论，而在美术史上的杰出贡献，是值得学界深入研究的。

赵佶《柳鸦芦雁图卷》

中国式的现实主义画风——张择端

中国人物画的自身发展，有一个从萌发到成熟的过程，而在这个过程中，题材由表现神仙、道释而及帝王将相，再及贤人达士，进而开始表现平民百姓的生活。北宋中后期就出现了一大批表现现实生活的人物绘画，我们通常称之为现实主义画风。中国绘画中的现实主义出现在公元12世纪，而西方绘画中的现实主义出现在公元19世纪中叶的法国，比中国晚六七百年，西方的现实主义多介入社会政治，中国的现实主义多表现社会风俗。

近现代学者，为了学术上的方便，将西方各种"主义"和中国艺术相对应，把古典主义、浪漫主义、现实主义等"主义"引入中国。可和中国艺术相对接时，就显得不合时宜，甚至可笑。笔者认为，西方的各种"主义"，除在现实主义这个点上和中国可以交叉外，其他都很难和中国文化国情相对应，就像两条轨道，相交后又各奔东西了。这是中西方绘画发展都要经过的驿站。

在北宋中后期，最能代表现实主义画风的画家，就是北宋末年画家张择端。

张择端，字正道，东武（今山东诸城）人，幼好读书，早年游学于汴京，后习绘画，入徽宗朝翰林图画院，工界画，尤嗜舟车、市桥，自成一格。代表作品除《清明上河图》外，还有一幅藏于天津艺术博物馆的《西湖争标图》。但两幅对照，画风差异很大，很难说是张择端所绘。

《清明上河图》自宋代以来，历经各代，辗转藏家数人，清嘉庆年间流入清宫内府。伪满洲国建立后，被溥仪带到长春伪皇宫。抗战结束，溥仪想把它带走，后被我解放军在东北通化市缴获，现藏于故宫博物院。

关于《清明上河图》"清明"二字的含义，学术界颇有争议。一般认为是指节气的清明时节，也有人认为画面描绘的是秋季，而不是初春，还有人认为是指街坊名称，而根据清明除表节气外，还有天下太平清明盛世的含义，认为该图主表颂扬"大宋盛世"之意，再加上张择端是宫廷画家，画为宋朝歌功颂德的作品是和他身份相符合的，所以，

张择端《清明上河图》

学界多从此说。但也不能排除既表清明时节，又表太平盛世，所谓一语双关是也。

《清明上河图》是一幅纵 25.2 厘米、横 528.7 厘米的绢本水墨淡彩长卷。取材于北宋都城汴梁和汴河两岸的市井人情。此图大致可分为郊野、汴河、街市三大段。以宁静的郊野为开端，一直画到汴河的码头和沿河的街道，接着又来到横跨汴河的虹桥，再通过桥头走向城内，最后结束于繁华的市区。人物由稀少而密集，景致由郊区到城市，画面从清静到热闹。图中绘有酒肆、茶楼、药铺、当铺，有木匠、铁匠、僧侣、道士、卜者，官员骑马前呼后拥，妇女乘轿东张西望，杂店雇员迎接顾客，作坊徒工忙上忙下。该图最高潮处是虹桥一段，绘一艘大船正准备穿过桥洞，而桅杆还没有放下，一时间，船夫们乱了手脚，有的在船舷两侧使劲撑竿，有的用长竿抵住桥洞，邻船上和虹桥上的人们也在大呼小叫，真可谓桥下紧张，桥上热闹。从表现技法来看，是以传统界画之法为之，用笔沉着凝重，一丝不苟，绝无匠气。而图中桥梁、舟车、桌椅、房屋结构非常谨严，据桥梁专家研究，图中虹桥构造合乎力学原理，很可能当时确有其桥。

《清明上河图》通过市井人情的描写，从商业、交通、漕运、建筑等角度，体现出特定历史时期的政治、经济、文化、风俗等，为我们研究宋代社会提供了很好的依据。

一件艺术品如果能代表一个时代，浓缩一个社会，折射各个领域，那这件艺术品除具有艺术价值外，还具备了社会、历史价值。张择端的《清明上河图》就是这样一幅杰作。

疏影横斜写村梅——扬无咎

梅花是中国画中最受欢迎的题材之一，它傲然霜雪的铁骨冰心，象征人的高尚气节，被画家推为梅、兰、竹、菊"四君子"之首和"岁寒三友"之一。两宋时期，在文同、苏轼、米芾等文人"墨戏"的文人画影响下，以水墨直接抒写的竹木花卉越来越多，在文同专擅墨竹名盛于世之后，又出现了以墨梅闻名于世的画家扬无咎。

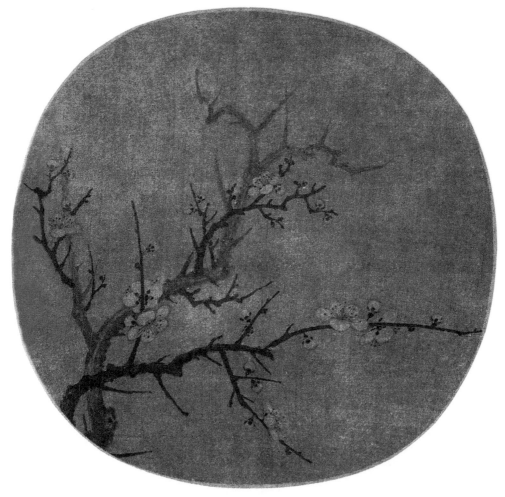

扬无咎《墨梅图》

北宋元祐年间，寓居衡州（今湖南衡阳）华光山的"华光长老"仲仁和尚，开创墨梅画法，世称"墨梅鼻祖"。他酷爱梅花，更爱画梅。他以墨晕染出花瓣，取梅影之姿而不同凡响。仲仁和尚的墨梅作品今已失传，好在有弟子扬无咎墨梅真迹存世，使我们可以领略最早墨梅的神采。

扬无咎（1097—1169），字补之，号逃禅老人，又号清夷长者，清江（今江西樟树西）人，寓居南昌。扬无咎擅画水墨人物，取法李公麟，尤擅梅、竹、松"三友"，以画梅为最。他一生耿介，不慕名利，因耻于与奸相秦桧为伍，朝廷多次委职而不就。

他因诗、书、画无不精能，被世人誉为"逃禅三绝"。中国绘画自从大批文人介入绘事以后，审美趣味开始转变，不以形似、色相为标准，而是超越形色，走向"以文化物""以文统象"的文人画笔墨道路。而文人画更注重人的修养，诗、书、画是当时文人的修养所备，诗与书的精能又是决定绘画水平的基础。到了明代文彭时期，诗、书、画、印已成为文人画四要素，而扬无咎诗、书、画三绝，已开"四要素"之先声。

扬无咎墨梅出自仲仁和尚，但更得益于自然。据载，扬无咎所居之地萧州，"有梅树大如数间屋，苍皮藓斑，繁花如簇，补之日临画之，大得其趣"。日久观察、临写，使他能抓住梅花的典型特征，表现梅花的傲骨精神。扬无咎虽师出仲仁和尚，但画法还是不相同的。仲仁画梅花是用墨晕花瓣，也就是以墨染衬，留出梅花花瓣；扬无咎则变墨晕为用笔勾梅，这样勾出的梅，更具"疏瘦精丽"的神采。但是，梅花最难不在花而在干，梅花属乔木，画不好就会像其他树木，因而有"画树容易画梅难"之说，一幅好的梅花作品，应是不着花朵便知是梅。扬无咎的梅干画得就很精彩，他通过仔细观察，把梅干、梅枝概括成多种典型姿态，开张、合抱、穿插、疏密、横斜都很讲究，在这里我们看到了画梅的"女字穿插法"。这种方法成为后世画梅者必须掌握的方法之一。清代画家吴昌硕画梅，就把"女字穿插法"发挥到了极致。

扬无咎的梅花是以水墨"写意"为之，因而和画院富丽风格的"宫梅"有所不同，因品高格雅而不被时人欣赏。宋高宗赵构曾讽刺他的墨梅为"村梅"，他并不以为然，反而自称为"奉敕村梅"。

扬无咎的代表作有藏于故宫博物院的《四梅花图》和藏于天津艺术博物馆的《墨梅

扬无咎《墨梅图》之一

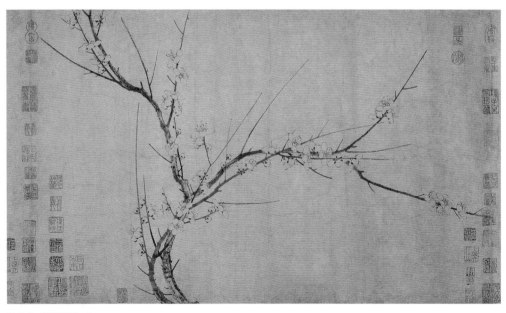

扬无咎《墨梅图》之二

图》。《四梅花图》，纸本墨笔，为扬无咎 69 岁时的作品，写梅花的含苞、初放、盛开、将残四种情态，梅花以淡墨勾勒，用笔劲利，衬托花瓣的梅萼用墨笔点就，使梅花顿生活力，最小的梅萼，只用墨作一点。他笔下的梅花有正、反、侧各种造型。为表梅干苍劲，用干笔飞白、顿挫而出，小枝以细劲之笔抽干而出，毫不迟疑，沉着而痛快。此图卷后有作者题词四首，在将残段题词云："雨浥风欺，雪侵霜妒，却恨离披。"表达出自己的失意和悲伤，看来他画梅花是借物咏怀，感悲人生的途径而已。《墨梅图》系绢本墨笔，画一浓一淡两枝梅花，前后层次比《四梅花图》明显，有寒雾锁枝的感觉。构图出枝比《四梅花图》出色，很着意梅枝空间穿插、合抱的呼应，明确地运用"女字穿插法"，使梅枝更具典型性。因为是在绢帛上挥毫，用笔过快绢帛不吃墨，会显得浮华，用笔只能持重行笔，因而梅枝比《四梅花图》凝重。

扬无咎墨梅范式的确立，对后世画梅影响极大，南宋的赵孟坚及元代以后画梅能手莫不以扬无咎为楷模，而梅枝典型的确立，也成为后世学习乔木类画法的基础，梅花也成为中国画表现题材中非常重要的内容之一。

水墨苍劲立新风——李唐

山水画发展到两宋时期，出现了重要的转折，而这一转折是和国运不济紧密相关的。1126 年 11 月，在金兵两路进攻下，汴京陷落。金兵不仅把赵佶、赵桓和后妃等三千余人及画院画家一同掳往北方，还把宫廷内府所藏书画名迹和民间抢掠的书画名迹"北运"，使得南宋之初，书画名迹和画院画家踪影难觅，北宋绘画传统几乎断了"香火"。幸好宋人重文不重武，南宋经济刚好转，宋高宗就重建画院，搜寻前代画迹和前代画家，企图恢复北宋画院繁荣景象。但毕竟南宋画院和北宋画院之间中断了二十余年，一部分画家"北上"未归，一部分画家相继去世，好在有一部分画家在金人押往北方的路上逃跑，而得以返归南宋，成为南宋画院的主力军，李唐就是这其中的一员。

李唐（1066—1150），字晞古，河阳三城（今河南孟州市）人，宋徽宗时期画院待诏。擅画山水、人物，与刘松年、马远、夏圭并称"南宋四大家"。

宋徽宗政和年间，李唐参加皇家图画院考试，因构思奇特而得第一名，被补入画院。从此，李唐成为专业画家，1124 年创作了《万壑松风图》，成为他山水画成就的里程碑。正当李唐在绘画道路上阔步前进之时，金人攻入汴京，画院画家及各业百工被押往北国，李唐也未能幸免。不久，闻听赵构南渡，才冒死逃出，南下而归。刚到临安，李唐在街头卖画为生，但赏识者甚少，生活难以为继。

绍兴十六年（1146 年）后，南宋朝廷恢复了中断二十余年的画院，开始招募画家。有中使在杭州发现了李唐的画，闻奏皇帝，于是李唐以 80 岁左右的高龄复入画院。由于南宋的原北宋画院画家和画迹很少，李唐自然成为年轻画家效仿的对象，所以，南宋山水画大多出于李唐一系，所谓"系无旁出"是有根据的。

李唐山水画早年学李思训，后多学范宽、郭熙。据明曹昭《格古要论》载："李唐山水画，初法李思训，其后变化，愈觉清新，喜作长图大障，其石大斧劈皴。水不用鱼鳞縠纹，有盘涡动荡之势。"但从李唐画迹来看，更接近范宽、郭熙一派，实际上是以范宽为骨架，变郭熙画法充而实之。在范宽以前的北派山水，虽然也讲明暗深度，但基本上是在浑圆

李唐《万壑松风图》

中追求明暗空间，是一种渐变的风格。而到了郭熙时期，对李成一派追求视觉空间的特点给予强调，追求大的明暗空间，使画面黑白对比加强烈，一层层皴出体面，再一层层染出体面，使山石回还曲折，立体感很强。李唐学郭熙之法，却不拘泥于形迹，他变山势圆浑为方正，变卷云皴为斧劈皴，即变曲笔为直笔，变整体立体为局部立体，变"染"出体面为"劈"出体面。李唐的斧劈皴，实际上是山水画作画程序皴、擦、点、染中"擦"法的扩大和独立。斧劈皴正好可校正郭熙画风的圆浑温润，而追求水墨苍劲。水墨苍劲并不是到了南宋才追求的，而是在北宋末期已有所萌发。李唐的代表作《万壑松风图》就是在北宋末年所作。

《万壑松风图》现藏于台北"故宫博物院"，图中山势巉岩，岗峦郁盘，峭壁如削，浮云出岫，飞瀑浅溪，松林茂密，整个构图还存在明显的北宋遗风，追求雄厚饱满。山

李唐《清溪渔隐图》

石皴法用小斧劈和马牙皴为之，使山石无处不立体、无处不变化，质感很强。如果说郭熙的《早春图》是李成画风的终结，那么李唐的《万壑松风图》就是整个北宋山水的终结。而李唐晚年在南宋开宗立派的画风，是以水墨侧锋的大斧劈皴法。这种追求水墨苍劲的画风，是以大斧劈、大块面、大浓淡、大黑白、大干湿、大对比、更立体为特征。代表作是藏于台北"故宫博物院"的《清溪渔隐图》，图中绘溪水由山间急流而去，云礁和板桥横架其上，山坡平缓，河水清幽，一隐者船头垂钓。山石以大笔侧锋扫出，树叶用墨点出，整个画面水墨淋漓，一气呵成，是李唐晚年典型风格。就是这种风格对南宋山水画产生了重要影响，形成了南宋山水院体画派和南宋山水画风。

李唐的绘画，上承北宋传统，下启南宋画风，造就了刘松年、马远、夏圭三位标领南宋的山水画大家，可以说，李唐是两宋间山水画的桥梁，在画史上的地位是非常重要的。

一角半边写江山——马远、夏圭

马远《踏歌图》

南宋院体山水李唐是开创者，他把北宋末年已有水墨苍劲之气的小斧劈皴发展成大斧劈皴，影响了南宋四大家中的刘松年、马远、夏圭，其中刘松年虽然继承李唐画风并有所创新，作品谨严精细，但这种画风不足以代表南宋山水画水墨苍劲的时代风气，只有马远和夏圭，把李唐的水墨苍劲发展为水墨刚劲而标领时代。而首先把李唐画风向前推进一步的是马远。

马远，字遥父，号钦山，祖籍河中（今山西永济），生长在钱塘（今浙江杭州）。他的生卒和经历很难考证，大约在南宋光宗、宁宗时期（1190—1224）任画院待诏。马远出身于绘画世家，其曾祖马贲即是"佛像马家"后人，徽宗时的画院待诏，祖父马兴祖是南宋绍兴年间的画院待诏，父亲马世荣善花鸟、人物、山水，绍兴年间任职待诏，并获"赐金带"。马远渊源家学，并努力向画院前辈学习，特别是吸收了李唐豪放苍劲的画风，使自己的作品日臻完善。

马远师法李唐，也以水墨斧劈皴画山石，他笔下的斧劈皴不用李唐宽短斧劈皴，而是要么就一劈到底，拉长用笔，要么就用细短斧劈，缩短用笔。李唐的皴法有些像宽铅笔、油画笔画出的笔触，这种笔触非常适合"涂"明暗调子，而马远的皴法功用也是追求体面关系，塑造立体空间，染法也是顺山石皴法方向晕染，为山石体面服务，他的作品水墨效果更多的是通过明暗调子传达出来，山石用墨是上浓下淡，用笔是上紧下松，把山石三个面的立体关系交代清楚。这也是马远区别于他人的造型技巧。

现藏于故宫博物院的《踏歌图》，是马远山水画艺术水平的集中体现。图中描写阳春时节农民在田垄溪桥间的歌舞欢乐，远处几座危峰突兀耸立，隐隐松林间有殿阁楼宇；近处岩石峻峻、高柳当空，一派锦绣山色。画面构图和李唐在画面中间耸立主峰不同，而是"让开大路、占领两厢"，主峰偏侧于画幅两边，少了几分稳重，多了几分轻盈，这就是所谓马远"门字"构图法。两岩主峰峭然挺拔，如立剑刺天，撑起了画面，右侧有三两远峰和此呼应，左侧直耸的剑峰边一弧线山峦引出画面，剑峰直线、山峦弧线形成对比，下首巨石以长条斧劈皴，皴出山石体面。画中用笔大刀阔斧，毫不迟疑，整块巨石弧线朝下，更加衬托出上面剑峰上升耸峻之势。山石最下首画一横向走势的田埂托住整个画面，上绘一行六人各具姿态，后面四人已醉态十足，中景林木掩映间有郭宇楼阁，暗示几人是从城中酣饮而归。整个画面呈上下两部分，似有割裂之感，作者在右侧绘出一树高柳，把画面巧妙地连接在一起，形成一个统一的整体，为和山势方折相协调，树木也多作直线曲折。可以说，《踏歌图》是马远匠心独运的佳作。

马远又工画水，现存其《水图》共12幅，用各种笔法勾勒出盘旋、迂回、汹涌、逆流激荡等江、河、湖、海的水势，画得惟妙惟肖，生动感人。马远在花鸟方面也很有创造力，他把山水画法和山水环境引入花鸟画，使花鸟画境界扩大。现存于故宫博物院

马远《水图》之一

马远《水图》之二

的《梅石溪凫图》可为代表，图中绘峭壁岩间，梅花出岩绽放，点醒时令季节，一池溪水中一群野鸭安闲浮泛，有的相互嬉戏，有的没水觅食，动态各殊，形象生动，使人对自然生命的怜爱油然而生。整个画面布局别致，摆脱了院体花鸟画一味追求象征、装饰的特点，而注意营造真实境界给人的美好感受，把山水画的无限空间灵活运用于花鸟画，给人以身临其境的感觉。

南宋山水自李唐开创以来，水墨苍劲已成为南宋画家的追求，而到马远、夏圭便发展成了水墨刚劲之风。马远追求简约、刚劲、雄健，夏圭追求清刚、透逸和水墨淋漓，这样李唐、马远、夏圭就构成了"一体两翼"之势，完成了代表南宋山水画风的构建。

夏圭《雪堂客话图》

而在"两翼"构建中，技法上又有所突破的是夏圭。

与马远并称"马夏"的夏圭，字禹玉，钱塘（今浙江杭州）人，南宋宁宗时（1195—1224）的画院待诏，曾获"赐金带"之荣。他任待诏职比马远略晚，据周密《武林旧事》记载，御前画院十人，夏圭即居其一，与马远等同受优待，与李唐、刘松年、马远合称"南宋四大家"。

夏圭的山水画，在艺术风格和表现技法上和马远有着共同的追求，都是李唐水墨苍劲一派。只是夏圭喜用长卷横幅的形式表现江南秀色。

《山水十二景》是夏圭的代表作品，现存于美国纳尔逊·艾京斯美术馆。该长卷描写自早晨到晚暮的江边 12 种不同景致，独立成幅，又可连成整幅来观赏。现存卷末四段，以高度概括的艺术手法，表现了江南山色空蒙的诗情画意。"烟堤晚泊"一段，近景用简约之笔勾出山坡轮廓，用湿笔痛快淋漓地扫出明暗层次，江边栈道之上，有担夫蹒跚而行，在暮烟笼罩的江村岸边，几只桅船停靠。用如此简洁的笔墨，表达了如此丰富的内容，在渔舟唱晚的诗意中，体现出夏圭高超的艺术概括能力。夏圭除擅长以用墨为主的画风外，还擅长一种以用笔为主的画风。代表作为台北"故宫博物院"所藏《溪山清远图》卷和故宫博物院所藏《雪堂客话图》。

二图都是以笔皴为主，泼墨为辅，或者以笔、墨混杂的"拖泥带水皴"为之。画面变化复杂，线、面、干、湿互用，用皴方法也很丰富，艺术表现力极强。尤其"拖泥带水皴"的创立，使中国山水画皴法系统更加完善，它不仅对南宋院体有所影响，而且对后世文人画的表现手段影响更大。在以后的文人画里，不仅山水画中运用"拖泥带水皴"，而且在人物画、花鸟画中也广泛采用。

夏圭和马远在山水画构图方面有一个共同特点，就是爱用近景占去画面的一角，画出近景山石的一半，另一半引出画面，也把观者的视线引出画面，给人以更宏大的想象空间。学界称这种构图法为"马一角、夏半边"，有人说这种偏侧取势的构图方法，反映了南宋偏安的残山剩水。这种说法是欠科学的，我们有时过分地把社会政治引入艺术品，使本来单纯的审美过程变得复杂起来。其实，"一角半边"是写取山水近景自然而然出现的，只要以这种方式取景，谁的画中都有"一角半边"。南宋山水画，由北宋远取山势的"可行"、"可望",发展到近景取势的"可游"、"可居",由远视到近观。这种取景方式,最前面的山岩只能画出局部或者整体的一半。为了近景取势,马远、夏圭在画中,经常采取不画山顶和山脚的办法,也就是"去两头取中间"的构图方式。虽然马远、夏圭在整体上差别不是很大,但毕竟每个人的心性不一,画出的东西也有所差别,马远用笔刚劲而偏于外露,夏圭用笔刚劲而趋于含蓄。马远注重山石的体面转折,夏圭注重山石的前后层次。马远用笔严整以"染"为主,夏圭用笔苍茫以"泼"为主。马远皴法单纯,夏圭皴法变化多端。马远多恪守李唐晚年画风,夏圭多着意李唐早期风格。

总而言之,马远、夏圭在李唐之"体"上追求相同,但在"两翼"上是有所差别的,而这"一体两翼",正像展翅飞翔的雄鹰,翱翔在艺术的天空中。

夏圭《山水十二景》

几团笔墨一点禅机——梁楷与法常

中国人物画由线到色，由讲究"描法"到讲究"笔法"，再由"笔法"到"墨法"，最后笔墨结合，是一个连续的发展过程。这个过程也是人物画发展成熟的过程，更重要的是审美情趣的变化。美学的变化往往是哲学的变化，而绘画的变化往往是美学上的变化。中国绘画由崇尚色彩发展到崇尚水墨，就是一个美学上的趣味转变。促使这转变的，主要是文人热衷绘事，使文人水墨画开始成熟。文人画的成熟，使中国画发展方向发生了改变，支流变主流，最后"反客为主"成为中国绘画的代表。而促使文人审美趣味改变的，却是丛林禅师和所绘的禅画，唐代佛教禅宗开始深入人心，尤其文人受其影响更大，悟对禅机并和禅师相往已成风气，文人画家更易从禅画中获得玄机，运用于文人画中。可以说文人画家改变了中国画，禅师改变了文人画家。最后"文禅"结合，完成了中国绘画向水墨写意的转变。

以禅机顶相图为主要题材的禅画，早在五代时的贯休、石恪已有所创建，构建了禅画的基本样式，指明了禅画的发展方向，虽然有些地方有待后世完善，但没有他们的启蒙，禅画不会发展壮大。禅画的发展和文人画的发展相伴随，虽然文人画已成主流时禅画还处于暗流绵绵不断，但到了南宋中后期，情况就有了转变。

南宋中期以后，外族侵扰、国运不祚、人心徊徨，直接影响到南宋画坛，尤其是人物画方面，开始有式微倾向，然而，禅宗绘画这时却日就月将，更进一步，发展到了极盛阶段，出现了许多禅宗画师，这其中尤以梁楷、法常为代表。

梁楷，东平（今山东）人。宁宗嘉泰年间（1201—1204）画院待诏。他生性狂妄、放浪形骸，常常纵酒度日，世人称为"梁疯子"。往还之人多为丛林僧众，妙峰和尚住灵隐时，尝有四鬼移之而去，梁为画《四鬼夜移图》。灵隐寺的高僧居简也是他的朋友，常为梁楷题画。题其《寒山拾得》云："闻丘别后无踪迹，又在兰陵故相家。"后来，宁宗惜其有才，赐予金带之荣，可他却受不了皇家差役和拘束，不接受金带，将其挂于院中，飘然而去，不知所终，可能是遁入禅林避世不出了。

梁楷擅画道释人物，山水、花鸟亦能，起初师法贾师古，有"描写飘逸，青过于蓝"之评。

而贾师古则是学北宋李公麟，因此，梁楷早期的画法也一定受了李公麟的影响。但他的绘画成就，主要是继承和发展了五代贯休、石恪的水墨写意画。

五代石恪已开粗笔写意之风，创立了写意风范，对后世影响很大。但他的粗笔写意只是建立了"写意体格"，而有待于丰富。石恪的人物画是以粗笔、粗墨画就的，衣纹和形体轮廓只写大意而已，衣纹用笔是"随意"而行，而不是跟形体走，用墨是大笔平涂，缺少"水墨晕彰"的效果。猛一看很有冲击力，细加品味就觉缺少东西而显得粗糙，往往用笔不说明结构，用墨不说明形体，缺少笔墨难度。但它却是一种"体格"，以这种"体格"为中心，既可朝用笔方向走，也可朝用墨方向发展；既可往细处走，也可往粗处走。梁楷在这两个方面都有所成就。

在用墨上梁楷发展成泼墨，但他的泼墨不是无的放矢，而是粗中有细、细中有粗，笔墨既说明结构，也说明形体。现藏于台北"故宫博物院"的《泼墨仙人图》是为代表。

图中仙人衣着用大笔没骨泼墨扫出，用笔依人体结构而行，墨色顺势从浓变淡，从紧变松，从湿变干；衣袍对襟以二三笔写成，把腹胸留出；头部以块面到额头转而成线，形成"面""线"对比；面部以浓墨简约勾出，嘴周围以淡干墨写出；上衣、裤管至草履看似一气呵成，而有笔势墨韵的微妙变化，在笔墨酣畅、痛快淋漓中，形体结构亦交代分明；腰间丝带以几撇写成，捆住腰间也捆住了略有松散的笔墨，可谓提神之笔，整个画面浑然天成，有如神助。梁楷就是以石恪为格，朝用墨、粗放的方向发展了一步，使笔触达到了既是笔又是墨、既表形又表体，从石恪那空泛的笔墨中走出，使中国画笔墨语言更加丰富，后世的花鸟、山水写意泼墨，无不借鉴于此。

在用笔上梁楷把石恪画风发展成用笔苍劲之格，并创"折芦描"，成为人物画"十八描"的组成部分。藏于日本的《六祖撕经图》是其以用笔为主的代表作。图中绘提倡"顿悟"的禅宗"六祖"正奋力撕扯经文。没画正面却能感觉到"六祖"对经纸的嬉笑嘲弄，整个身体用转折顿挫有力的"折芦描"挥就，用笔起运顿收，直取书意，身体动态结构都有照顾，衣纹走势和撕扯动作非常协调。在一挥而就中，能照顾到方方面面，没有"成

梁楷《六祖撕经图》局部

竹在胸"之气概，是无论如何也完成不了的。这是梁楷以石恪为格，朝用笔、细致的方向前进了一步，使用笔形与质兼顾，从石恪用笔"无的放矢"中走出，使用笔和结构丝丝紧扣。通过梁楷的用笔，我们体会到中国画是以气贯笔、以意调墨。这才是真正意义上的"写"。

南宋末年，把梁楷用墨和用笔两种画风集中表现出来的是禅宗画师法常。法常（约1207—约1291），号牧溪，俗姓李，蜀（四川）人，年轻时曾中举人，绍定四年（1231年）外族侵扰，他随难民至杭州，与世家子马臻相交游。因不满朝政的腐败出家为僧，遂受禅林艺风影响而作禅画。宝祐四年（1256年）后，住持西湖六通寺，因得罪奸臣贾似道而遭受追捕，隐姓埋名于"越之丘氏家"，直到南宋灭亡才敢露面，是一刚性之僧。

法常的绘画，继承了石恪、梁楷的水墨写意传统，在注重用笔、用墨的同时，也吸收了院体画风，变色彩为水墨，题材也多为院体内容，但比院体格高意远。他在人物画中，把梁楷"折芦描"之方折变为圆转，以用笔勾勒人物，用墨皴染环境背景。现存于日本

法常《罗汉图》

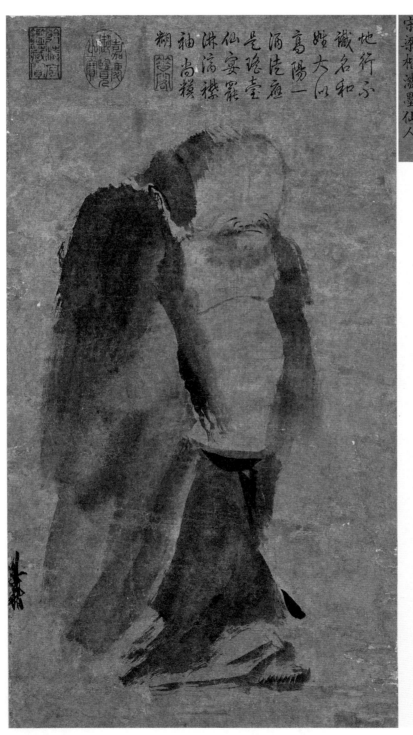

地行不識名和
尚大川蠟屐高
陽一酒徒應是
甌壺仙宴罷洪
涯襟袖尚糊塗

宋梁楷潑墨仙人

梁楷《泼墨仙人图》

的《罗汉图》可以代表这种风格。图中绘一位乞丐般的罗汉闭目打坐于石间，面部清苦，身后有一巨蟒缠绕周边，张口吐须，用极险之境衬托罗汉已入禅定的境界。人物以曲笔勾出，按着罗汉坐姿组织衣纹走向，有疏有密，似乎通过衣纹可以感觉到禅定呼吸的节奏，背景用粗笔皴、擦、点、染，画出山岩、树木、云雾，给人以超然绝世的感觉，把禅定气氛衬托得非常到位。法常融合梁楷和院体画风，使自己的绘画多了几分含蓄和细润，而这种方式是非常适合花鸟画的。在法常的绘画中，除人物外，还有许多花鸟题材。花鸟画多是以富丽色彩和装饰性取胜，他却删其繁复而以水墨挥洒，在点线面中隐藏着禅机，使花鸟画品格提升，意趣加深。藏于日本的《松树八哥图》以酣畅的笔墨写出鸟身，好像略不经意而又极其巧妙地在鸟的头部留出一点空白，轻笔点出鸟眼，又在背部

法常《松树八哥图》

留出白羽，和眼睛相呼应。鸟立老松之上，古藤绕树，松针淡墨扫出，一颗松果挂枝，也许画的鸟也和罗汉一样，正在禅定之中，也许是作者通过一果一鸟表现出对生命万物的感悟，画面禅味十足。

法常的作品国内极少，但在日本却名望极高，被日本称为"画道的大恩人"。日本的圣一国师在中国时和法常同门弟兄，回国时，携去法常作品，现在还保存于日本东京大德寺内。

梁楷、法常的水墨写意画，承接石恪衣钵而有所发展，开辟了写意画的新境界，把禅宗绘画发展到了高峰，文人画全面吸收了禅宗写意画的精华，又向前迈出了实质性的一步，加快了中国绘画的发展进程。至此，禅宗写意画也完成了自己的使命，汇入到文人画发展的大流中，这也是佛教禅宗完全中国化，而成为中国文化组成部分的必然结果。

留得清气在人间——赵孟坚

在中国画中，松、竹、梅是常被表现的题材，而在文人画中松、竹、梅被称之为"岁寒三友"，取松、竹、梅都可傲凌风雪、不畏霜寒之特征，表现人格品质和气节。松树早在唐代吴道子时，就常画在壁障之上，后世多在山水画中运用，也有单独画松成幅。竹子寓意坚贞不屈，在北宋文同时已臻成熟，成为文人画家笔底"常客"。梅花在两宋时期，扬无咎成就斐然，梅的法式基本完成，后世画梅能手层出不穷。而把松、竹、梅常画在一起，创"岁寒三友"之格的是赵孟坚。

赵孟坚（1199—1267前），字子固，号彝斋，宋宗室，嘉兴海盐（今属浙江）人，由于他这一支与南宋皇室的关系已很疏远，所以家境颇为贫寒。理宗宝庆二年（1226年）登进士，后历任湖州掾、转运司幕、知诸暨县。由于他早年孤寒艰辛的生活经历，在地方官任上，能体恤民情，抑制豪强，为民平冤，替百姓做过一些好事。

赵孟坚学识渊博，能诗文，擅书画。周密《齐东野语》说他："修雅博识，善笔札，工诗文，酷嗜法书，多藏三代以来金石名迹，遇其会意时，虽倾囊易之不靳也。"他个性疏阔放纵，性喜嗜酒，有六朝人的林下之风。据《图绘宝鉴》说赵孟坚常"一舟横开，仅留一榻偃息地，余皆所挟雅玩之物，意到左右取之，吟弄忘寝食，过者望而知为赵子固书画船也"。

赵孟坚擅画水仙，以及松、竹、梅、兰，早年爱画蕙兰，"酒边花下，率以笔砚自随"。许多人向他索画，他则有求必应，毫不吝惜。汤垕说他"墨兰最得其妙，其叶如铁，花茎亦佳"。他的墨兰是受文同画竹之法影响，以笔墨直接写出兰叶，点出兰花，把兰叶的翻卷刚柔和兰花的婀娜姿态表现得十分传神。现存于故宫博物院的《墨兰图》是他早年所作，图中绘三四株墨兰迎风摇曳，兰叶用笔通过提按，把兰叶的正侧翻卷和弹性写出，以稍浓之墨点出兰花，花瓣姿态各异，有如纤细玉手，在兰草附近点缀杂草，更显兰花"鹤立鸡群"。在兰叶的穿插上，注意了疏密变化，在这里已看出一笔长、二笔短、三笔"破凤眼"的写兰规则，概括了草本植物的生长规律，后世画草本花卉，多借鉴兰叶的穿插方法。《墨兰图》

赵孟坚《墨兰图》

把兰花的迎风披拂、满谷幽香的潇洒姿态和画家超逸、孤傲的情怀很好地统一在一起。

赵孟坚晚年多作梅竹，他墨竹取法文同，而用笔比文同瘦劲，并着意竹叶的大小、长短变化；他墨梅学扬无咎，而比之更雅逸清瘦，用笔非常爽利。从传世《岁寒三友图》中我们可以领会大意。图中绘松、竹、梅折枝，以墨竹的黑和松针的灰衬托出梅花的白。竹叶如刀剑，松叶如钢针，更表现出梅花的傲骨冰心。整个画面笔墨秀丽，清绝幽雅，极尽文人雅士之意趣，图中松、竹、梅的构思，已明确传达出借"岁寒三友"表现赵孟坚刚正、坚贞的气节。此后《岁寒三友图》成为画家表现超然高洁之气概的固定程式。

《岁寒三友图》至赵孟坚而成定格，梅、兰、竹、菊"四君子"画的程式中，墨兰

又是赵孟坚所创。"岁寒三友"、"四君子"都和赵孟坚相关联，这绝不是偶然的。南宋末年金人和蒙人大敌压境，宋军抵御不力，甚至有投降者和依附者，这是一个拷问人格、气节的关键时刻。许多文人士大夫见国势已去，复国无望，心绪惶然，但他们绝不投降和合作，而是互相鼓励以为同志。有些画家借"岁寒三友"以表情志，抒写胸怀。"三友图"在这个背景下出现，是合情合理的。而赵孟坚就是一个有忧国之情和正义之感的人，他在诗中曾写道："或分一垒向边疆，愿做长城如李勣。"可以想见他对当时边防溃败、无力抗敌表现出极大的愤恨。因此，"岁寒三友"、"四君子"出现在他的笔下再自然不过了。

赵孟坚除创墨兰外，还创水墨水仙画法，是以双钩渲染法为之，品格不凡，把水仙

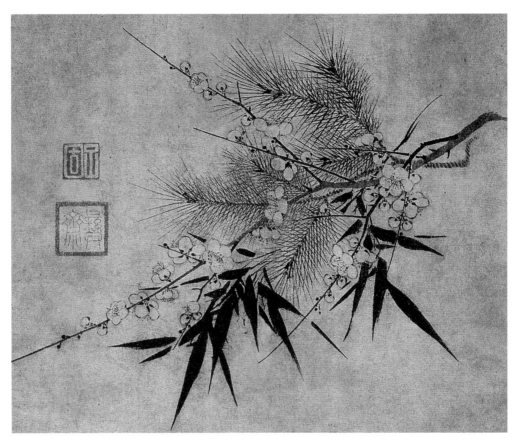

赵孟坚《岁寒三友图》

的凌波绝尘之情态表现得非常传神。

赵孟坚留给后世的，不仅是画迹和画法，更重要的是品格，画家的品格和画中的品格。他对文人画家的影响更广泛一些，人们所追求的是他那"意"和"迹"的高度统一。从他那里真正体现出画如其人的奥义，许多地方是值得我们认真思考的。

兰蕙清风万古香——郑思肖

在中国绘画发展史上，大多都是绘画大师和他们的作品在起着重大作用，他们的绘画理论引导后人去探索和研究，他们的作品让后人临摹和学习。当然还有一些没留名字的作品，由于代表了时代风貌，这些画迹也在美术发展史上起到了重要作用，如宋代花鸟画中，有许多扇面册页就是佚名，但它们的作用却没因此而减少。除此以外，还有一些人虽也涉足绘事，但留给后人的主要不是绘画作品，而是一种思想、一种精神，这些思想和精神一直影响着历代画家，引领着他们去为此努力和追求。

在中国绘画史上，南宋前有两个这样的人物，一个是唐代的王维，一个是北宋的苏轼。王维变"青绿勾斫"之法为"水墨渲淡"之格，并将诗的意境引入绘画，使其"画中有诗"，他冲破了色彩的约束，为文人画发展奠定了基础。苏轼是文人画的旗手，他的绘画是写出胸中逸气，他"论画以形似，见与儿童邻"以及"胸有成竹"的理论广为文人画家所接受。他冲破了形的约束，为文人画的壮大起了重要作用。而在苏轼之后，又出现了一位对文人画有着重要作用的人，他就是南宋诗人、画家郑思肖。

南宋末期，外族侵境，打破了南宋偏安局面，国势将去，已成大局。但在士大夫阶层中却出现了一大批威武不能屈的爱国文人，郑思肖即为其中一员。

郑思肖（1241—1318），字忆翁，号所南，连江（今属福建）人，宋太学士，应博学鸿词试。他性情刚介，曾向朝廷献计抵抗蒙军南侵，未被采纳。宋朝国亡，他躬田畎亩，隐于寺中，过着孑身一人、辛酸凄苦的生活。但他坚决反对元人，终身不仕，坐卧必朝南方，以示不忘南宋朝，所以自号"所南"，表现了他的民族气节和对南宋的怀念之情。

郑思肖是文学史上著名的诗人，他的诗多描写边关、沙场壮烈的勇士，抒发亡国之恨和怀念宋室之情，并热切希望光复故土、振兴华夏。他在诗中写道："纵使圣明过尧舜，毕竟不是真父母。千语万语只一语，还我大宋旧疆土！"可见他的爱国精神是非常强烈和真挚的。

在绘画方面，郑思肖擅长墨兰，兼工墨竹。他的墨兰高度凝练概括，损之又损挥写

郑思肖《墨兰图》局部

精神，以稍干之笔，藏锋起笔向上行笔，在叶的中部按出"螳螂肚"后，收笔以"鼠尾"出之，兰根几笔攒成"鲫鱼头"形。兰花轻笔带出，风情万种。我们从藏于日本大阪市立美术馆的《墨兰图》中，就能体会出这些特点。图中用笔较为粗拙、厚重，兰花有挺拔壮实之感，和赵孟坚爽利秀逸的用笔、兰叶细长飘飞的形态是有区别的。赵孟坚的兰花有草之嫌，而郑思肖的兰，是纯粹的兰，他抓住的是兰花独有的特征，既区别于杂草，又区别于禾苗。至此，赵孟坚墨兰的"交凤眼"和郑思肖墨兰的"螳螂肚"、"鼠尾"、"鲫鱼头"，成为后世画兰的法式，"兰出郑赵"之说广泛流传于后世。

据说郑思肖曾题画兰"纯是君子，绝无小人，深山之中，以天为春"，寄托了他的高雅之情、绝尘之怀。他写兰花，常不着土，人问其故，答曰："土为番人夺，忍著耶。"亡国之痛难以言表，只好通过几丛不着土的兰花来排解了。借物缘情本来是中国绘画常用的手法，但在郑思肖之前大多都是借物象征而已，如桃表寿、鹿表禄、蝙蝠表福等，都流于表面。而郑思肖却把这种手法引向更深刻的层面，将其人格化，并把君子之风、君子之气贯入绘画，使中国画和人及人的品格相联系，从此"画如其人，人如其画"为许多画家所认同，也为中国画走向追求个人风格开启了门径。可以说郑思肖在文人画发展中所起的作用，并不是他的墨兰如何绝妙，而是将一种精神、一种君子气带入了文人画，成为对一个文人画家的基本要求，也成为一种批评标准。

文人画自唐代发轫，到南宋末年为止，经过了历代文人和画家的努力，无论从技法到理论，从内容到形式，都已臻完善，而在整个过程中王维、苏轼、郑思肖起了非常重要的作用，王维的"诗"、苏轼的"文"、郑思肖的"人"，构成了文人画内在的灵魂，以及人格、修养的境界，也成为文人画家追求的精神，从郑思肖以后，文人画便开始逐渐"入主"画坛了。

撷取人间一段情——李嵩

　　人物画发展到盛中唐时期，无论在造型的准确、色彩的艳丽、衣纹的组织上，都达到了空前的高度，使后人难以逾越。而事情往往是物极必反，到了顾闳中时，在人物画中已开始着意突出墨线或墨韵。到北宋时期，李公麟把墨线独立而成"白描"，赋予线描以独立的审美价值。而到南宋时，人物画已发展到线条、墨韵并重，色彩退居其次，人物画在着色前已基本是独立的线描水墨画。即使着色，也不把墨线遮住。在人物画表现内容上，由神仙、道释，到帝王将相，再及贤人达士，是一个由上而下的渐变过程，而表现生活在最下层的平民百姓，则是在北宋后期逐渐增加。在市井风俗方面，以张择端为代表，而在人物画方面则是以南宋画家李嵩为代表。

　　李嵩（12世纪后期至13世纪前期），钱塘（今浙江杭州）人，少年时为木工，后为绍兴画院待诏李从训养子。李从训擅画道释人物、花鸟，敷彩精妙，画艺不凡，是当时很有名望的画家。李嵩在这样的条件下，刻苦努力地研习画艺，进步很快，终于在南宋画坛名重一时。

　　李嵩是个多才多艺的画家，他在人物、山水、花鸟方面都有建树，有"能品"之誉。李嵩因少年曾是木工，因而对农村生活颇为熟悉，他的绘画成就也体现在表现农村生活方面。农村生活题材，在李嵩以前也有画家表现，如牧牛、春耕、纺织等生活场面，但大多追求的是文人雅逸之气、闲逸之怀。而李嵩对农村生活有着自己的感情和自己的看法，是一种与劳动人民同甘共苦，哀其所哀，乐其所乐的深切情感。他笔下的农村生活场景，有着浓厚的乡土气息，是洗尽铅华、脱却雅逸的本来面目，是一种现实主义的写实。这种现实主义并不是像西方现实主义那样，着意于对社会的批判，而是一种积极的参与生活、品味生活的方式，甚至是对乡野生活的热情向往。这一点在他的代表作品《货郎图》中就有所体现。

　　《货郎图》是一幅横卷绢本淡彩画，现藏于故宫博物院。全图描写老者货郎肩负货担将至村头，即吸引一群妇孺的热闹场面。图中的老货郎身披肩挂，货担上家什齐全、

李嵩《花篮图》

琳琅满目，刻画也很细致，清晰可辨，有风车、小鼓、葫芦、鸟笼、花篮等儿童玩具；有木叉、竹耙等农具；有瓶、缸、碗、杯等生活用品；有瓜果、糕点、醋等食品。不少物品还标有"诵仙经"、"三百件"、"明风水"、"杂写文约"之类的字样，真像一个流动的"小卖部"。

特别是儿童，欢呼雀跃着奔向货担，有招呼同伴的，有光着屁股蹦跳的，有拉着母亲撒娇的，有哥俩争斗的。那位母亲虽哄着孩子，自己的眼睛却盯着货品，盘算着买点什么。老货郎一面招呼着孩子，一面摇着小鼓嘭嘭作响，以吸引更多的买主，随着鼓响，一位拖儿带女的母亲也急急赶来，唯恐货品被人抢购一空。一只母狗也带着几只小狗赶来凑热闹，似乎也打算赚点什么便宜。《货郎图》就是通过渲染气氛，刻画人物神情，传达出鲜活的生活气息。在艺术构思和处理上，《货郎图》也有独特之处。两株柳树告诉我们这是在村头，而不是荒郊野外；从妇女和孩子的穿着和神情中，可知他们的居处

李嵩《货郎图》

是富庶之地；从货郎的风尘仆仆的样子，可知他一定走了很远的路。画面构图横幅一字展开，弄不好会显得呆板，作者巧妙地在抱孩子妇女脚下画两个争闹的孩子，打破了一字平行线，使画面有了起伏和节奏，活跃了画面。图中场景，如果安排不当，会给人以货郎举家逃荒，或妇人率子追"贼"的感觉，所以作者在画的最左侧，画一弯腰朝里的母子在挑选物品，"堵"住了前行的众人，也预示了大家最后将停在货担周围。货担上的喜鹊站在了画的最高处，通过扑向货担孩子后背的弧线，通向画幅最下面的两个孩子，形成一条无形的大弧线，把画面引向高潮。可以说《货郎图》是李嵩经过"九朽一罢"才得以完成的杰作。

　　南宋前的人物画，衣纹线条都很匀细，表现贵族绸袍很协调，表现农村衣着就不合

时宜了，因而，李唐加强了线的顿挫和衣纹穿插的随意性，使其适合乡下的衣着，不失泥土气息，这是内容决定形式的典范。同时李嵩也将以前衣纹"用描"转变成了"用笔"，着色也是水墨淡彩，这都为写意人物奠定了基础。

我们现在的许多人物画，大多都在画中摆弄姿势，朝观众挤眉弄眼，总有别人围观的感觉，或者拍照的感觉。而这些毛病在李嵩的画中是找不到的，他的作品营造的是"无人化境"，是一件真正意义的作品，而不是做作的作品，这一点是值得人物画家们三思的，这也是《货郎图》存在的真正意义和价值。

精工而有士气的青绿山水——赵伯驹、赵伯骕

青绿山水画在唐代李思训、李昭道时已发展到极盛，尤其在色彩上，极尽金碧辉煌、浓重富丽之能事，而成经典。但在"二李"之后，擅长青绿山水者不多，以名称世者几乎没有，这也许是他们那富丽堂皇的色彩很难逾越，也许是他们那种海外仙山之类的虚构不再被人们所喜好，而将兴趣转向画真山真水的作品，也许是王维"水墨渲淡"画风的出现，将"二李"画风挤出了发展轨道，总而言之，承接衣钵者已经很少了。

赵伯驹《江山秋色图》局部

其实，"二李"的青绿山水，并没有发展成熟、完整。除在色彩上已尽极致外，内部许多环节还有待完善和发展。如在技法方面，只有勾斫之法，用笔力度还局限于"描"的程度上，山的轮廓只有一个骨架，内部缺少各种皴法的充实，山体转折还很幼稚，画面效果还停留在装饰上。而到了南宋赵伯驹、赵伯骕兄弟时，才又一次将青绿山水推上一个新台阶、新境界。

赵伯驹（？—约1173），字千里，宋太祖七世孙，官至浙东兵马钤辖。赵伯骕（1123—1182），字希远，伯驹弟，历任浙西安抚司干官，兵马钤辖，乾道六年（1170年）假泉州观察使，七年出使全国，九年升提举宫观，是一个在政治上很活跃的人。

二赵的绘画涉猎很广，人物、花果、翎毛、竹石均能，而尤以青绿山水画擅长。历来论青绿山水，总是将二赵与二李相提并论，二李父子是唐朝宗室，二赵则为宋朝皇族，看来青绿山水似乎只有在皇家贵族的土壤中才能"茁壮成长"，富丽堂皇的色彩，和皇家宫廷的情调是相协调的。但同为宫廷内的青绿山水，两个朝代的趣味又是有别的。唐代是继汉代以后，中国社会发展的又一高峰，一统天下的泱泱大国，各方面充满着朝气。佛教美术的传入，也带来了西方浓艳的色彩，西北的少数民族对色彩也情有独钟，皇族贵胄更是喜爱美丽的颜色，而这种喜好在二李的青绿山水中发挥到了极致，创造了光芒四射的"金碧山水"。这种炫耀色彩的画风，是和整个文化背景相一致的。到了宋代情况就有了转变，朝纲上下是轻武重文，并对宋以前文化进行了"过滤"和"梳理"，使其更符合文化国情，更加有汉族之国风。在绘画方面，山水、花鸟全面成熟，尤其山水画在水墨领域的拓展，改变了人们的审美趣味，文人画也在此时发展壮大，又把水墨延伸至花鸟、人物，在整个绘画舞台上，水墨画开始扮演主角。所有这些，都对宫廷皇室有所影响，也不同程度地熏染了赵伯驹和赵伯骕，他们的青绿山水也就是在这种"语境"中，再次进入一个新阶段。

二赵是在继承二李的基础上有所创造的，他们在总体上保持了青绿山水的特点，而将水墨山水画和文人画的理论引入其中，充而实之。他们在青绿山水中，借鉴了水墨山水画中的皴、擦、点、染，使塑造手段和画面更加丰富多变。改变了二李山水中只有勾、描的单调局面，在他们的画中已经有了墨韵神采。从二李的色彩控制墨色，发展到以墨色控制色彩；从二李的在色彩中求对比，发展到在墨韵中追求色彩的变化；从二李的以色打底，发展到以墨打底；从二李的北派单一画法，发展到南北派二法合一。他们将文人的雅逸之气，倾注于青绿山水画中，使青绿山水"旧貌换新颜"。

虽然二赵都是青绿山水的完善者，但兄弟二人的风格趣味是有所不同的，在整体面貌上，赵伯驹偏于李昭道，赵伯骕则偏于南派水墨。

因赵伯驹寿命不永，传世作品非常少，世上流传画迹多为托名而作。传为赵伯驹的《江山秋色图》卷，现藏于故宫博物院。图中绘重峦叠嶂，群峰起伏，烟雾缭绕，溪水盘山，其间掩映山庄院落，亭台楼阁，车马舟桥，行人徜徉于其间。山间、水滨桃花绽放、山茶盛开，应是一片江南春色。画面以略有顿挫之笔勾勒山石，以淡墨皴擦出阴阳向背，用笔和山岩的结构走向紧密结合，山岩的形体转折比二李的山岩有明显的进步，笔不妄下。在墨色上又以花青、赭石打底，最后施以石绿、石青，在色彩悦目的同时尽量保留墨韵，以控制住色彩，不使色彩充满"火气"，而有温润之气。画中的树木、竹林等点景之物，均按文人画情调安排，在崇山峻岭中多布置一些平溪缓坡，稳住"上蹿下跳"的危峰，使整个画面有世外田园的闲适意境，远处的平云和近处的平坡，都是为了平衡

赵伯驹《江山秋色图》局部

画面。青绿山水画发展到赵伯驹阶段，在不着色之前，就是一幅完整的淡墨山水画，着不着色都可独立欣赏。这一步的完成是一个非常重要的阶段，他为已发展到极致的青绿山水，又重新找到一条发展道路，使青绿山水画"起死回生"，焕发了青春。

赵伯驹的画风偏向于李昭道的风格，赵伯骕的画风倾向于南派山水，实际上是代表了青绿山水画后期发展的两个阶段。赵伯驹阶段是为青绿山水的再发展开拓了前进道路和多种方向发展的可能。而他们这个阶段的成就也和"山水之变，始于吴，成于二李"的规律一样，是成于二赵——伯驹、伯骕。

赵伯骕是在其兄的基础上，将文人画的具体画法和萧散高迈的文人之气直接引入青绿山水画中，使青绿山水的画貌完全改变，他是在努力寻找青绿山水和文人画的结合点。

现藏于故宫博物院的《万松金阙》，足以代表赵伯骕的艺术成就。图中描绘了月夜之中南宋宫阙外的自然景色，一轮明月、海天一色，几羽翔鹤鸣唳而过，更显山色幽静。在白云绿翠间掩以宫阙廊桥，一泓溪水汇入江河，几株碧桃烂漫山间，好一个"春江花月夜"。图中的用笔已改变北派勾斫之法，而以富于变化的温润之笔勾写树石，远山以董源、米芾之点层层点染，但又不像米点山水那样全靠"点"成，而在关键部位勾皴山岩，以立山骨、撑起画面。同时山岩的线色和宫阙的线色形成呼应关系，成为画面"亮点"。

赵伯骕《万松金阙图》局部

溪水以线勾出，和山上的点形成了对比。虽然还保留着青绿山水的基本特点，但已是墨气十足了。整幅画卷色墨互彰，色不掩墨，墨不碍色，在工致之中有文气、士气、奇逸之气充满其中。明代董其昌把青绿山水列为北宗，并对此颇有微词，但他看了二赵的画后，也不得不赞叹说："李昭道一派，为赵伯驹、伯骕，精工之极，又有士气。"这足以证明二赵的青绿山水在另一极上是和文人画息息相关的。

在赵伯驹、赵伯骕兄弟的努力下，终于完成了对青绿山水的"改造"任务，使南北

赵伯骕《万松金阙》局部

画派汇合，为后世文人山水画借鉴、吸收青绿山水画法以及青绿山水画的继续发展起了重要作用。

真工实能写士气——钱选

南宋覆灭后，元朝成为第一个统治全国的少数民族政权。在中国历史上，少数民族入主中原已有许多次，但他们最多只能在一段时期占据一半河山，对国人心理的冲击大于对文化的冲击。因为文化随着国人南渡，可以保存"文化根苗"，一有机会便可"遍地开花"。如唐朝时的国人南渡，把本来盛于北方的笔、墨、纸、砚技术带到了安徽等南方诸地，在那里"生根发芽"广为流传。而元朝的建立，却在社会政治、经济、文化、心理等各方面带来了"全面冲击"。这对国人，尤其是知识分子阶层来说，无疑是难以承受的。而元朝对汉族，特别是南方汉族的歧视政策，以及把知识分子列为娼丐之间的地位，更使他们悲愤交加。人格的"挤压"，仕途的绝望，使文人们更容易把心中郁闷之情寄于艺术，在艺术中"证明"自己的存在，张扬自己的个性。元代的钱选就是这其中的一个。

钱选（约1239—约1300），字舜举，号玉潭，别号习懒翁等。他原是南宋的乡贡进士，博学多艺，精音律、善诗书。与赵孟頫等同称"吴兴八俊"。

宋亡后，赵孟頫等人被元朝委以要职，只有他"励志耻做黄金奴"，不肯出仕元朝。

钱选《花鸟》图卷之一

据说他在入元以后，所题书画常不著年月，甚至把自己有关经学的一些著述也付之一炬，表明了自己不与元朝合作的态度。在入元的文人中，钱选与其他人所不同的是，既不合作，也不与当朝正面冲突，就像他在诗中所说："不管六朝兴废事，一樽且向画图开"、"我亦闲中消日月，幽林深处听潺湲"，这一点和郑思肖的激昂愤世是不同的。

钱选在绘画方面是一个全才，人物、山水、花鸟无所不能，画风以精巧工致的"士气"著称。赵孟頫早年曾向他请问画学，问何为"士气"？钱选回答说："隶体耳。"关于"士气"、"隶体"，有人说就是文人画，或士夫画的画。这样回答可说对，也可说不对，因为，会飞的不一定是鸟、会游的不一定是鱼，从表面上看文人画和士夫画的确很像。但实际上两者是有很大区别的，能画"士夫画"的人，应具备三个条件，首先是文人，无论在人格、气节、文采上，都有一定的名望；其次是有一定的职位，是社会意识形态的影响者和政权的执行者，是所谓"隶"者；再次是在绘画方面要"真工实能"，经过专门训练、

钱选《花鸟》图卷之一

具备专业水平。严格来讲，是三者缺一不可。而能画文人画的人，只要他是文人，三者居其一二便可，绘画专业水平可高可低。能画"士夫画"者，便能画文人画，能画文人画者，却不一定能画"士夫画"。"士夫画"弄不好会"匠气"，文人画弄不好会"俗气"。"匠气"是水平尚可，但画不好；"俗气"是弄雅不成反为俗。从更内在来看，是胸次和眼界的不同，"士夫画"者，是国家机器运转的一分子，心胸境界非一般文人可比，出手便可不凡；文人画家都把"士气"作为他们追求的理想境界。

在钱选的绘画中，我们可以看到他所追求的是内在情感通过技法诸要素和表现题材的物理情态紧密统一。在存于上海博物馆的《浮玉山居》图卷和存于故宫博物院的《山居图》卷中，我们可以看到，二图均属于青绿山水系统，然而却丝毫没有青绿山水的富丽色彩，而传达出幽远、静谧、雅致文秀之气，即"士夫之气"或"士气"。山石以勾染为主，皴擦都顺着轮廓线走，决不破坏规整素雅的气氛，山体层次朗然，在整体景致

中流露出幽深而耐人寻味的意境。他山水学赵伯驹、赵令穰，他们虽属青绿山水画家，但经"改造"，他们笔下的青绿山水已引进了诸多的文人画因素。而在钱选的画中，又引进了"士夫画"的要素，使其面貌完全和传统的青绿山水拉开了距离。在花鸟方面，他师学赵昌，功夫颇深。据说他曾向人借《白鹰图》，夜间临摹装裱完毕，以摹本归还，主人竟丝毫不觉。藏于天津艺术博物馆的《花鸟》图卷，可以代表他的风格。图中绘白牡丹、白碧桃小鸟、白梅花等春天应时花卉，均以淡墨勾勒，极精巧工细，设色也很清丽文雅，物理情态十分传神，可谓"生意浮动"。

对于钱选的画，我们很难说他画的是写意画还是工笔画，或者说，他是在用"工笔"画"写意"，还是用"写意"画"工笔"呢？但是在他的画中，的确能传达出迥于文人画的意气，那就是"士夫画"中的"士气"。而这"士气"对元代大画家赵孟頫和后世的文人画家有着深远的影响。

托古改制以退为进——赵孟𫖯

中国画自唐代王维开始，变勾斫之法为"水墨渲淡"，并将诗意引入画中，使水墨独立于色彩，使诗与画相结合，开文人画之先河。到了宋代的苏轼，在绘画中倡导不以形似论高低和"胸有成竹"，使中国画冲破了形的束缚。米芾、文同、扬无咎、梁楷、法常、赵孟坚、郑思肖等，在文人画道路上进行了各种探索，努力为文人画寻找出路，而且成绩斐然。尽管如此，文人画却始终没有成为画道主流，被认为是文人之余事和"墨戏"。但到了元代，由于国运不祚，画道转折，文人画终于以迅猛之势成为中国绘画的主流，登上了历史的舞台。而促使文人画迈出这关键一步的人，就是元代书画家赵孟𫖯。

赵孟𫖯《鹊华秋色图》

赵孟𫖯（1254—1322），字子昂，号松雪道人，谥文敏，与画家钱选等，并称"吴兴八俊"。他出身赵宋皇族，11岁时父亲去世，由母亲丘氏抚养、教育。20岁时中试国子监，出任真州司户参军。南宋灭亡后，回乡闲居十年。这期间，苦读经史，勤习书画，常与钱选研究书画之道，得益匪浅。至元二十三年（1286年），程巨夫奉元世祖之命，

赵孟頫《古木竹石图》

在江南搜访遗逸，赵孟頫应召到了大都，授兵部郎中，后官至翰林学士承旨。在大都期间，曾协助元世祖罢黜权奸桑哥。他关心教育、兴办学校，做了许多好事，被时人所称颂。

赵孟頫在艺术上可谓全才，他擅诗文，精音律和鉴古，书法、绘画在元代引领风骚，他是以文人身份涉入绘事，但他和一般文人画家只擅长单一画种或只能画几种物象有所不同。赵孟頫在绘画上，山水、花鸟、人物、动物等题材无所不能；在画法上，则工笔、写意、设色、水墨无所不精。他和钱选一样是一个"真工实能"的画家。这成为他率领文人画家步入画道主流的"资本"。

中国绘画在南宋前，虽然有众多"文化精英"在鼓吹文人画，但仍没改变宫廷画风引导绘画主流的局面，而这"主流"到了南宋，似乎是跟随宫廷画风走到了极端。山水画是"斧劈皴"越劈越宽、墨越泼越多；用笔劲越来越大，画面越来越空；表面效果越来越好，笔墨内在的东西越来越少。花鸟画是线条越来越细、笔力越来越弱，色彩越来越艳、画面越来越小，情趣越来越少、匠气越来越多。山水的"粗"，使"用笔"本身含义被粗笔泼墨所淹没；花鸟的"细"，使"用笔"本身价值难以体现。赵孟頫感觉到了这些，开出了托古改制的"药方"，把原来从宫廷情趣出发引导画风，变为以文人的审美情趣出发，提倡继承唐与北宋绘画精华，重视神韵，追求清雅朴素的画风。在艺术主张上他曾强调："作画贵有古意，若无古意，虽工无益。"他认为北宋前的绘画中，保留着笔墨内在价值和绘画的本意，绘画除欣赏功能外，还有认识功能；用笔除有轮廓功能外，还有它自身的审美功能。而用笔的内在审美功能在书法中最能体现，因此，赵孟頫又进一步提出"书画同法"论。他曾题诗道："石如飞白木如籀，写竹还应八法通。若也有人能会此，须知书画本来同。"书法不仅能帮助画家注意用笔自身的变化和趣味，而且书法中保留着绘画的"正法"，从如何起笔、提笔、按笔、顿笔、藏锋中，无不体现着绘画方法，每当中国绘画走入"绝境"，又无不乞灵于书法。我们当代中国画发展困难，就是在书与画的环节上出了问题。赵孟頫的"古意"说和"书画同法"论，所针对的问题是一样的，都是为了医治绘画发展中出现的"毛病"，而且他的艺术主张是和艺术实践紧密结合的。我们在藏于故宫博物院的《古木竹石图》中，就可以体会到这一点。图中绘一玲珑湖石，石后枯木直立，一高一矮，中间穿插一小枝，丛竹幽兰分布湖石两旁，相映成趣。枯木与湖石用飞白法、竹叶用古隶体写出。全图运笔强调书法用笔，追求笔墨韵味和趣味，有一气呵成的感觉。藏于台北"故宫博物院"的《鹊华秋色图》是赵孟頫的山水画代表作，图中描绘济南郊外的鹊山、华不注山景色。采用董源画法，以荷叶皴画华不注山，以披麻皴画鹊山，一个山势峭拔，一个山貌浑厚，两山间竹木林立，沙汀芦渚，水村茅舍尽收眼底，画题则用树枝红叶点醒。该图多以干淡之笔为之，秀雅古拙，是其"古意"说得很好的印证。

赵孟頫是元代画坛上最有才华的书画大家，他为文人画的发展开启了新的途径，他的理论和绘画，一直影响着后世的画家。

自辟蹊径写富春——黄公望

　　山水画发展到元代，出现了新的变化，但这新的变化却是在逆向复古中取得的。元初的赵孟頫以卓绝的胆识，对北宋以前的南北各家、各派山水画进行了书法化的"梳理"和融合，完成了中国画从"自发"寻求笔墨本身价值，到"自觉"寻求笔墨本身价值的发展进程，为中国画向更高阶段发展提供了可能条件，也为后世画家在此条件下，以个人的方式追求自己的笔墨趣味和个人风格开辟了一条道路。而在这方面变法成熟最早的就是被称为"元四家"之首的黄公望。

　　黄公望（1269—1354），字子久，号大痴道人，又号一峰，常熟人。黄公望本姓陆，

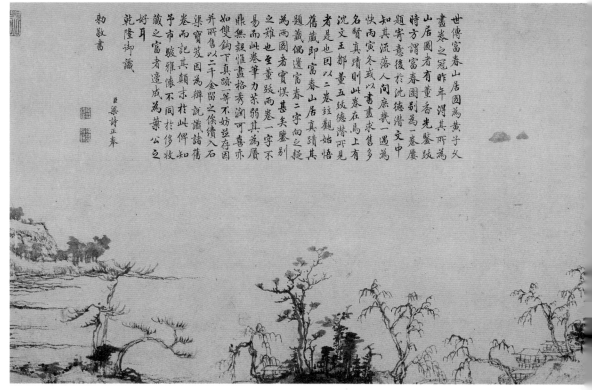

黄公望《富春山居图》局部

名坚，父母早逝，食无所供，常熟城西有一黄姓老人，九十多岁尚无子女，见其聪颖可爱，立为子嗣，黄公晚年得子，兴奋怡然地说："黄公望子久矣！天赐佳儿，来亢吾宗。"黄公望因此得名。他少年时即苦读经史，颇有文才。元钟嗣成《录鬼簿》载："公望之学问，不待文饰，至于天下之事，无所不知，下至薄技小艺，无所不能。长词短曲，落笔即成。人皆师尊之，尤能作画。"他在各方面的修养，为他在绘画上的成功打下了基础。

他年轻时曾在浙西廉访司任书吏，协助张闾办理钱粮征收事宜获罪入狱，精神上受到沉重打击。出狱后，他加入了全真教，改号"大痴"，浪迹江湖，以卜算卖画为生。他曾一度在松江卖卜，后游杭州，因爱其湖光山色，遂隐居南山筲箕泉。晚年的黄公望常扁舟湖上，酣饮终日。据《海虞画苑略》，他曾在月夜棹孤舟，出西郭门，循山而行，至湖桥，又以长绳系酒瓶于船尾，返身过齐女墓下，牵绳取瓶，绳断，就抚掌大笑，声振山谷，"人望之以为神仙云"。

黄公望《富春山居图》局部

黄公望的山水画在赵孟頫复古理论的影响下，继承了董源、巨然、米芾等南派山水画风，并着意注重笔墨本身语言的锤炼，强调了笔墨自身的独立价值。中国绘画用线方面独立较早，李公麟的白描，已突破轮廓线功用而具有了独立的审美意义，董源、巨然也赋予皴法用笔以内涵，米芾也把点的意义进行了扩展，但他们对用笔、用墨内在价值的认识还处于"自发"状态。而到了赵孟頫以后，开始对用笔、墨的内在价值有了"自觉"认识，但他只是在文人画法式构建上有一个大致框架，提出问题，却没有解决问题。只有到了黄公望的山水画中，这些问题才得以基本解决。他把山水画的皴、擦、点、染，概括在用笔用墨中，并对用笔用墨在形态上给予独立和强调，再通过皴、擦、点、染体现出来。特别是在用"点"方面，在黄公望的画中，完成了观念和形态的深化和独立，"点"的解放和独立，使中国绘画获得了空前的自由。一个墨点，可以认为只是一个单纯的墨点，可以是树，是草，是人，是阴影，是石头，也可以表现浓淡干湿。总之，这个以不

变应万变的"点"，在元代黄公望以后便以新的姿态成为中国绘画主要的语汇组成部分，从而完善了中国绘画的法式构建，完成了从以自然表现笔墨向借笔墨表现自然的重大转变，也使后世画家在中国画法式框架中寻找到了一条适合自己的道路，而不必过分依从古人。从此个人风格和境界的追求代替了群体流派的完善，这也是黄公望在美术史上的价值所在。

　　代表黄公望在艺术上最高成就的作品，是《富春山居图》卷。此卷曾为明代画家沈周所藏，因丢失后复得，倍加珍爱。后为董其昌所得，最后传至吴洪裕，因喜爱过甚，即将瞑目之时，命人"焚以为殉"。其侄于火中抢出，惜已烧成两段，后段于乾隆十一年（1746 年）流入宫中，被误定为赝品，因于前曾有一卷先入清宫，已定为真迹，后得真迹反认真为伪，真是"假作真时真亦假"。以后为台北"故宫博物院"所藏。前段卷经多人辗转收藏，最后经画家吴湖帆转为浙江省博物馆珍藏。《富春山居图》系作者于至正七年（1347年）应无用禅师之请而作，历时数年才告完成。画面层峦起伏，连绵不断，坡斜滩浅，江平树茂，村居隐没，舟行江上，一派秀美的富春山色。画法以长披麻皴为之，比董巨一派用笔更加"松灵"，强调线条自身的趣味变化和疏密穿插，在用笔中已有古篆之法，使皴、擦、染"三位一体"，一切变化和丰富都统一在用笔中，又在用笔中体现用墨。树木以大小浓淡之"米点"、"混点"点就，一片苍莽秀润，"点"已从米氏云山的浑浑然中彻底"解放"和"独立"，一笔下去，既是"笔"又是"墨"，既是"点"又是"形"，既体现形质，又体现笔墨自身价值。可以说，黄公望的《富春山居图》卷是一幅"诸法皆备"的杰作。

王世贞《艺苑卮言》中说："山水画至大小李一变也，荆关董巨又一变也，李成、范宽又一变也，刘李马夏又一变也，大痴、黄鹤又一变也。"而黄公望这最后"一变"，奠定了山水画的最后法式，完成了文人画入主画坛的任务，把山水画的位置排在了中国画各科之首。黄公望的山水画，在中国美术史上具有划时代的意义，他的影响也是深远的。

浑厚华滋墨精神——吴镇

中国绘画中人物点景一直在山水画中占据重要位置，虽然山水画早期曾是人物画的背景，但在山水画独立以后，却一直没有离开人物画，尽管人物在画中所占位置很小，却起着点醒山水画主题的重要作用。

出现在山水环境中的人物点景，在汉代是军列战骑充满活力地四处征战，不停地跑呀跑，不知将跑向何方，不知何处是他们的故乡。在魏晋南北朝时，我们看到人们在四处渔猎弋射，宽襟谈玄、吃吃喝喝，真个痛快。在隋唐时，人们泛舟广阔的江湖之上，迎来送往，吟诗歌唱，享受着美好的湖光山色。在北宋的山水画中，多是商旅往来，行色匆匆，但脚步已是放慢了许多。在南宋的山水画中，人们还是从家中出来四处走走，多少还带些东西，但已明显看出他们不敢走得太远。而到了元代人们干脆待在屋里不走了，就是走动，也选择隐蔽安全处。山水画从"可行"、"可游"、"可望"、"可居"，发展到了"可隐"。在元代山水画中，隐逸题材占据了重要方面，而专以隐逸题材名响于世的画家就是吴镇。

吴镇（1280—1354），字仲圭，号梅花道人，又号梅花庵主，嘉兴魏塘镇（今属浙江）人。他的祖上曾任宋朝官员，居汴梁，后南渡浙江，其父迁居魏塘。吴镇儿时与其兄吴元璋师事柳天骥，研究"天人性命之学"，一度曾以卖卜为生。他一生都隐居乡里，所交朋友多为和尚、道士、高逸之士，这也许是他多画隐逸题材的原因所在。吴镇喜爱梅花，在自己居所遍植梅树，以赏梅自乐，自己的号也和梅字有关，足以表明对梅花的喜好程度。吴镇人品高洁，作画宁肯不为时人所赏，也决不随俗。据说吴镇与画家盛子昭比邻而居，盛所画山水特为众人所喜，持金求画者纷至沓来，而吴镇则门庭冷落。妻子因而取笑于他，吴镇说，20年后，我的画定会名盛于子昭。

吴镇晚年信佛，给儿子取名"佛奴"。他生前曾为自己准备好了墓穴，并立墓碑，刻自题"梅花和尚之塔"。元末战乱，元兵所到之处，片瓦不留，见此墓碑，误为僧塔，得幸无恙。

吴镇山水师承董源、巨然，尤其对巨然山水领会颇深。巨然的山水画以润取胜，是

吴镇《松石图》

一种"淡墨烟岚"的风格。吴镇将其润的一面提炼纯化，进行了极端强调，把巨然幽淡的墨韵变为幽深的墨韵。并且秉承赵孟頫、黄公望的艺术理念，把笔墨内在语言条理化、集中化，在他的画面中，以集中的点、集中的线、集中的树、集中的草在相互"说话"，对比节奏很强、很响亮，但他的这些"对比关系"又是在很含蓄的情调中实现的，他在画中加大墨的渲染成分，把画中物象都隐于墨中，使画面增加了浑厚之气。在吴镇的画中，我们还可以看到马远、夏圭的影子。但吴镇在用笔上是中锋取侧势，而不是"卧锋直劈"、锋芒毕露，他把这些看似侧锋实则中锋之笔，也都隐于渲染之中，将其弱化。虽然吴镇是以润取胜，但他的画中并不是没有苍劲之气，他是把响亮的对比和苍劲之笔都隐于湿墨中，再通过湿润表现苍劲，是以湿代干、以湿取苍、以润取劲。他所用披麻皴是直笔交搭，在层层的皴笔之中留一些"高光"，远看类似"飞白"用笔，既能提亮画面，又能取苍劲之气，其山水画难度也就在这里。后世画家学吴镇仅得一"湿"字皮毛,而难取"苍润"之精髓，就是因其难也。

现藏于台北"故宫博物院"的《洞庭渔隐图》，是吴镇诸多渔隐题材中的代表作。图中绘双松挺秀，古柏槎牙，象征高洁之气。对岸山峦，以长披麻皴为之，峦间矾石泛光，并以圆浑点层层点就，颇有浑厚华滋的意味。湖山间有一叶扁舟，渔夫垂钓其上，在草木翁郁、水平湖远的环境中，突出渔隐之题。我们看吴镇的画，有一种湿气扑面而来的感觉，在时间上是霁雨未起云头时，在空间上是冷露尚待生烟地，整个画面就像用水浸、油炸过一般，湿润透明，真是"润"到了极点。藏于故宫博物院的《松石图》，是以"马夏"画风绘成的，在这里我们可以体会出苍与润的融合及以润求苍的意味。

吴镇除山水画外，梅、竹等杂卉也画得十分出色，并有《墨竹谱》传世。

吴镇的画风对后世画家影响很大，从明代的沈周、文徵明，到清代的"四王"，无不推崇备至。

吴镇《洞庭渔隐图》

人中高士画中逸品——倪瓒

中国古代对画家作品，一般都分品论高低。朱景玄《唐朝名画录》把作品分为神、妙、能、逸四品。到了宋代黄休复的《益州名画录》时，把逸品列为四品之首，他认为"逸格"最难，被他推崇为"逸格"的画家只有孙位一人而已。历代对被列入"逸格"的画家也颇有争议，而在元代，却出现了一位被后世一致认可的"逸格"画家——倪瓒。

倪瓒（1306 或 1301—1374），元四家之一，原名珽，字元镇，号云林子，别号幻霞子、净名居士、朱阳馆主等，常州无锡（今属江苏）人。倪瓒出身江南富豪，雄于资财，祖上都是大地主兼商人，又是道教徒，其兄是受元朝封赠的道教首领。倪瓒早年丧父，由其兄教养成人，也信奉道教，因兄为道教上层的著名人物而享受很多特权。倪瓒在 23 岁之前过着不忧衣食、不问世事的优裕闲适的生活。元文宗天历二年（1329 年）其兄去世，倪瓒开始承理家业。元末社会动荡、战争连年，他日趋消极，并产生遁世之念。至正十三年（1353 年），倪瓒开始疏散家财，携带家人弃家隐遁于太湖之中。有时寄寓亲友处，有时住僧寺，有时以舟为家。

倪瓒一生被世人看作"高士"，他对北宋的米芾极为崇拜，与其性格也有似处，故有"倪迂"之称。他一生好洁，积以癖病。《云林遗事》中说，一次他留客住宿，夜里听到咳嗽声，早晨便命人寻找有无痰迹。仆人假说痰吐在梧桐叶上，他就叫人把树叶剪下，丢在远处。又据说，倪瓒好洁成性，平时命仆人四处捕蝶，积攒蝶翅，每上茅厕时，先以蝶翅铺垫，所厕之物"冲"向蝶翅，顿时彩蝶飞舞、五光十色，待蝶翅落地，所厕之物隐没不见，其洁癖可见一斑。

倪瓒的水墨山水主要师法董源、关仝、李成诸家，早期画风比较工整精致，并能作"青绿山水"，品格不同一般，晚年风格苍秀简逸，自成一格。但如果他仅着意于古人形迹，斤斤于一招一式，那也不会成为标领世人的大师。在绘画上，形迹、风格的变化，往往是观念变化的结果，技法的单纯变化，不会带动美术史的发展，也不能造就一代巨匠。中国山水画发展至钱选、赵孟頫，已对中国画笔墨本体有了较高的认识，确立了中国绘画的法式标准。黄公望、吴镇是在新的法式中，走出了一条适合文人画发展的道路。倪瓒就是在新的法式框架中，经营着自己的"天地"。而文人画的法式框架，对倪瓒来说，就好像天设地造一般。文人画不仅仅停留在画面上，而是延伸至人格境界和生活方式中。文人画自唐代王维始，就是文人的文采、气节和超然拔群的生存状态共同合力的产物，是文人追求的理想境界。而文人追求的理想，在倪瓒那里，却是他的生活方式，他的生活方式，就是文人画所追求的境界，这是构成倪瓒艺术成就的要因。

在倪瓒的画中，所画物象只是他抒写逸兴和意气的载体而已。正像他所云："仆之所谓画者，不过逸笔草草，不求形似，聊以自娱耳，聊以写胸中逸气耳。"是一种"得意忘形"之境。

在具体画法上，他变南派山水的圆转为方折，变"披麻皴"为"折带皴"，变南派山水繁密相宜为大疏大密，变南派山水的墨中有笔为笔中有墨，变"马夏"斧劈皴法为斧劈擦法，即变皴为擦。点的用法比黄公望、吴镇更加精纯，线也从南

倪瓒《梧竹秀石》

倪瓒《容膝斋图》

派重使转，变为重提按。

倪瓒在画面选材上，也高人一筹，他选择的体格，既不是杂卉，也不是山水，而是介乎于中间体格。你说它是杂卉，它比杂卉境界大，你说它是山水，它比山水境界小，让人难以界定，这也许就是"逃而为逸品"的真谛所在吧？

藏于台北"故宫博物院"的《容膝斋图》，是倪瓒晚年的代表作品，该图是"三段式"构图，笔意苍茫惨淡，山石结构多为方折，山石转折暗部皴擦繁密，亮部几乎一笔不着。五株杂树挺立当中，平坡处立一茅亭，遥对平湖连山，意境萧索。山石的阴处，用"马夏"笔法皴擦，显得外柔内苍。图中用点非常考究，似如宝石一般，参差错落于山石树木之间，有"大珠小珠落玉盘"之趣。除山水画外，倪瓒还常画杂卉题材，藏于故宫博物院的《梧竹秀石》，是这方面的代表作品。全图以"马夏"笔法挥就，在干、湿、润、苍中，以水墨淋漓统一画面，一派苍秀气象。

明清以后，文人画家对倪瓒推崇备至，作为淡泊超尘"高士"的典范，他的作品被奉为逸品之极。以至中国画论雅俗，皆以倪瓒相参照，可见他对后世影响之大。

王侯笔力能扛鼎——王蒙

中国山水画自刘宋时期发展以来，经历代画家的共同努力，至元代已在绘画法式上建立了一个自足的王国。在构图章法、用笔、用墨、外在物象、内在意蕴以及人格境界方面，都有着成熟的品评标准。这也标志着山水画从里到外完全成熟，而这从里到外的成熟，也是和山水画中皴法的演进相表里的。山水画从最早的只有轮廓线和涂色，发展至具有丰富多彩的各种皴法。但山水画皴法的演进，到元以后就停止了，这也许是中国山水画理与画法已趋完备所致。而对山水画理与画法进行整理，并完成山水画最后一种皴法的人，就是王蒙。

王蒙（1308 或 1301—1385），字叔明，号黄鹤山樵，又号香光居士，湖州（今属浙江）人。王蒙是赵孟𫖯的外甥，工诗文、书法，元代曾做过闲散小官，元末弃官隐居黄鹤山（今杭州东北郊余杭），因号黄鹤山樵。他经常往来于松江、苏州、无锡等地，与黄公望、倪瓒、杨维桢等均有交往。元末战乱，张士诚控制了浙西一带，王蒙被委以理问、长史等职，但不久又重新隐居青卞山。朱元璋建立明王朝，洪武（1368—1398）初年，王蒙不顾好友相劝，下山出仕明朝，任山东泰安知州。当时任明左丞相的胡惟庸，勾结日本和蒙元的残余势力，企图"谋反"，被朱元璋残酷镇压下去。除胡惟庸被处死外，被牵连者达三万余人。王蒙因曾去胡宅观赏所藏绘画，竟被捕入狱，最后冤死于狱中。

王蒙画学最初受其舅的影响，得文人画之真髓，又上溯唐宋诸名家，得其真法，后以董源、巨然为本归，化出自家体例。山水画自赵孟𫖯变其法式后，黄公望得其墨中有笔，苍润兼顾；吴镇得其密中求疏，以润求苍；倪瓒得其笔中有墨，大密大疏，淡中取厚。王蒙融合唐宋南北诸家、元代"三家"为一体，从赵孟𫖯得其文人画正法，从黄公望得其笔苍，从吴镇得其墨润，从倪瓒得其淡中取厚。在技法上，变"马夏"斧劈皴整者为碎，变披麻皴直笔为曲笔，粗笔为细笔，变解索皴为牛毛皴，变浑圆之点为破笔碎点，变浓淡之点为焦墨渴点。王蒙的山水画，因其所载"内容"过大，故而多做繁复之笔，缜密之体，绘画语言的丰富，造成了画面的繁密。现存于上海博物馆的《青卞隐居图》，可

王蒙《葛稚川移居图》

为王蒙这种画风的代表作品。图为纸本水墨，作于至正二十六年（1366年）。卞山又名弁山，位于吴兴西北，山势峭拔，林木丰茂，曾是王蒙隐居之地。画中卞山高耸，群峦环抱，瀑布一线，溪水湍急，更使山色幽深，山中杂树丛生，野草茂密。林木青翠间，一隐居山中的高逸之士策杖而行，应是画家本人内心的自我写照。肉身虽隐，可心却飞上了天，透视以空中俯视为之，山前山后，一览无余。这种视角元人常用，可使平坡矮岭构成竖轴巨幛。其实元人所画山峦不是很高，是这种视角的作用，使山势显得高峻雄伟。笔法上以披麻皴、卷云皴、解索皴、牛毛皴相参合用，表现出了物象不同的质感。由于用皴繁密细碎，为使画面统一，王蒙采用破笔碎点、渴笔浓点，用力"打"在树丛山间，和皴法协调一致，这是他的意匠之处，为"积墨"法开启了新的途径。为使画面浑厚，王蒙采取层层皴染法，有的地方不惜染"死"，有些地方一带而过，抓紧一块、放开一片，抓紧是为取"厚"，放开是为取"松"。在皴染中着意留白，避免画面灰暗，也使山峦节节有呼吸。

《青卞隐居图》可以说是对有元一代各家画法的总结，是集元代山水画之大成的杰作。明董其昌也评此画为"天下第一"。

藏于故宫博物院的《葛稚川移居图》，是代表王蒙另一种风格的作品。图中绘晋代高士葛洪举家入山修道的故事。这是一幅具有"马夏"画风的山水画，但他变斧劈皴的整笔为碎笔，变苍劲为柔和，整体画面仍然文采郁郁。

元代山水画从赵孟頫复古寻法，经黄公望、吴镇、倪瓒，最后至王蒙，已基本完成了从"寻法"到"成法"的历程。王蒙集诸法为一身，并在用笔上进一步强调力度。倪瓒曾以"王侯笔力能扛鼎，五百年来无此君"来称赞王蒙的用笔。王蒙自己也曾说："老来渐觉笔头迂，写画如同写篆书。"可见他对用笔的重视。王蒙所创的牛毛皴成为山水画中最后一"皴"。王蒙的山水画也成为山水画史上"五变"中的最后一变，他在中国画发展史上是一个非常重要的人物。

王蒙《青卞隐居图》

元气淋漓　浑厚高古——高克恭

水墨山水发展至宋代米芾时，已开始对"点"本身的语言进行提炼，米氏父子纯用"米点"点染潇湘烟云，开用点独立之先河，创"米氏云山"一派。但"米氏云山"中的点，都隐没在烟云凄迷之中，不能独立说明问题，"米氏云山"本意不在点上，是用墨点表现自然，而不是借自然体现用墨语言。由于全用墨点画山，不用勾勒皴擦，使山峦缺少骨架而立不起来，以致单纯用点画山的"米氏云山"发展受到一定的局限，只能画一些小幅面或停留在"墨戏"阶段。而到了元代，山水画成为绘画主流，各派山水得到长足发展，特别是"董巨"一派和"米氏云山"发展更加迅速，山水画中每个元素都得以独立。而把"米氏云山"向前推进一步的，就是元代画家高克恭。

高克恭（1248—1310），字彦敬，号房山道人。他的祖先原是西域人，在元代属色目人。在高克恭的祖父时，已与汉族通婚，落籍大同。其父高嘉甫对经学颇有研究，曾受到元世祖忽必烈召

高克恭《云横秀岭图》

见，后因娶京官之女为妻，遂定居燕京。高克恭从小就发奋读书，潜心研习汉族文化，心得颇深。27岁时步入仕途，官至刑部尚书和大名路总管。他在从政期间勤于政务，秉公办事，对汉族知识分子优礼有加。高克恭在江浙任职期间，广交江南天下名士、画家，这对他从事艺术创作有很大影响。

高克恭与赵孟頫曾同朝为官，关系密切，二人被公认为元初画坛领袖人物。张羽《临房山小幅感而作》中有"近代丹青谁最豪，南有赵魏北有高"之句。

高克恭的山水画，初学"二米"画风，又取董源、巨然之法，用李成山水之骨架，引"线"入"点"，这样既能表现江南云山烟树，又不失其山骨挺峻，使点线对比更加丰富。藏于台北"故宫博物院"的《云横秀岭图》，是高克恭的代表作品，图中云山烟树，上部峰峦突起云际，一溪曲绕流出画面，两岸树木蓊郁葱茏，中间云气以线勾出，如白龙盘山。近景丛树，以"二米"法浓墨点出，点子形态比"米点"明确，是对"米点"的强调。远树用淡笔"米点"和"介点"点出，轻松灵活，近处山坡以"董巨"笔法皴出，暗处用点积成。主峰以解索皴加"米点"

高克恭《墨竹坡石图》

层层积染，在清晰中求浑化，尤其在山峰的阴暗处，以"米点"层层点就，使山峰顿增浑厚深邃之感。

高克恭笔下的山水，也是从真山真水中得来。他晚年闲居杭州，经常进入山中，观察山林树木的云烟变幻，他的山水画颇得山林的浑厚之气。中国山水画的雄浑、厚重，不像西方风景画那样，是靠光影明暗取得，而是靠笔墨的层次变化来获得，每一层笔墨都有每一层的作用，既要墨重又要有层次。如果"涂平"、"涂死"的话，无论你用墨多么浓厚，都会有平薄之感。在用墨浑厚方面，高克恭是首屈一指的，他的"积点法"对后世影响很大，近代画家黄宾虹的积墨山水就是对高克恭"积点法"的发展和延伸。

高克恭除画山水以外，写竹在元代也享有盛誉。善住《谷响集》说："前朝画竹谁第一，尚书高公妙无敌。"高与擅长墨竹的赵孟頫、李衎都有交往，想来彼此也常切磋画竹之法。高克恭对自己的墨竹也颇为得意，曾自题云："子昂（赵孟頫）写竹，神而不似；仲宾（李衎）写竹，似而不神。其神而似者，吾之两此君也。"藏于故宫博物院的《墨竹坡石图》，是高克恭传世的唯一墨竹作品。此图画竹两竿挺立在湖石旁，两侧补以小竹。墨竹用笔劲健有力，浓淡相间，错落有致，画石以董源法为之，笔墨浑厚。石上墨点用笔非常圆厚，点点如宝珠散落。画右侧有赵孟頫诗题："高侯落笔有生意，玉立两竿烟雨中。天下几人能解此，萧萧寒碧起秋风。"看来高克恭的墨竹和他的山水画一样，都可代表元代绘画的艺术水平。

只留清气在人间——王冕

水墨梅花从宋代扬无咎开始成为中国画表现的重要题材，历代绵延不绝。元代由于文人画家更追求"高格逸品"，崇尚水墨写意，也由于文人画用笔、用墨日渐精纯，以墨禽墨花为之的水墨画开始流行于元代，水墨梅花更成为人们欣赏的首选。人们对水墨梅花的喜爱，客观上也促进了画梅水平的提高，元朝出现了许多画梅能手，而王冕的水墨梅花就可以代表元代的画梅水平。

王冕（1287—1359），字元章，号煮石山农、饭牛翁、梅花屋主、会稽外史，诸暨（今属浙江）人。出身贫苦农家，小时候曾放过牛，好学不倦。七八岁时，父亲命其野地牧牛，王冕便溜到私塾边听学生诵诗背书，把听到的都默记在心。晚上回家竟把牧牛忘记，父亲大怒而揍打王冕，可他依然如故。母亲见状说："儿痴如此，曷不听其所为。"最后把王冕送于寺庙。但他晚上从僧房悄悄溜出，坐在佛膝之上，就佛前长明灯苦读达旦。后来被元末浙东理学大家韩姓收为弟子，深受程朱理学的熏陶，从小就有经世济时的思想，但屡次应举不中，便绝意仕途，浪迹江湖。曾买舟下东吴，渡长江，入淮楚，还北上大都，达居庸关。这次远游，使他见多识广，

王冕《南枝春早》

王冕《墨梅图卷》

开阔了胸襟。在京期间，秘书卿泰不花曾荐官职，他因不满元朝腐败统治，便辞谢南归，隐居会稽九里山，买地一顷许，筑室三间，题居名为"梅花屋"，着古服衣冠，读书其间，躬田畎亩以自给，因号"煮石山农"。

王冕工诗善画，尤以墨梅为最。画梅继承宋代仲仁和尚和扬无咎的传统，并有新的创造。所作梅花，有疏、有密，或疏密得当，尤以繁密见长。扬无咎的梅花，多干细枝疏，略有宋人"刻画"习气。王冕的梅干以水墨韵味见胜，多作长干大枝，讲求书法用笔，粗干顿挫有力，求其苍劲，细枝用笔轻快，富有嫩枝的弹性。梅枝穿插多顺梅干而出，梅干上所点苔点，已完全是文人画典型用笔，浑厚有力。王冕以铁线描勾花，既有用笔的劲健，又能传达出梅花含笑盈枝的意气。难怪有诗赞曰："山农作画如作书，花瓣圈来铁线如。真个匆匆不潦草，墨痕浓淡点椒除。"梅花作繁花密枝，难度极大，弄不好就像杏李桃梨，而没有梅花特有的清雅之气。王冕却很好地解决了这个问题，他非常着意于繁密中留出疏空处，使梅花有"密不透风、疏可走马"的空间布白，控制住梅花的总体大势，不让画面散漫一片，有桃李芬芳，而无清冷之气。为衬托梅花的绰约风姿，他用粗笔焦墨把梅干顿挫而出，并留许多飞白，使梅干有屈铁苍劲之骨，形成花与干的微妙对比。为使梅花有春枝早发的生命活力，他用细劲之笔从老干中抽出嫩枝，富有柔刚之弹性，在老干嫩枝的对比中，显出生机一片。王冕画梅也像其他文人画家一样，是借物咏怀，抒发胸中逸气。他有题梅诗曰："吾家洗砚池头树，个个花开淡墨痕。不要人夸好颜色，只流清气满乾坤。"表现出他内心的高雅情怀和高尚孤洁的情操。王冕的"没骨"墨梅很有特色，以墨点直接写梅，趁湿在花瓣尖处点少许浓墨，顿增梅花姿色，是对五代徐熙"落墨花"的发展。

藏于故宫博物院的《墨梅图卷》，是王冕"没骨"梅花的代表作品。此图写梅枝横斜，劲健挺秀。淡墨点花瓣，重墨画蕊，或盛开，或含苞，疏密有致，清新悦目，生机盎然，深得梅花之真趣。藏于台北"故宫博物院"的《南枝春早》则为繁梅典型，在倒垂的老干上，繁枝参差，密蕊交叠；以笔勾出花瓣，淡墨烘染绢地，生动地表现出寒梅绽放，铁骨冰心的神韵。

王冕的梅花以独特的风格，为后世所重，明代画梅高手无不受其影响，如明代画梅能手陈录、王谦等，对我们当代画家也仍然有着重要的参考价值。

铅华洗尽露墨华——王渊、张中

王渊《桃竹锦雉》

花鸟画的发展是以山水、人物画技法为基础迅速发展起来的，从萌发到成熟，所用时间很短。但奇怪的是，花鸟画在元代却没有因山水画文人法式的建立和迅猛发展而跟上时代步伐，还是恪守着宋代院体风格，仍以工笔设色为主，虽然钱选、赵孟𫖯已为花鸟画注入了新的意蕴，但在画格上仍属工笔设色。早在宋代，苏轼、文同、扬无咎、赵孟𫖯就以墨笔挥写枯木、竹石、梅兰等，但严格界定起来，它属单独一格，是从山水画科中延伸出来的枯木竹石科，为文人抒写逸兴所用。当时，一般意义上的工笔花鸟画还是沿用院体写实画风，地位也不能与山水画"同日而语"。尽管如此，在元代"文人画"蓬勃发展以及文人水墨梅兰、竹石科继续发展的大气候下，不可能不影响到工笔花鸟画的发展。工笔花鸟画也开始向文人写意方向演进，能代表这一转变的画家就是元代花鸟画家王渊。

王渊，字若水，号澹轩，又号虎林逸士，钱塘（今浙江杭州）人，是元代以花鸟名世的职业画家。王渊的生平事迹记载十分简略，夏文彦《图绘宝鉴》说他"幼习丹青，赵文敏（孟頫）公多指教之，故所画皆师古人，无一笔院体。山水师郭熙，花鸟师黄筌，人物师唐人，一一精妙。尤精水墨花鸟竹石，当代绝艺也。"王渊的艺术创作活动，大约在大德至正年间（1297—1370），几乎历经整个元代。

王渊并不是士夫文人，由于早年受赵孟頫的指点，接受了赵孟頫的绘画思想，对文人画趣味有所体会。"院体"花鸟发展到南宋后期，已开始走下坡路，只重形色而法度全失。赵孟頫提倡"古意"，在北宋以前的绘画传统中寻找"正法"，改变了花鸟画发展的方向。具体方法是引书法入画，去"院体"之纤细；引水墨入画，去"院体"之俗艳，但这充其量只是在形迹上的变化。最重要的是把宫廷审美趣味变成文人雅士的审美趣味，这是一种内在精神的转变。王渊所画花鸟，均师法北宋、唐人，"无一笔院体"，正是与赵孟頫所提倡的"作画贵有古意"、"殆欲尽去（南）宋人笔墨"相一致。

王渊《牡丹图卷》

　　王渊的花鸟以水墨双勾和"没骨"画为主，多描写有环境背景的四季花卉、山禽水鸟等，与"院体"题材无太大的区别，但在具体画法上和"院体"有明显不同。他将水墨"没骨"画法用于自己的作品中，在法度上仍保持北宋花鸟造型的谨严。他将山水画的皴、擦、点、染用于作为背景环境的溪渚坡石中，使花鸟画的表现境界扩大。在禽鸟的表现技法中，王渊突破"院体"的"描"和"绘"，而多以文人画的"点"和"写"为之。"点写"的运用使花鸟画从"描绘"向写意过渡成为可能，同时他还把白描双勾用于花鸟画中，虽然在局部也着以淡墨，但在总体上还是白描体格，使线从仅有轮廓功用中解放出来，成为独立的审美对象，这样在客观上也增加了花鸟画的难度。

　　王渊除水墨花鸟外，还画色彩一格，但目前存世的着色花鸟画，和王渊水墨一格相对照，无论从画法上和整体"气象"上，都和王渊水墨花鸟相去甚远。如传世着色作品《桃竹锦雉》，就没有元人气韵，却更像明代以后的花鸟画。

　　可代表王渊风格的作品为故宫博物院所藏《桃竹锦雉》和《牡丹图卷》。《桃竹锦雉》中绘梳羽锦鸡立临溪湖石之上，雌锦鸡藏于石间，石边桃花盛开，碧竹相映其间，一山雀翘首枝头，呈现春意盎然之景色。整幅画面全以水墨点写，气韵生动、格调清雅。《牡丹图卷》写折枝牡丹，一朵盛开，一朵含苞待放，枝叶相抱。细笔淡墨勾出花瓣，以没骨法画叶，深为面，淡为背，浓墨勾叶筋。此图以兼工带写画风，把牡丹的风姿、叶子的向背、花柄的穿插都刻画得很细致，艺术水平比《桃竹锦雉》高出一筹。

　　王渊的水墨花鸟画，开创了花鸟画的新境界，为花鸟画家开辟了新视野。工笔花鸟向文人画靠拢，说明文人画发展领域在扩大，文人画理论在深入人心。以王渊为代表的职业画家开始涉足文人画，说明文人画已成为中国绘画主流，也说明文人水墨花鸟画和工笔花鸟寻找到了结合点。但是，我们还应看到，王渊在水墨写意花鸟方面的局限。他引水墨入画，只是在色彩上有所突破，可真正意义上的写意画，是用色彩完成后，仍然是写意画。他的造型语言还是停留在工笔花鸟上，虽然他已在画中运用了没骨画法，但他是按工笔花鸟的轮廓线点写物象。王渊的水墨花鸟画只要着上色，还是一张工笔花鸟画。如果水墨写意花鸟画还能还原回工笔花鸟画，那它就不是真正意义的写意花鸟。王渊的花鸟画，是向写意花鸟画迈出的第一步，而真正完成向写意花鸟画转折的是以张中为代表的画家们。

张中，又名守中，字子政，松江人，约活动于至元、至正年间（1335—1370）。据许恕《北郭集》记载，他是宋末元初以海盗起家的张瑄的曾孙，家豪富，性狂嗜古，与杨维桢等多有友谊，擅画山水，师黄公望，尤精墨花墨禽，论者以为"子政花鸟神品，一洗宋人勾勒之痕，为元世写生第一，似无借山水以成名"。

张中的水墨画和王渊的花鸟画之间，已经有了很大的不同。在构图经营上，王渊的花鸟画，还是有工笔花鸟画的传统定式，鸟所占位置都很突出，整体看上去有"摆造型"的匠作痕迹，还是在营造祥瑞气氛。虽然王渊把山水画法引入画中，但这些山水画都是"马夏"一路北派山水的东西。张中在构图经营上，是按着文人雅士的审美情趣组织局面，随意撷取自然场景的一部分，轻松自然，做作气了无痕迹，若入"无人之境"。张中也把山水画法引入画中，但他采用的是黄公望文人山水画的技法，追求水墨趣味

张中《芙蓉鸳鸯图》

和文人法度。张中把"没骨法"和直接点写法运用到花鸟画更深、更广的层面，无论鸟和石、花和叶、草丛和花梗都是"如法炮制"。而王渊只是把点写方法运用到一些局部地方。张中在"没骨"点写的基础上，对用笔力度和物象质感都有所注意，很巧妙地把它们统一在一起，完成了中国绘画由"绘"到"写"的转变。

藏于上海博物馆的《芙蓉鸳鸯图》，是代表张中艺术成就的作品。图中绘秋水泱泱之中，一对鸳鸯划波而行，数枝芙蓉摇曳溪边，虽然画的是秋景，却有胜似春光的烂漫。鸳鸯以渴笔点写，略染淡墨，芙蓉花朵用淡墨双勾，并着意于线的起伏转折，叶子以点垛法出之，用浓墨勾写叶筋，花枝用中锋直接写出，磊磊落落，坡石苔草用笔简朴而厚重。张中另一幅《枯荷鸳鸯图》同样描写秋天场景，但意趣上有秋色长天的萧索之感。该图在画面经营、用笔、用墨、用色上，更接近明代以后的写意花鸟画。

张中《枯荷鸳鸯图》

我们通过比较王渊、张中的花鸟画，可以看出王渊的画还恪守工笔花鸟画的传统体格，他主要是完成院体花鸟向水墨花鸟的转变，而张中完成了水墨花鸟向写意花鸟的转变。王渊是在趣味上有所变化，张中在趣味和技法上都有变化。王渊是"从外往里走"，张中是"从里往外走"，"从外往里走"是表面上看似写意，但在实质上却不是；"从里往外走"是表面上看似工笔，但实质上却是写意，是在花鸟画的内部转换"机制"。

元代的花鸟画，经王渊、张中等的共同努力，终于完成了从绘画到写意的转折，为明清花鸟画的繁荣打下了基础。至此，元代的山水和花鸟都完成了由绘画到写意的演进历程，也促进了个人风格在绘画艺术上的发展。

第二部分

书卷气的形成
——明清绘画的沉滞与复兴

外师华山中得心源——王履

中国绘画的发展过程，往往也是画家如何对待和观察客体物象的过程，观念的不同会导致绘画风格追求的迥异。这在山水画中，体现得更明显一些。山水画自萌发到成熟，也是画家深入大自然，切身体会和观察的结果。"外师造化，中得心源"成为山水画家的理念。就是在这种理念引导下，山水画家们不断地丰富了山水画的艺术语言。

但是，山水画发展至南宋，随着马远、夏圭一派的崛起，也有了追求感观效果的倾向。为了画中的感观效果，画家们对大自然也就少了几分"热心"，多了几分主观臆造，而在纸绢上"搬假山"。

赵孟頫"托古改制"，提倡"画贵有古意"，摒弃南宋习气，重新建立了文人画新统绪，并注重"外师造化，中得心源"，使山水画发展为又一高峰。由于文人画在描写自然的同时，

王履《华山图》册之一

还强调笔墨自身的审美价值，这样就有可能使笔墨趣味和描写物象相背离。有些画家为了追求片面的笔墨趣味，便也在纸绢上"搬假山"。就在这种风气中，明代初期的画家王履却以自己的创作实践和理论，重新肯定了"外师造化，中得心源"这一传统山水画创作原则。

王履，字安道，号畸叟，又号抱独老人，昆山（今属江苏）人，生于元明宗至顺三年（1332年），明洪武十八年（1385年）尚在。他早年学医，并以医为生，洪武初做过秦王府良医正，著有《医经溯洄集》、《百病钩玄》、《医韵统》等医书。擅画山水，法取南宋马远、夏圭一体。

明洪武十六年（1383年）秋天，王履采药来到关陕一带，得暇游历华山，登上西岳三峰绝顶，面对大自然雄奇壮伟之景，王履非常激动，并且"时以纸墨相随，遇胜则貌"，积累了丰富的写生素材和对华山的切身感受。从华山归来后，悉心构思、再三易稿，前后用半年左右时间完成了《华山图》册的创作。其绘图40幅，又自书记四篇、诗152首及《画楷叙》、《游华山图记诗叙》、《重为华山图序》、《跋》等文，集成合册。这是王履存世唯一画迹，故宫博物院藏图29幅、诗文序跋七张，其余藏于上海博物馆。难能可贵的是王履在画册的诗文序跋中，阐发了许多绘画理论见解，具有很高的艺术价值和理论价值。

王履的《华山图》册表现了华山各处的名胜景观，如玉泉院、瀑布、镜泉、日月岩、百尺幢、千尺幢等，连缀起来，就成为华山胜境长卷。该图的技法以水墨为主，略施青绿，以劲利的小斧劈写山岩，笔势峭拔刚健，树木有"马夏"遗风，方折瘦硬，远山简淡，云烟以淡墨烘染。王履的山水画比"马夏"的山水浑厚，这也是他的意匠之处。我们知道，中国画是以线造型，线比面更有说服力，但如果把轮廓线勾得太紧、太长、太死，那么想让物象有立体感、浑厚感是很难的，线越长物象就越薄。画素描也一样，如果轮廓线勾得太死，怎么加调子也很难立体。"马夏"一派山水，为了追求"苍劲"，而多采用大笔长线，看起来很痛快，仔细看来就显得单薄，许多"马夏"派山水，就是用一块块的"薄片"堆砌起来的。王履是在"马夏"基础上有所变化，他用有粗细变化的细劲之笔勾勒山石，起笔粗，收笔细，着意于石体结构穿插，线条搭配得很松灵，有时还使线断开，这样就

王履《华山图》册之二

有一种空气感和光感。他用皴法除关键结构处密实一些外，其他地方都很松淡，皴完山体后又用淡墨分出阴阳向背，松散的皴笔又触入墨中。最后着色统一画面，使墨与色又合为一体。这样一层"咬"一层，层层扣紧，构成了一个结实的整体。在王履的画中能很好地体现出质感、量感、空间感，既有水墨的苍劲，又有色彩的明丽和整体的文雅之气。这是王履"外师华山，中得心源"的结果。他在《重为华山图序》中，总结自己的创作原则为"吾师心，心师目，目师华山"，重新认识到"外师造化，中得心源"的现实意义，使这一传统的绘画创作原则更加具体化。这不仅对当时的画坛有积极意义，就是对我们当代的画坛也具有现实的积极意义。

王履以师法自然的理念，指导自己进行绘画创作，又以自己的作品验证了他的理论，不愧为明初画坛的一颗明星。

光复元人意气的倡导者——沈周

自明代中叶以后，以江南苏州为中心，经济出现空前繁荣，并出现了萌芽状态的资本主义生产方式。经济繁荣促进了文化繁荣，市民文化与市民审美意识日益提高，以李梦阳、何景明、王世贞为代表的"前后七子"发起了一场声势浩大的"复古运动"。他们提出"文必秦汉，诗必盛唐"的口号，对传统文化进行了一次梳理，冲击了当时文坛的矫饰之风。"复古运动"不仅影响到文学领域，对画家的影响也很大，开拓了他们的艺术思路。

进入明朝以来，由于统治者的倡导和扶持，院体与浙派画风大行其道，以致后期出现狂野、枯硬的"江湖气"。但在文人士大夫中间，尤其是在江南地区的文人中间，崇尚元人文人画、轻视院体与浙派的风气相当浓厚。就在明代中叶

沈周《庐山高图》

经济繁荣、文化复兴的大背景下，绘画领域也掀起了光复元人文人画的运动，以元人绘画中的文人意气、书卷气，来矫正院体和浙派绘画中粗野的"江湖气"，而这场运动的倡导者就是"吴派"的创始人沈周。

沈周（1427—1509），字启南，号石田，晚号白石翁，祖上原为长洲（今江苏苏州）望族，元末因战乱中衰，到他曾祖父时又开始定居相城，置买田产。沈周祖父沈澄于永乐初年以人才被征，后引疾而归，筑室"西庄"隐居，以高节自持，并立终生不入仕途为家规。其伯父沈贞吉、父亲沈恒吉都一生没有仕进，以读书、吟诗作画终其一生。沈周受父辈影响，从小跟从陈宽、杜琼、赵同鲁等名家学习诗文书画。15岁那年，沈周代父为"赋长"往南京，以百韵诗与即兴吟"凤凰台歌"免除劳役。以后他更加刻苦研习学问，终至博学多能，书法出于黄庭坚，诗文出于白居易、苏东坡、陆游，曾名重当时。

沈周的主要成就是在绘画方面。学画初期得法于家学和杜琼、赵同鲁，后参法于董源、巨然，中年以黄公望为宗，晚年又醉心于吴镇画法，而王蒙的笔墨韵致、倪瓒的超然雅逸是其一生所追求的。沈周40岁以前所绘山水多盈尺小景，至40岁后始为大幅，气象不凡。藏于台北"故宫博物院"的《庐山高图》是这一时期的代表作品。此画是沈周41岁时为祝贺老师陈宽七十大寿所作，画庐山峰峦重叠、树木葱郁、飞瀑高悬、斜桥贯溪之景。高松之下陈宽正漫步溪边，挺立的松树、高耸的山峰，象征陈宽的高风亮节，也表达了沈周师恩如山的感激之情。在整体浓郁的墨色中，突出一块白色巨岩，并在岩下绘一适合高士修炼的空岫，这也许是沈周给恩师修身打坐的处所吧。整图笔墨颇得王蒙精髓，构图深厚繁复，皴法缜密而松灵，尤其以中锋出之的牛毛皴和焦墨点，以及积墨点更得王蒙真法。而在苍浑的用笔、雄阔的章法气势、巧妙的黑白对比上已具自家法度，是沈周"细沈"阶段的典型特征。

沈周在50岁时逐渐形成了代表自己特色的"粗沈"画风，这是他广冶唐宋诸家，依托"元四家"的结果。这一时期的用笔粗健、凝重、苍劲、生辣，墨色清淡华润，《虎丘别峦图》和《雨意图》可为这一风格的代表。在沈周所学山水诸家中，一般都能深悟其理，得其精华，唯独学倪云林不得其法，用笔枯硬，墨色浮浅，看来倪云林的境界是可意求而不可迹求的。沈周对美术史的贡献除提倡元人画风，使文人画再次成为中国绘

沈周《牡丹图》

画的主流外，就是他的写意花鸟对后世的影响了。他的山水画为复兴元人法度起了号召作用，但他的山水画成就却没有突破元人绘画水平。后世的文人画家，对他的艺术观点都有共识，可在画法上，一般都直接师法于元四家和董源、巨然。然而，他的花鸟画却被继承下来，文徵明就是师法沈周花鸟画，又通过陈道复直接开启了徐渭的大写意画风。从某种意义说，这才是沈周的最大贡献。

沈周的花鸟画和山水画一样，避开了当时大行其道的浙派花鸟代表林良、吕纪的画风，而是取法南宋法常水墨写意，融合元代王渊、张中的没骨写意花卉而成自家风貌。在他的画中，已具备了可直接挥写的笔墨因素，和没骨写意拉开了距离，这一点我们在他的《牡丹图》中可以体会。图中绘一枝盛开牡丹，花朵以淡笔直接写出后，又以淡胭脂罩染，使墨中有色色中有墨，浑化无迹。叶也用中锋点出，并有干湿、老嫩对比，叶筋用笔细劲萧散，花梗用笔磊落、穿插别致，在整体笔墨趣味上和元人相合，而同林良、吕纪画风相左。

沈周是开明代画风的一代宗师，当时艺坛名流唐寅、文徵明都出于其门下。因他们大都居住在苏州，而苏州是古时吴地，所以世人称其为"吴门画派"。他与文徵明、唐寅、仇英又合称"吴门四家"或"明四家"，对明清绘画影响深远。

以文化成书卷气——文徵明

中国绘画发展至南宋时期，受宫廷趣味所左右，山水画以"马夏"画风盛行于世，追求"水墨苍劲"的感观效果，笔墨内在语言被减少到了最低程度。花鸟则追求形色上的富丽堂皇，笔墨很难施展其中，中国绘画的笔墨主旨偏离轨道。元代的赵孟頫以旷世奇才，掀起"画贵有古意"的托古改制运动，重新寻找画中"正法"，建立了文人画法式框架，开启了元代绘画新风尚。

明朝时，在宫廷提倡和扶持下，南宋院体画风再次兴盛，形成宫廷院体画风和民间浙派画风墙里墙外遍地开花的局面。但是，浙派画风发展到后期吴伟的"江夏派"时，偏重于形式上的追求模仿，流于狂怪的境地。本来浙派笔墨是围绕"水墨苍劲"的效果做文章，但要把该派笔墨单独发挥强调就走向了"邪道"，因为浙派一些画家用笔、用墨缺少内在审美价值，一挥笔即有荒芜枯硬之病，一用墨即有狂涂乱抹之态，画中雅逸之气丧失殆尽，中国绘画又面临一次发展道路的选择。而此时在元人绘画故地苏州，沈周吹响了光复元人意气的号角，文徵明则是率众冲锋的先锋。

文徵明（1470—1559），原名壁，字徵明，后以字行，改字徵仲，长洲（今江苏苏州）人，因先祖从蜀地迁楚，故又号衡山居士。文徵明是苏州书坛画界继沈周之后又一重要人物，绘画方面为"吴门四家"之一，文学界与祝允明、唐寅、徐祯卿并称"吴中四才子"，书法艺坛又是明代大家。文徵明年高寿长，作为吴派的"掌旗人"达50年之久，真正形成吴门画派就是在这一时期。

文徵明出身官宦世家，父亲文林曾任温州永嘉知县，3岁就随家去了温州。他书法师从李应祯，文学师从吴宽，绘画师从沈周，所师之人皆是一代名流。文徵明早年也曾多次参加科举考试，但均以失败告终，于是潜心诗文书画，不再出入仕途。54岁时，被人推荐到了北京吏部，授职翰林院待诏，因不满于朝廷上下的明争暗斗，于57岁时去职南归。文徵明回到苏州后，便专心于书画艺术。当时四方持金索画者接踵而至，文徵明立有"三不肯"，即不肯为藩王贵族、宦官和外国使节作画。

　　文徵明擅长山水、人物和花卉，而以山水名重于世。他在直接继承老师沈周简朴浑厚的画风基础上，广泛学习吸收宋元诸家，而且对南宋画风也兼容并收。在诸家中赵孟頫和"元四家"对文徵明影响最大，赵孟頫是他一生都着力效仿的大师之一，两人在理想追求、生活情趣、书法、绘画成就等方面有许多相似之处。他除着意研习赵孟頫书画名迹外，对赵孟頫"画贵有古意"的思想领会也颇深，在他的绘画中到处充溢着古朴文雅之气。藏于故宫博物院的《湘君湘夫人图》是代表这方面的作品。此图根据屈原《楚辞·九歌》中的《湘君》、《湘夫人》篇内容所作。人物着唐装，高髻长裙，帔帛飘举，衣裙舞动，形象纤秀，设色以极其淡雅的朱砂为主调，用笔依笔势而行，强调线条的流畅和自身的特点，格调清古雅致。作者自称此图仿赵孟頫和钱选，其实他并不是在形迹上临摹，而是精神上的追寻。

　　文徵明早年所作山水多谨细，中年较粗放，晚年粗细兼具。早年的"细文"时期，他吸收了大量的青绿画法，由于他强调古雅的书卷气，青绿山水在他笔下不仅没有匠作之气，反而更显古朴雅秀。辽宁省博物馆所藏的《浒溪草堂图》卷和故宫博物院所藏《惠

文徵明《惠山茶会图》局部

文徵明《湘君湘夫人图》

山茶会图》卷，可以表现出文徵明细致一面的艺术特色。在文徵明的画中也吸收了"水墨苍劲"的南宋画风，但他把南宋画风的外在效果经营转化成了笔墨内在的追求。藏于台北"故宫博物院"的《古木寒泉图》是他"粗文"风格的代表，该图在窄长的画幅中，前景布满苍松翠柏，树干虬曲，枝繁叶茂。远景绘寒泉垂下，与上仰树木构成对比，既矛盾又统一，意境不凡。图中笔墨狂放，极有力度，绝无荒芜枯硬之感，极尽用笔之致。

文徵明和沈周一样，都在花鸟画方面有杰出贡献，在文徵明的门下，曾造就出明代写意花卉的代表人物陈道复，将写意花鸟画推上了画坛首位。文徵明常作写意兰竹和意笔花卉，笔墨清润雅丽、潇洒可人，书卷气息浓厚，为当时写意花卉画家争相效仿。

吴门画派至文徵明时，成为明代影响最大的画派，他把诗、书、画、印发展到完美极致，使中国绘画的书卷气息更加浓厚，甚而成为中国绘画形式元素完美表征。文徵明不愧为明代杰出艺术家的代表。

江南第一风流才子——唐寅

宋代文人画草创时期，参与文人画创作的大多是士大夫阶层，他们在诗书之余、闲暇之时挥毫泼墨，抒写胸中情怀，多为聊以自娱而已。这个时期的文人画，还没进入画坛主流。元代文人画经赵孟頫提倡，迅速占领绘画主流地位。参与文人画创作的主要是超世绝尘的隐逸高士，他们将人生境界体现在绘画境界和笔墨品位之中。在元代以前，文人画作者层次和欣赏者的层次非常高，可以说是自己画给自己的画。

明代中叶，江南吴中苏州手工业、商业非常繁荣，出现了萌芽状态的资本主义生产方式。市民阶层文化逐渐发展，绘画的欣赏者由贵族扩大到商人和市民，他们的审美趣味或多或少地影响了绘画的发展取向。明代文人画就是在这迥异于前世的背景中再次兴盛起来，并且出现了文人画通俗化倾向。文人画通俗化是随着绘画的商品化、趣味的市民化、文人画家的职业化而形成的。另外，明代文人画家和元代文人画家的生存方式有所不同，元代文人画家多是避世绝尘、隐逸山林的高士；而明代文人画家多是落拓于民间的文人，是生活于闹市的"城中隐士"。他们在绘画中更多追求的是书卷气，而不是元人绘画的高古意气。元人绘画重视人的"骨气"，明代绘画更看重人的"才气"，这一点在"吴门四家"之一的唐寅身上有着充分的体现。

唐寅（1470—1523），字伯虎，一字子畏，号六如居士、桃花庵主、南京解元、江南第一风流才子等别号，出身吴县（今江苏苏州）皋桥吴趋里一个商人家庭。少年时代的唐寅就富有才华，29岁时参加南京应天乡试，获中第一名解元。由于少年及第，唐寅声名大振，自己也沾沾自喜。不料在30岁时，随同江阴徐经同上北京会试，因徐经行贿主考官程敏政的家僮，取得考题所引起的科场案而牵连入狱，结果被发往浙江为吏。唐寅返回苏州后，家中又发生了兄弟变故，于是离家远游，走遍了江南名山大川，扩大了眼界，丰富了胸襟。归家后，在苏州城内桃花坞起造"桃花庵"，作歌云："桃花坞里桃花庵，桃花庵里桃花仙。……半醒半醉日复日，花落花开年复年。但愿老死花酒间，不愿鞠躬车马前。"文徵明在写唐寅的诗中云："落魄迂疏不事家，郎君性气属豪华。高楼大叫秋觞月，深幄微酣夜拥花。"反映出唐寅失意苦闷和放浪的生活状态。

唐寅45岁那年，被江西南昌的宁王朱宸濠聘往南昌，没有多久，唐寅察觉朱宸濠有反叛的企图，因此佯狂而归。过了五年，朱宸濠起兵反叛，不久就被平定。因唐寅事先察觉，没有卷入旋涡，躲过了杀身之祸。又过了四年，唐寅因病去世，年仅54岁。

唐寅的绘画主要师从周臣。周臣是当时苏州有名的浙派职业画家，师从者众多。唐寅在学习周臣的基础上，广泛研习宋人传统，对"南宋四家"李唐的早期作品和刘松年的作品着意颇多。除此之外，他还吸收沈周的元人画风，尤其在意境营造上更是努力追求元人意气。

浙派画风有狂野枯硬之病，学不好会流于荒率，唐寅发现了这一点，他没有学"马夏"的粗笔泼墨，而是学李唐早期画风细劲一格，并汲取刘松年造型的严谨和用笔的工整，最后将其统一在沈周所提倡的元人意气之中。由于唐寅诗、书、文才气过人，因而能很好地把书卷气引入画中，以文统画，使浙派画风有了清雅潇洒之气。藏于南京博物院的《看泉听风图》可代表唐

唐寅《看泉听风图》

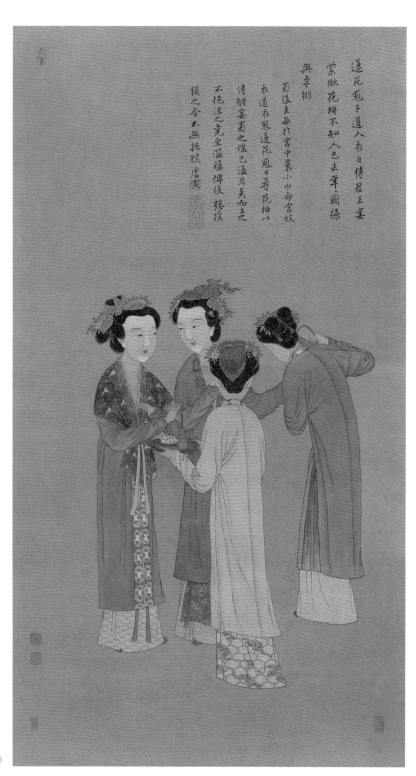

唐寅《孟蜀宫妓图》

寅的艺术风格。图中绘崇山峻岭，峭壁陡险，山崖间老树虬曲，枝叶葱茏，岩隙清泉垂练。二高士对坐石上，看泉听风，悠然自得。岩石以小斧劈皴出之，山体转折有致，形与形有呼应连动关系，节奏感很强。整幅画面除树着淡彩外，通体以墨色为主，显得清秀明丽。在唐寅的画中，总有一些精彩处触动人的心灵。

唐寅的人物画艺术水平极高，藏于上海博物馆的《东方朔像》是一幅笔墨韵味别致的佳作。

他将山水画法引入人物画中，衣褶作抑扬顿挫的笔势，挥写自如。用笔方中有圆，刚柔、粗细、浓淡变化微妙。设色也很淡雅，脸部表情刻画得十分生动。除写意风格外，唐寅也擅长工细妍丽一体的人物画，现存的《孟蜀宫妓图》可为代表。他继承唐张萱、周昉的画风，又有其时代特点，刻意描绘弱不禁风的娇怜之态。

虽然唐寅以山水画名扬天下，但后世学其山水者并不多，倒是他的人物画对后世画家影响很大。人物画自元以后发展缓慢，唐寅将浙派用笔用于人物画，使人物画有所新意，对后

唐寅《墨梅图》

世写意人物发展有促进作用。

平心而论,"吴门画派"对美术史的最大贡献不在山水,而是在写意花鸟方面。沈周、文徵明的花鸟画拉开了明清写意花鸟的序幕,并将陈道复、徐渭推上了历史舞台。而唐寅的水墨小写意花鸟,是继承元代王渊、张中画风,并吸收林良、沈周的一些笔意形成的活泼洒脱的个人风貌。

唐寅的花鸟画风对清代画家恽寿平影响颇深,他变墨为色,开创了独具特色的小写意花鸟画。藏于故宫博物院的《墨梅图》是唐寅水墨写意花卉的代表作,此画梅干以笔勾皴,梅花以没骨法点出,形成线面对比和干湿对比。花朵有浓有淡,有阴有阳,虽全以水墨点写,却有红梅绽放的真实感。

从"吴门画派"对后世的真正影响来看,名盛当时和实际作用,有时是不一致的。唐寅的水墨写意花鸟被山水、人物所掩,就说明了这一点。

繁中置简　静里生奇——王绂

王绂《隐居图》

明代初期，宋元的文人画传统虽未在画坛占据主导地位，但在江南地区，一大批在野文人和追求隐逸生活的文官，承接元人笔情墨趣，抒发胸中逸气，使"元四家"传统得以绵延不绝，对"吴门画派"的形成起了基础作用。王绂就是明代早期"承元人、开明风"的先导。

王绂（1362—1416），字孟端，号友石、九龙山人，无锡（今属江苏）人，大约在15岁时，补博士弟子员，后因事株累，被谪往大同，充当了十余年的戍卒。建文元年（1399年）得返江南，遂隐居无锡九龙山中,因号九龙山人。这期间，他潜心绘事，画艺日增。永乐初年，王绂以善书被荐举入文渊阁供职，后官至中书舍人，曾两次随从明成祖朱棣巡狩北京，风光一时。但不久竟抱病

而终，年仅 54 岁。

王绂自少志气高逸，青年时代即遭厄运，空有雄心壮志而无法施展。中年后，游历大江南北，遍览群胜，心胸高旷。青年时的挫折，中年的远行，使他养成了孤傲耿介、放浪形骸的性格。他不事权贵，不慕名利，虽身在显宦，却有高士之志。据传，有一个月夜，他闻邻人吹箫，被其声所动，便乘兴画了一幅竹子。次日早晨，他持画送与吹箫之人。其人乃一富贾，得此画后以重礼相赠，并请王绂再画一幅。王绂笑言："我为箫声访汝报以箫才，汝俗子也。"随即索回其画，撕为碎片。

王绂的山水画深受元末画家的熏染，尤其崇尚"元四家"的王蒙和倪瓒。在他画的《隐居图》中，我们可以看到他对王蒙的画风领会颇深。图中绘山林层叠，平江如镜，一高士携一童子闲步江岸，在苍松林木间有一隐居之所，画面清幽闲和。山石皴法点苔，出于王蒙法度，然用笔繁中有简，较王蒙粗犷有余。意境虽然还是追求元人隐逸之境界，但在宁静中已有几分活泼，蕴藉着明代画风的变革因素。

王绂的墨竹较之山水画影响更大。他在继承宋元墨竹诸家的基础上，无论是构图章法，还是用笔用墨，都颇得竹的仰偃浓淡、疏密掩映、枝叶秀劲之态。

王绂的墨竹以吴镇竹法入手，并上溯宋代

王绂《偃竹图》

文同墨竹画法。变文同工谨为奔放，变吴镇紧劲为洒脱；变文同之繁为简，变吴镇之疏为密，并强调写意画运笔的连贯性，追求一气呵成的意匠过程。王绂以前的画竹诸家，运笔较缓，竹枝、竹叶的笔势连续性较弱，"画"的笔意多于"写"的笔意。王绂则着意于枝叶用笔之间的呼应关系和书法运笔的书写意态，强调一个"写"字。宋元诸家画竹，多拘于所谓"浓叶为正，淡叶为背"的成法，因而，很难使行笔连续不断，放笔直追。王绂打破陈规，不过分留意小的浓淡关系，而将着眼点放在大的气势和大的对比上，更强调枝叶的疏密变化，"密不透风，疏可走马"，增加了画面的节奏感，开有明一代画竹新风。

上海博物馆藏《偃竹图》，可以代表王绂画竹特征。图中写偃竹一枝，姿态俊逸，用笔锋正势圆，竹梢和竹叶运笔劲利，锋势修长，整幅画面纵横洒脱，自在而不失法度，堪称墨竹精品。难怪董其昌评他为国朝画竹"开山手"，确实是当之无愧。明代诗人王世贞则称"孟端竹为国朝第一手"，可见王绂画竹成就之高了。

由于王绂画竹格高意远，故师从者甚多。明初画竹另一名手夏㫤，就是王绂的高足。夏㫤画竹法度严谨，有"超然之韵"，故当地有"夏卿一个竹，西凉十锭金"的民谣。当时师学夏㫤者众多，他们直承夏㫤、王绂笔墨，形成了王绂一派画竹流风。清代石涛画竹也深受夏㫤影响，郑板桥画竹又有石涛笔意，从中我们可以看到王绂墨竹艺术对后世影响是何等深远。

不是文人是画工——仇英

　　文人画发展至明代，已走入市民阶层，形成通俗化的文人画。而从事文人画的画家也来自社会各阶层，身份十分复杂。"吴门画派"的沈周是一个终生不入仕途的文人，以吟诗作画，优游林下终其一生；文徵明出身官宦世家，是欲入仕途而未果的失意文人；唐寅出身商人家庭，是因仕途困顿而落拓人间的风流才子。而"吴门四家"的末位人物仇英则来自社会工匠阶层，是一个不是文人却跻身于文人画行列的画家。

　　仇英（约1501—约1551），字实父，号十洲，原籍太仓（今属江苏），长期居住在苏州。仇英出身寒微，少年时曾是漆工，后改习绘画，师从于周臣。他到苏州后结识了许多当代名家，受到文徵明的赏识，与唐寅有同学之谊，和祝允明亦交谊笃厚。此种机缘对出身工匠的仇英在艺术上的成长，起了十分重要的作用。嘉靖二十六年（1547年），仇英在著名收藏鉴赏家项元汴家临摹古画，得以目睹项氏家藏宋元名家画迹千余幅，经潜心研究和刻苦临摹，眼界大开，画艺大进，在士大夫阶层获得了普遍声誉。

仇英《玉洞仙源图》

仇英《桃源仙境图》

仇英在师承周臣的"院体"画风基础上，精研"六法"，山水、人物、花卉俱能。他临古功力深厚，在借鉴唐宋绘画传统的同时，吸收民间艺术和文人画之长，形成了自己的绘画风格，并在青绿山水方面尤有建树。青绿山水成熟于唐代李思训、李昭道父子，后经王希孟、赵伯骕、赵伯驹有所发展。由于文人画在元代成为画坛主流，青绿山水有些精华被文人画吸收后开始式微，再没出现青绿山水大家。仇英是明代青绿山水的复兴者，虽然文徵明也对青绿山水情有独钟，但他是借青绿山水追求古雅的境界，是用文人画去改造青绿山水，是以文人画为体，青绿山水为用，因而在画理画法上，不如仇英精纯。仇英的青绿山水是以"院体"笔法取"气"，以文人画墨法取"韵"，以青绿着色取"丽"。在他的画中多以细劲的"院体"笔法勾皴，强调用笔的骨力，并以文人画追求墨韵的擦染方法，把山的阴阳向背交代清楚。着青绿色时，以不伤墨色为主旨，尽量保留水墨气韵，这是仇英山水画的独到之处。

在他的青绿山水中，有一种清雅之气扑面而来，可以说仇英的青绿山水画，是在画法纯正的基础上文人化了的青绿山水。

在青绿山水的意境经营方面，唐代李氏父子着意描绘海外仙山的金碧辉煌，宋代赵氏兄弟用意刻画的是大好河山的壮丽，而仇英追求的是文人雅士理想中的世外桃源。在他的画中大多都有隐于山林的逸士潇散其间，整个山水都围绕着人物来营造意境，人物在他的画中不是点景部分，而是整体画面的中心，一切文章都围绕这个中心来做。藏于天津艺术博物馆的《桃源仙境图》，以及藏于故宫博物院的《玉洞仙源图》和《桃村草堂图》，是代表仇英青绿山水画的佳作，描写的都是文人雅士的幽居生活。画幅中山峦流泉、林木草堂、桃园春色，一派人间仙境，笔法也工致而优雅。正如董其昌所评："李昭道一派，为赵伯驹、伯骕，精工之极，又有士气。后人仿之者，得其工不能得其雅……盖五百年而有仇实父。"又云："仇实父是赵伯驹后身，即文、沈亦未尽其法。"

仇英的人物画、花鸟画功力也很深厚，影响很大。在当时人物画衰落不振的情况下，仇英的人物为画坛带来了几分活力。他的花卉深得宋元法度，工谨雅致，不落俗套。"吴门四家"的复杂身份，基本可代表明代文人画普及的状况。在以工匠身份学习文人画的仇英身上，我们可以体会到文人画已深入市民阶层，已被更广泛的人群所接受，表明文人画在成熟之后，又完成了自上而下的传播任务。另外，我们从仇英努力向士大夫文人画方向提高和士大夫文人画家努力让作品接近市民阶层的现象中，可以确证文人画已完成了通俗化的进程，成为具有广泛基础的主流艺术。

笔不工意工的院体花鸟画——林良、吕纪

院体绘画是围绕宫廷审美趣味进行艺术创作，是随着宫廷设立画院而迅速发展起来的。北宋的院体人物、山水、花鸟在艺术风格上是基本统一的，而在南宋时期，院体山水和院体花鸟在艺术风格上却呈现出不同的面貌。山水走向以"水墨苍劲"、"大刀阔斧"为指向的道路；花鸟却走向工致谨细、色彩富丽一格，虽然都是追求感观效果，但呈现的风貌是不同的。而在明代，院体花鸟和院体山水在风格上又走向了统一。院体花鸟大量地采用"浙派"山水的画法和构图，冲破了南宋院体花鸟的谨细艳丽，以写意的笔法画工笔花鸟，形成了独特的明代院体花鸟风格。此后名手辈出，至林良、吕纪，可以说达到了明代院体花鸟画的最高水平。

林良（约 1416—约 1480），字以善，南海（今广东广州）人，约活动于正统至弘治（1436—1505）年间，年轻时曾在布政使司供职，后以擅长绘事名扬乡里。约在景泰至成化（1450—1487）年间，林良被荐举内廷供奉，后官至锦衣卫指挥、镇抚、直仁智殿。在布政使司供职时，有一次布政使借来一幅名画与客欣赏，林良却胆敢在旁疵议，说这画得也不好，不尽如人意，令布政使很是恼火。林良只好承认自己是能画画的，布政使命取纸笔，一画果然出手不凡，以后便在官绅间出了画名。

林良在花鸟画史中的可贵之处是寻找出一条工笔写意的新路子，打破了南宋院体花鸟的拘谨和细笔描绘的柔弱风格，以热情奔放、恣意纵横的笔墨挥写物象，放弃富丽浓艳的色彩，不以细致富丽为能事，而以"水墨苍劲"为追求，别有一番雄健之风。林良写生造型能力很好，对物象观察细致入微，下笔虽然粗放，但概括性很强，每笔都能说明问题，是有的放矢，体现出"尽精微，致广大"的艺术精神。在林良的画中，往往传达出一种野逸之气，他的这种野逸和文人雅士的野逸有很大不同，文人雅士的野逸超拔尘世，而林良画中的野逸带有更多的人间味。

林良所处的明代初期，画坛上以戴进、吴伟为代表的浙派山水正大行其道，这一点对林良影响很大。在他的花鸟画中，山水画的成分非常多，有些岩石树木的画法就是山水画

法，他是以山水画法统花鸟画法。在布景构图上还把大山大水搬入画中，有些画再往前走一步就是准山水画了。在林良以前，往花鸟中掺以山水的画法早在北宋时已出现，但那时所用山水画法，只是一般概念上的山水画法，在画中传达出的效果也是一般概念上的山水效果。而林良在画中却单纯以"浙派"山水画法挥写花鸟，所采用的画风很具体，因而在他的画中有强烈的"浙派"味道，这不仅仅是"浙派"在花鸟画中的反映，还可以说是"浙派"山水向花鸟画的延伸，或者说林良的花鸟画就是花鸟画中的"浙派"。他不仅在画法上采取山水画法，在趣味追求上也把山水画的意境引入画中。在构图安排上，他一般采取"一角半边"的岩石坡渚、树木苇竹来经营画面，使花鸟画的表现空间扩展至最大限度。为配合画中的大场景，林良

林良《山茶白羽图》

多选择一些大环境中生活的禽类为题材，如雄鹰、芦雁、孔雀、仙鹤等体格较大的禽鸟，这种选择是和他的花鸟画意境追求相协调的。林良的花鸟画境界广大，笔墨个性豪放，善于在大画面、大场景中经营布局，调动画中所有构成因素，使淋漓尽致的笔墨施展其中，尽可能显出更多的变化，避免画面空泛乏味。在林良的画中既有素朴刚健的气势，又有生

机的跃动，使人感受到旺盛的生命力所具有的昂扬意志。

藏于上海博物馆的《山茶白羽图》可代表林良的艺术成就。图中绘山野一隅，岩石上伫立着一只神态俊逸的雄雉鸡，雌雉鸡在岩下闲步。一对羽光闪烁的喜鹊在树干上跳跃鸣叫。石后山茶树枝摇曳，绽开朵朵粉色茶花，一片春机无限。图中岩石树木以"浙派"劲健豪放的笔墨皴擦而出，有苍劲淋漓的韵致。鸟以精细的工笔勾写，着色淡雅明丽，形成了工写、收放、刚柔相济的艺术对比，是林良较工整

林良《雪景双鹰图》

一类花鸟的代表作品。藏于故宫博物院的《雪景双鹰图》是林良放纵一格的代表。图中荒雪枯木之上立有王者之风的黑鹰在雄视苍天，另一只鹰在蜷足梳羽，树下有燕雀在望风而逃，和鹰形成强烈的情绪对比，更加突出了雄鹰的风姿。远处有寒岭雪峰耸立苍穹，暗示出鹰的傲视苍穹之态，整个画面有鹰击长空、威猛庄严的气概。图中岩石、树木均

以"浙派"笔法挥就，但比"浙派"更放纵刚健一些，甚至有悲怆之感。整体经营是以山水画为基调，整体意境也是追求山水画的大境界，而不是一般的花鸟趣味，画面视觉张力很大，用笔变化也很多，强调笔势多于强调墨韵。整体笔墨传达的是痛快淋漓和恣意酣畅，使观者不由得心胸豁然。

在明代的院体花鸟中，林良画风的"收处"和另一位花鸟画家吕纪的"放处"，正好构成了一个结合点，使明代院体花鸟的林良和大写意相连，而吕纪又和工笔花鸟相连，中间的结合点，就是他们画风的重合处。可以说，只有林良和吕纪画风的有机组合，才能代表明代院体花鸟的全貌。

吕纪（1477—？），字廷振，号乐愚，鄞县（今浙江宁波市鄞州区）人，弘治（1488—1505）年间被征入宫，直仁智殿，授锦衣卫指挥，以花鸟画著称于世。《明画录》说他"画花鸟初学边景昭，后模仿唐宋诸家，始臻其妙"。但在他的画中可以看出，受"浙派"山水和林良水墨写意花鸟画的影响更大，工谨富丽与水墨写意俱能，并把林良的水墨苍劲融入自己敷色艳丽一格之中，风格独具特色。世人有"林良、吕纪，天下无比"之赞誉。

吕纪花鸟画取材和传统院体花鸟差别不大，多是传统的祥禽瑞鸟，但在意境的营造上别开生

吕纪《残荷鹰鹭图》

面，他把所画物象置于特定环境中，抓住花木禽鸟的最佳姿态，在真实场景的自然状态中表现主题。

藏于浙江省博物馆的《梅花雉雀图》是代表吕纪工致一格的作品。图中写料峭春寒的山溪边，白梅、山茶盛开，老干虬曲，双雉栖息其上，一反一正，形态生动，数只禽雀聚栖梅枝，生机盎然，一派早春景象。

藏于故宫博物院的《残荷鹰鹭图》是代表吕纪写意一格的作品。图绘肃杀秋风之中，雄鹰在空中翻身追逐一只仓皇而逃的白鹭。正在游食的野鸭紧缩头颅，望着这突如其来的灾难，另一只吓得把头一下扎入水中。图中用鹰的眼神和荷叶、荷秆巧妙地突出了即将遭遇悲惨命运的白鹭，具有矛盾冲突的戏剧效果，意境远远超出画面本身。该图在技法和构思上和林良小写意画风相重合，林良的"小写意"很像吕纪的"大写意"，吕纪的"大写意"更像林良

吕纪《梅花雉雀图》

的"小写意"，看来林良和吕纪艺术上的追求是相同的。

关于林良和吕纪在美术史上的贡献，一般认为是开启了后世大写意之风。但真正判断林良、吕纪的价值是很困难的，他们的画在表面上很像文人写意花鸟，可像并不等于是，如"遒劲如草书"，并不等于引草书入画，这一点我们不可不明。林、吕二人的花鸟画，是在工笔院体花鸟框架内的延伸和扩展，画法上的粗与细是程度和量上的，也就是说可以还原成工笔画，是笔不工而意工的院体花鸟画，不给一番书法提纯点化，很难转换成后世的文人写意花鸟画。判断林、吕画风的种属的确困难，它有很大的隐蔽性。他们在画中采用"浙派"的山石树木画法，一般还能判断出来，但折枝、禽鸟类就很难鉴别。因线细面小，林良、吕纪用笔又都很劲利，在笔墨形态上更近似文人写意。但林良、吕纪的画仍然是"浙派"院体花鸟画，他们的贡献是在工笔花鸟框架内创立了新风，对后世写意花鸟的影响，主要是"水墨苍劲"的精神。他们走的道路，和王渊、张中、沈周、文徵明影响下的陈道复、徐渭所走的"写意"道路是不同的。

对林良、吕纪的研究，可以得出他们在美术史上的真正作用和价值，对当下的工笔花鸟画创新也是有所裨益的。

夕阳无限好，只是近黄昏——戴进、吴伟

　　山水画发展至南宋，出现了风格、趣味的转折，以李唐为首的"南宋四家"，开创了以追求"水墨苍劲"和"水墨淋漓"为宗旨的南宋山水画风，并很快发展到以马远、夏圭为代表的高峰阶段。到了元代，由于文人画成为画坛主流，南宋画风受到冷落，从宫廷流入民间。而到了明代，由于宫廷的提倡，南宋画风复兴并产生了新的流派——"浙派"，而明代"浙派"山水画的开创者就是戴进。

　　戴进生于明太祖洪武二十一年（1388 年），字文进，号静庵，又号玉泉山人，钱塘（今浙江杭州）人。据说戴进父亲是位画工，他少时秉承家学，长于绘画。还有一说，戴进早年为制作金银首饰的工匠，一次因偶然看到自己精心制作的首饰被熔为金银，一气之下，立志改学绘画。经过努力，戴进三十六七岁时，已名重海内。

　　宣德年间（1426—1435），戴进以善画被征入宫廷，在共事的谢环、李在、倪端、石锐等宫廷画家中首屈一指。一次戴进向明宣宗呈进所绘《秋江独钓图》，画一人着红袍，垂钓江边。红色在绘画中很难运用，弄不好便生"火气"，戴进独得其法，韵味十足，因此遭同行所妒，待诏谢环向宣宗谗言道：此画虽好，但红袍乃朝廷品服，怎能将其穿在渔人身上呢！戴进于是被排挤出画院，并险遭杀身之祸。此后他隐姓埋名，四处流离，曾到过云南，后又回北方，晚年主要活动于江浙一带，最后在辗转奔波中死去。戴进在绘画方面是个有才能的画家，山水、花鸟、人物、走兽无所不能，而尤以山水独步画坛。他的绘画以继承李唐、马远、夏圭画风为主，并吸收北宋、元代诸家画法，形成了雄健苍润的个人风格。在戴进的山水画中，大致有两种风貌，一种是墨色苍润、奔放豪迈的画风，一种是含蓄圆润、细秀清雅的画风。

　　藏于辽宁省博物馆的《溪堂诗意图》，是戴进奔放豪迈、雄阔淋漓一格的代表作。图中绘峻岭虬松，茅堂临溪，飞瀑悬山，整幅画面峰峦重叠、布置精密，颇见生机。用笔顿挫有力，用墨痛快淋漓，线面互用、黑白互衬，在雄健豪放、遒劲苍润的笔墨韵致中，追求山势的层次和浑厚。这种层次追求和文人画近浓远淡的空间处理不同，是在以黑衬

戴进《关山行旅图》

白、白衬黑的明暗关系中追求空间的深度和厚度。这是戴进晚年山水画常用的手法。藏于故宫博物院的《关山行旅图》，是戴进秀雅清润一格的典型。图中绘关山耸峙，群峰环拥，有"一夫当关，万夫莫开"之势。关口外有一茅村野店，行人歇息其间，一旅行人正渡桥过溪，点出关山行旅的主题。该图在布局造境、山川体貌、笔墨运用上融合了宋元诸家之长，有别于他单纯以"马夏"笔法为之的山水画。他将斧劈皴"砸碎"，以细碎之笔层层横皴，弱化了斧劈皴的剑拔弩张之气，在层次渲染上采用了北宋、元代的染法，追求浑厚庄重，在画面中已流露出文人画情调，在水纹的画法中，文人画

戴进《溪堂诗意图》　　　　　　　　吴伟《灞桥风雪图》

的成分更多。

　　戴进的绘画在明代中期被世人称为"绝艺",从学者甚多,并影响了明代山水"院体"画风的走向,在很大程度上,戴进的画风就是明代"院体"。可以说"浙派"画风是明代宫廷"院体"的民间化,明代"院体"是"浙派"画风的宫廷化。在戴进之后,又把"浙派"画风发展到极致的是吴伟。

　　吴伟(1459—1508),字士英,一字次翁,号鲁夫、小仙,江夏(今湖北武汉市江夏区)人,年幼孤贫,流落常熟(今属江苏),为布政使钱昕收养。吴伟从小就显示出了绘画才能，常"持笔图形，莫不生动"。钱昕见状，资以笔墨，让他学习绘画。吴伟17岁时来到南京，被成国公朱仪召至幕下。据说朱仪见吴伟年少才奇，如若神仙，即以"小仙"称之，吴伟因号"小仙"。十年后，吴伟被明宪宗召入宫廷，授职锦衣镇抚，待诏仁智殿。吴伟性格疏狂，常纵酒终日，一次酒后大醉，被宪宗召入宫廷作画，竟在皇帝面前将墨汁打翻，即顺势信手涂写成《松风图》，宪宗嗟叹曰："真仙人笔也。"

　　由于吴伟为人耿介，疏于人事，又不愿与权贵相往还，在京城难于久立，终于愤然回到南京。后来孝宗即位，召见他于偏殿，授锦衣卫百户职，赐"画状元印"。吴伟在京住了两年后，又佯病南归。武宗时，又欲召他入京，使者刚到南京，他却因饮酒过度而亡，时年50岁。

　　吴伟擅长人物、山水，画风从马远、夏圭以及戴进水墨苍劲一体变化而成，格调更恣意潇洒、豪放劲健。藏于故宫博物院的《灞桥风雪图》，是代表吴伟山水画风的作品。灞桥在陕西长安县（今长安区），唐人送别者多于此处折柳相赠，有"灞桥折柳"典故，又有"诗思在灞桥风雪中驴子上"之说，故画家常以"灞桥风雪"为题材。图中绘一老者骑驴在风雪中过桥，景作危壁悬崖、古道盘山、枯树茅屋、溪水湍流，一片荒寒之象。画法以侧锋卧笔，皴法粗简，墨韵酣畅，皴中有染、染中有皴，有一气呵成之感，只是放纵有余，精到不足，是吴伟的典型风格。

　　平心而论，吴伟人物画要比山水画艺术水平高，他把山水画中的雄健豪放引入人物画中，给一直"萎靡不振"的人物画坛，吹进了一缕清风。他的人物画正像王世贞所言："画人物出自吴道子，纵笔不甚经意，而奇逸潇洒动人。"吴伟画人物衣纹劲健流畅，行笔多顿挫方折，变化丰富。除粗放风格外，吴伟也有雅致工谨之作。吴伟在明中叶画名极高，弟子众多，成为一时风尚。因他是江夏人，所以被世人称为"江夏派"的创始人。

　　对于戴进、吴伟一派绘画，明清文人著述中各有褒贬。如孙承泽《庚子销夏记》说："文进画在明初名甚噪，然其风格不高，马远、夏圭之流派也。……文进画有绝劣者，遂开周臣、谢时臣等之俗，至张平山、蒋三松恶极矣，皆其流派也。"更有论者说他"非山水中正派"，"日就狐禅，衣钵尘土"。而李开先却为"浙派"一流张目，他在《中麓画品》中认为，戴进、吴伟一派山水兼有"神、清、老、劲、活、润"的特点。其实，对南宋

吴伟《人物》

山水画风和戴进、吴伟画风评价不高，是在文人画成为画坛主流，文人画理论广为流行的基础上产生的。如果说南宋山水画风是绘画"自律"发展的结果，那么戴进、吴伟画风就是宫廷提倡而再度兴盛，是绘画"他律"发展的结果。戴进、吴伟一派"画法"因素多于书法因素，在山石中所用斧劈皴和行笔轻快，都是书法中所忌讳的。特别是斧劈皴，用笔需侧卧扫出，起笔紧、收笔松，没有书法中的藏锋、回锋、中锋行笔以及提、按、顿、挫等方法要求，并且一味追求感观效果，这些都是和文人画趣味相悖的。因此，文人画越繁荣,戴进、吴伟一派越没地位。现代山水画大师黄宾虹也对吴伟一派有"野狐禅"之讥。

戴进、吴伟一派在文人画系"吴派"崛起后日渐式微，一直到当代也没兴盛过。如果把"南宋画风"比作朝阳的话，戴进、吴伟画风就是最后一抹残阳了，从此，这一流派的天幕黯然了许多。这也许是美术史"自律"发展的结果，但戴进、吴伟一派毕竟在美术史上起过重要作用，这一点是否认不了的。

浓妆淡抹总相宜——陈淳

写意花鸟画发展到明代,出现了重大转折。"吴门画派"之首的沈周,继承了元代王渊、张中的"没骨"写意花卉传统,又吸收南宋法常的水墨写意画法,形成了独具特色的小写意花鸟画。元代以前,虽然也有了"没骨"水墨花鸟,但那时的"没骨"是针对轮廓线而言,水墨是针对色彩而言,和文人画笔墨自身语言关系不大。如果顺着"没骨"行迹勾出轮廓线,去掉水墨着上色彩的话,便可以再还原回标准的工笔花鸟画。

沈周笔下的文人写意花鸟画,无论在趣味上还是在笔墨要求上,都和以前的花鸟画有所不同。在他的画中,已具备直接以笔挥写的笔墨元素。而在沈周的学生文徵明笔下,又将其笔墨元素主动发挥,使写意花鸟的笔墨语言具有独立性。在沈周、文徵明的共同努力下,丰富了小写意花鸟画的笔墨语言,寻找到以花鸟来承载文人画笔墨法式的新道路。"吴门四家"虽然山水画名重当时,但却没有像小写意花鸟那样,完成以画传人的任务。而直接继承沈周、文徵明衣钵而又有所创新者,就是明代写意花鸟画家陈淳。

陈淳(1483—1544),字道复,号白阳山人,约50岁前后,以字行,苏州府长洲(今江苏苏州)人。陈淳出生于一个文人士大夫家庭,他的祖父陈璚工古文辞和诗,官至南京左副都御史,家中书画收藏丰富。他的父亲陈钥一生未曾仕进,精研阴阳方术。陈钥与文徵明为通家之好,相交二十余年,情谊深厚。陈淳师从文徵明学习诗文、书法、绘画,青年时便崭露头角。他在30岁以前,与其师文徵明相处笃厚,经常一起宴饮唱和,并与文氏门生好友交往密切。他的书法和绘画明显受到文徵明的影响。

正德十一年(1516年),陈钥去世。父亲的去世对陈淳打击很大,他从此情绪消沉低落,沉溺于诗酒文会。36岁时,北上京城,入国子监修业,四年后离京返乡。正在这时,他和业师文徵明在人生观和艺术观上产生了分歧,二人感情上开始疏远。艺术观的分歧,导致陈淳在绘画上努力摆脱文徵明的束缚,寻找自己的风格面貌。嘉靖二十三年(1544年)10月21日,陈淳因患疾病去世,亨年61岁。

陈淳花鸟画直接师从文徵明(而文徵明又师从沈周),用笔更加文雅秀逸,用墨清

陈淳《荔枝赋书画卷》局部

淡明净，以画兰竹为主，偶作杂卉，题材种类比较少。陈淳在从师文徵明时，就对沈周的小写意花卉心摹手追。因陈淳祖父同沈周是朋友关系，所以，陈淳从沈周画中学到不少写意真法。本来他就非常喜爱沈周花鸟画写意画风，又因他和文徵明相交已疏，因此更易转向沈周。沈周花鸟题材比文徵明广泛一些，笔墨也朴厚一些，这都对陈淳的写意画风有所影响。他在40—50岁时，更用心于沈周画风，以期冲破文徵明的束缚。在他晚年的画中，沈周的成分更多一些。陈淳在学习沈周、文徵明的基础上，对元代没骨水墨花卉也领悟很深，特别在元人的意气、情志方面体会深刻，往往在画中流露出元人的萧散逸气。

陈淳《葵石图》

陈淳笔下的花卉题材非常广泛。他冲破了传统文人画热衷表现的梅兰竹菊和适合笔墨表现的几种花卉的限制，以精纯的笔墨语言，诠释百花的风情万种。在表现花卉的物理情态的同时，陈淳尽量使花卉去适合笔墨，而不是使笔墨适应花卉，这样他才能运用相对独立的、自由的笔墨去为百花传神。

陈淳写意花卉的表现方式也很丰富。既有单纯的水墨，也以色点写；既有粗放一格，也有工谨画风；既有勾花点叶，又有点花点叶；既有彩花彩叶，又有彩花墨叶，形式语言非常复杂。

藏于广州美术馆的《荔枝赋书画卷》，是陈淳工致一格的画风。图中绘折枝荔枝斜垂而下，荔枝的重量和色泽表现得非常微妙，在此图中我们还可以看出沈周画风的影子。

藏于故宫博物院的《葵石图》是陈淳独具个人风貌的佳作。葵花以淡墨渴笔顿挫写出，用笔变化丰富而微妙，在几笔中把花的厚度和质感表现了出来。枝叶以磊落的用笔直接挥写，充分发挥笔墨语言的自身特色。后面湖石用笔更是松灵活脱，在干湿、虚实对比中，注意留出用笔飞白，更显石苍花柔。地面上的杂草竹枝均以线勾出，用笔劲利而随意，和上面的墨色形成线面呼应。整个画面"意匠"过程非常成功。实际上，陈淳的写意花卉，是在前人将书法引入画法，并从物象中转化出点画形态基础上的超越，书法在他的画中成为最直接的基础和支撑，从此，画写意花鸟有所成者必是大书家成为定例。

陈淳的写意花卉，开拓了表现领域，完善了笔墨语言，开启了后世大写意画风的门径。他是小写意和大写意之间的分水岭，对后世徐渭的大写意花卉影响极大，并与徐渭合称"青藤白阳"，在美术史上是一个重要人物。

笔底明珠无处卖，闲抛闲掷野藤中——徐渭

　　写意花鸟由"吴门画派"的沈周、文徵明、唐寅、陈淳继承元代没骨写意画法，用文人画笔墨法式重新梳理写意花鸟画，将具有独立语言和自足发展的用笔、用墨引入自然界的花花草草之中，使文人画家不再依靠单一地描写梅兰竹菊来抒发内心的情志逸趣。梅兰竹菊实际上是由山水画中的枯木竹石向前的延伸，它的绘画技法更多的是依托山水画，它的审美趣味是停留在物象的象征意义上，淡雅的墨色可超越形色之上，和文人士大夫内心的雅逸心境相协调，是更深层意义的象征。

　　士大夫们的心境是文心万象，花鸟画表现题材的局限，束缚了他们抒发感情的双手。仅靠几种单调的物象和单纯的墨色已满足不了士大夫文人丰富的情怀。写意花鸟画笔墨语言的相对独立，使文人画家既可以在笔墨天地中陶冶自我，又能将心灵寄托于所画物象。笔墨和物象通过画家达到高度的和谐统一，便可产生完美的绘画作品。由于笔墨语言的独立，只要你掌握了它，就能将其运用在更广阔的领域；由于笔墨语言的独立，用墨、用色都能完成感情的抒发，而不再局限于文人画家只能用水墨才可表达内心世界。写意花鸟笔墨的独立，使笔墨表现形式空前自由，不久便出现了大写意的艺术高峰，而站在这"高峰"之上的人，就是徐渭。

　　徐渭（1521—1593），字文长，号天池山人、田水月等，晚号青藤道士，山阴（今浙江绍兴）人。他出身衰落的小官僚家庭，其父曾任云南等地知州，晚年还乡纳妾，徐渭即为"庶出"。在他出世百日时，父亲去世，幼年的徐渭由嫡母苗氏抚养。14岁时，苗氏去世，徐渭又转栖于异母长兄徐淮处。徐渭20岁考中秀才，而后娶潘似为妻。不久长兄徐淮服丹药以致中毒身亡，妻子患疾不治而死，家运迅速败落。37岁时，徐渭被浙闽总督胡宗宪聘为幕僚，颇得胡的器重。这期间他参加乡试八考八落，仕进无望。徐渭45岁时，明朝奸相严嵩之子因通倭罪被杀，胡宗宪也被捕，后自杀于狱中。徐渭听到胡的死讯，以为自己也不能幸免其祸，便自撰墓志铭，做好棺木备用。他以利斧击头，柱钉刺耳，铁锤击肾，九次自杀未遂，但精神已处于癫狂的病态中，后因误杀妻子而下

狱监禁六七年。

徐渭出狱时已 53 岁，由于饱尝世间风雨，对世事心灰意冷，开始寄情于诗文书画的创作中。到晚年卖书画已不能度日，因此将所藏数千卷书变卖一空，最后，因疾病侵体，食不果腹，72 岁的徐渭在困顿中死去。

徐渭具有多方面的艺术才能，他曾写过剧本《四声猿》，可代表明代戏剧艺术成就。他的书法学苏轼、米芾，字体奔放，自成面貌。徐渭中年才开始学画，至晚年趋于成熟，许多不朽名作都创作于他最后的 20 年。徐渭对山水花卉、人物都很擅长，尤以水墨大写意为最。

由于吴门后生陈淳在写意花卉领域的探索，引书法入画，使表现题材范围扩大，表现形式多种多样，开拓了笔墨语言的新境界，使笔墨直接挥写成为可能。徐渭就是在陈淳的基础上，将小写意发展为笔墨恣肆的大写意。陈淳有两种风格，一种是工谨一格，和沈周、文徵明画风相接；一种是放纵一格，可和徐渭小写意类相通。实际上徐渭是接续陈淳放纵一格向前发展的，是

徐渭《墨葡萄》

徐渭《荷蟹图》

从陈淳文秀有余豪放不足的画风中蜕化的龙蛇、羽化的蝴蝶。

徐渭的写意花卉，"走笔如飞，泼墨淋漓"，在用笔上强调一个"气"字，他的用笔看似草草，若断若连，实际笔与笔之间有"笔断意不断"的气势在贯通着，所谓"笔所未到气已吞"。在用墨上他强调一个"韵"字，他的用墨看似狂涂乱抹、满纸淋漓，实际是墨团之中有墨韵，墨法之中显精神，是所谓"不求形状求生韵"、"信手拈来自有神"。比笔墨更为重要的是，徐渭将自己的人生和情感全部倾注在他的画中，在这里可以看到他的痛苦、激愤、渴望、抗争、热情、无奈。他画中的豪放，是身心受到煎熬和压抑后的张扬与抗争。徐渭作画，往往以胶调墨，有浸润淋漓的效果。这和他一把鼻涕一把泪的人生有着某种暗示性。

徐渭的画是在用情感来调动笔墨，在他的画中笔墨和物象都退居第二位。笔墨在他那里已不是问题，物象只不过是个载体，他将自己的人生升腾于笔墨、物象之上。他在《墨葡萄》图上题诗曰："半生落魄已成翁，独立书斋啸晚风。笔底明珠无处卖，闲抛闲掷野藤中。"通过这首诗，我们体会到他是在借物吟咏人生情怀。

藏于故宫博物院的《墨葡萄》和《荷蟹图》是代表徐渭艺术水平的杰作。《墨葡萄》在构图上较为奇特，一枝葡萄藤由右至左垂下，没有曲折变化却有违一般章法，但徐渭在左上角题诗一首，犹如四条绳索将葡萄藤拉起，弥补了构图上的不足。《荷蟹图》用笔纵横驰骋，用墨浸润淋漓，在浓淡交错中显出墨彩华光，可谓笔墨"绝唱"。

中国绘画史上，有两位不能以形迹相论的画家，一位是元代画家倪云林，另一位就是徐渭。观倪云林的画，使人拂去烦躁，得一"静"字；观徐渭的画，使人体会出生命的律动和激情，得一"动"字。这一静一动，占据了生命的两极。他们两人的画，光靠临摹是永远学不来的，尤其是我们这些"吃饱喝足"的凡夫俗子们。

徐渭以他的才情，将大写意花卉推上了艺术最高峰，成为大写意画的里程碑。但在外国人眼里，这种"潦草"的画能成为艺术杰作，简直是不可思议，实际上这是对中国绘画笔墨自身语汇不了解所致。如果笔墨自身没有审美价值，或者没有建立相对独立的法式语汇，那么徐渭的大写意无异于西方绘画中的草图，或者油画"打底"阶段，而不具独立形态。在西方艺术形态中没有书法这一门类，西方民众对中国书法在理解上有所欠缺，很难真正从审美上有所领悟，而不领悟书法真谛便很难领悟中国写意画的内在奥义，因为书法是支撑写意画笔墨大厦的砖瓦。

徐渭就是选择了这最直接、最适合抒发情感的笔墨语汇，创造了艺术奇迹。徐渭不愧为大写意艺术的巨匠，他对后世的影响是深远的。

浙派殿军——蓝瑛

蓝瑛《山水图》

明代初期，朱元璋为立国寻找宗法渊源，将南宋朱熹作为本家荣光，科举应试皆以南宋为标准，倡导南宋朱熹之际的文艺，南宋绘画也自然在其中了。在宫廷的提倡和扶持下，学南宋画风的浙派一流繁荣于宫廷内外，成为明初绘画主流。由于浙派影响极大，从学者甚多，在明中期，被称为"浙派亚军"的吴伟又创立了"江夏派"。该派众生将浙派画风极端发展，以至后期出现荒率枯硬的笔墨习性，使浙派一流盛极而衰。另一个原因是追求元人意气的"吴门画派"崛起后，将浙派画风"挤"出了绘画主流并取而代之。可是浙派画风并没有断绝，就在明末清初时期，浙派画风又以新的形态复兴，而这次复兴的倡导者就是世称"浙派殿军"的蓝瑛。

蓝瑛（1585—约1666），字田叔，号蝶叟，晚号石头陀，又号西湖外史、西湖研民、东郭老农，钱塘（今浙江杭州）人。蓝瑛性耽山水，常漫游名山大川，心胸开阔，眼界非凡，是一位终生虔于绘事的职业画家，是山水、人物、花鸟俱能的全才。曾在扬州居住，到过嘉兴、绍兴、宁波等地，晚年居于山庄，寿八十有余。

蓝瑛学画以临古入手，早年曾学元人诸家，多着意黄公望画法，但用笔有些松软，明人学画多受时风左右，蓝瑛居处乃浙派画风故地，难免不受影响。他对浙派领悟颇深，但并没有拘于形迹，而是将浙派所追求的"水墨苍劲"变成"用笔苍劲"，以矫文人画用笔松软之病。他将浙派水墨淋漓的笔墨效果变成"无墨求染"，以染墨、染色的温润，矫正"狂涂乱抹"的粗野之病。他取法于浙派山水的小斧劈，并将其用笔拉长或方折，变侧锋用笔为中锋用笔。在山势构图经营上，他多采取"一边、半角"的起式，以浙派精神为基础，广泛临摹唐宋名家，又远取"吴门画派"，近学"松江"画风，把文人画精髓吸收到他的画中。他的山水画，非常强调用笔的苍劲和山势岩石的骨力刚硬，因此，他对北宋前的荆浩、关仝、李成、范宽用意极深，将他们石体坚凝犹如铁铸的刚硬之骨，"搬"到了自己的山水中。

蓝瑛的山水画，无论是"没骨青绿"还是浅绛山水，都能给人以坚硬顽强的感觉。蓝瑛画树最有特色，他画树主要师法关仝、李成、范宽，强调深扎入土的树根和苗壮粗大的树干，非常合乎树木的自然生长规律。他用笔劲利，略皴树皮以分阴阳，像"铁树"一般坚硬。这种画法对后世的陈洪绶影响很大，在陈的画中有许多蓝瑛树法。

蓝瑛的画风是以浙派苍劲的用笔为根本，对历代各家都有所取，他是有明一代研习历代名家最广泛的一位画家。但他不论学习哪一家、哪一派，都保持着用笔苍劲和荆浩、关仝、李成、范宽山水中的博大气度。这种气度是文人画家所钟情的董源、巨然、"元四家"所没有的。

蓝瑛用笔快而狠，既劲利又能压得住纸，尤其在纸本上作画，由于用笔快而狠，笔笔都有飞白，显出莽莽苍苍的笔致。再加上他用温润的墨色渲染山体，使"笔苍墨润"得到了高度统一。

蓝瑛《山水图》局部

蓝瑛除画水墨浅绛一格外，还画自称仿张僧繇"没骨青绿"山水。虽然有依从古人之嫌，但也不无道理。我们在敦煌壁画中就能找到这种画法，只不过蓝瑛将其变为时代特色，虽言"没骨"，实则骨在其内。这也许是蓝瑛在渲染明暗的"染法"中生发出来的技法，使青绿山水又多了一种画法。

把蓝瑛归为浙派一脉，或称其"浙派殿军"，有些学者并不认同，认为戴进和蓝瑛在画法和画风上面貌迥异，把蓝瑛归为浙派是因同乡之故。其实，我们判断一个绘画流派，有时是不应以形迹来论的。蓝瑛把浙派的形迹"熔化"，提取最本质的东西，把浙派狂涂乱抹的荒率之病去掉，引入了文人画的成分，使浙派变俗为雅，变粗野为细谨。他把浙派里里外外都进行了"改造"，让浙派以新的形态呈现于世人面前，虽然表面上和浙派风格相左，但骨子里却是浙派风范。张庚评蓝瑛云："至明季方有浙派之目，是派也，始于戴进，成于蓝瑛。"

又说："画之有浙派，始自戴进，至蓝为极。"可谓一语中的。

明清之际，学蓝瑛者众多，因蓝瑛居于钱塘武林地区，世人又称其为"武林派"，这一流派对后世的陈洪绶以及金陵八家有一定的影响。

中国绘画南北宗的确立者——董其昌

中国绘画发展到明末清初，不仅各种风格和流派日臻成熟，各种绘画理论也日趋完善。这表明成熟的绘画亦需完善的理论来指导，理论的构建也促进绘画自身的发展。在明末清初的绘画理论中，影响最大的，莫过于董其昌提出的"画分南北宗"说。

董其昌《秋兴八景》

董其昌（1555—1636），字玄宰，号思白、香光居士，华亭（今上海市松江区）人，出身清贫之家。当时董家只有田地20亩，他17岁学书，23岁学画，与画家顾正谊、莫是龙、陈继儒，收藏家项元汴，官宦陆树声，名士王世贞等人相往还，共同切磋艺道。还先后与禅宗大师达观、憨山相交往，学习禅机妙理。这对他日后的绘画和理论建树有很大的作用。

万历十七年（1589年），董其昌入京会试中二甲第一名进士，授翰林院庶吉士，后官至南京礼部尚书。其间也曾多次告退，是一个忽仕忽隐之士。随着董其昌官职的升高，家计日富，因为有钱有势，董家横霸华亭一带，为非作歹，民怨极重。董其昌 61 岁时，看中一位陆家使女绿英，就纵二百多人到陆家把绿英抢来做妾。此事使董其昌名声扫地，他为平息影响而捉捕了许多人，并致死人命，当地乡众异常愤怒，妇孺皆传："若要柴米强，先杀董其昌。"不久，成千上万愤怒的乡众包围了董宅，打散家丁拥到宅前，拔旗杆，砸门道，正欲放火焚宅，因突下大雨而止。不几日，上海、青浦、金山等地百姓也来支援，把董家大宅和白龙潭董家的抱珠阁焚烧殆尽。各地凡有董书匾额皆被毁坏。董其昌先带家人逃至附近泖庄，后又逃到归安沈家才保一命。此事后来被编入一本演唱弹词《民抄董官事实》中，传播于后世。令人不可思议的是，这样的一个人物却对中国绘画和理论有着不小的贡献。

董其昌的绘画受华亭一派画家顾正谊影响很大。顾正谊画学黄公望，并对董源、巨然、倪云林领悟颇深。董其昌后来也直取诸家正法，晚年亦有取法李唐之作。他就是在师法古人的过程中，步入文人画堂奥，发现了笔墨深层内涵，并开始梳理和构建文人画理论。

讲求笔墨是文人画的内在要求，文人画家的笔墨不仅注重造型手段，而且注重笔墨内在的审美价值。书法用笔已被文人画广为借鉴，从书法中吸取精华也已是文人画家的共识。但把书法用笔不经变通而直接用于绘画，也易流于浮华。因此董其昌提出："士人作画当以草隶奇字之法为之，树如屈铁，山如画沙，绝去甜俗蹊径，乃为士气。"关于援书入画，元代赵孟頫也曾提出："石如飞白木如籀，写竹还应八法通。"这仅是文人画的一般要求，"吴门画派"也提倡这种一般意义上的引书入画，但到后期却出现了矫揉造作之弊。董其昌不仅提出以书入画，更重要的是他对用于画中的书法之笔，提出了更内在的要求，以保证绘画中的笔墨更加精纯，不流于浮泛表面，这比赵孟頫的以书入画深刻了许多。

董其昌的绘画，大致可分三类：其一以表现笔法为主，大多师法黄公望、倪瓒；其二以表现墨法为主，主要师法董源、巨然、二米、吴镇；其三是设色山水，在色彩中追求古雅。董其昌的绘画特点是笔法分明，皴法次序井然，层次清晰，在渴淡的明晰中求浑厚、求变化。树干多以苍而毛的渴笔勾皴，然后以各种"混点"点写，强调每一笔的独立性，秩序感很强，并着意于墨色由浓及淡的渐变，显得"幽深淡远"。在用笔上，他特别注意提、按、顿、挫的行笔变化，在他的笔墨中体现出了"平淡天真"的禅学意味。藏于故宫博物院的《仿古山水册》和藏于上海博物馆的《秋兴八景》可为董其昌的代表

董其昌《仿古山水册》

作品。

董其昌"画分南北宗"说，一直是学界争论的热点。他在《画旨》中说："禅家有
南北二宗，唐时始分，画之有南北宗，亦唐时分也。但其人非南北耳，北宗则李思训父
子着色山水，流传而为宋之赵幹、赵伯驹、赵伯骕，以至马、夏辈。南宗则王摩诘始用
渲淡，一变勾斫之法，其传为张璪、荆浩、关仝、郭忠恕、董源、巨然、米家父子，以
至元之四大家。亦如六祖之后有马驹、云门、临济儿孙之盛，而北宗微矣！"董其昌的

这一段话，明确提出了唐宋山水画的两大派系。如果我们不对仅仅是借用比喻的"禅宗"穷追不舍，而更关注一下绘画本体问题的话，就会明白他是在提倡文人画和梳理出中国绘画的两大风尚。实际上他是在文人画内部重新调整文人画的法式，使文人画向更高阶段发展。要完成这个任务，就必须先将绘画源流划清，然后才能把握文人画内在流变，才能进一步研究笔墨内在含义。关于他的"崇南贬北"之说，可能有失偏颇。但我们也应看到"北宗"山水在元代、明中期以后再也没复兴过的事实，也应看到"南宗"山水笔墨自身审美价值的存在。

我们对一种绘画流派的选择，实际上可体现出我们对文化的选择，文化的发展必将优先选择适应该文化发展方向的绘画流派。这是历史的必然，我们应学会告别一些不适应社会发展的东西，去创造和迎接更新更好的事物。我们也应重视"南宗"对水墨与书法有所偏重的内在真义。

董其昌以他的绘画和理论，影响了后世的画家们，清代的"四王"就是董其昌绘画理论的身体力行者，他们的画风甚至影响了清代宫廷艺术风格的走向，使文人画走入了宫廷。而董其昌的绘画和理论，到今天仍然是值得我们研究的课题。

古拙派人物画的复兴——陈洪绶

在人物画的风格方面，唐宋以后的写意人物大致可分三大流派。一种是传统的线描派，以唐吴道子，宋李公麟、武宗元为代表。以吴道子为首的线描派，是出现最早对后世影响最大的一派，后经李公麟总结古法，将吴道子"白画"转化为自成一科的"白描画"，特别讲究用笔的变化和素雅的韵致。第二种是粗笔写意派，以五代石恪、南宋梁楷为代表，用笔较粗放，打破了纯用线的局限，以水墨直接挥写，有水墨淋漓的效果，但不被当时文人所欣赏。后世画家多采用其精神，转化成小写意，或兼工带写，而盛行于人物画中。另一种就是古拙派，为五代贯休始创，所画人物奇形怪状，独具古拙之风。但此派因不合时尚，而没流衍成风。

明清之际的人物画，一直是萎靡不振。浙派人物画到后期已多荒率枯硬，吴门画派人物已是柔媚不堪。这时，以陈洪绶为代表的古拙派人物画再次崛起，给人物画坛带来

陈洪绶《南鲁生四乐图》之一

了新的生机和活力。

陈洪绶（1598—1652），字章侯，号老莲，别号老迟，诸暨（今属浙江）人，出身书香门第，父亲不幸早逝，靠母亲抚养成人。陈洪绶青年时代师事于刘宗周、黄道周，45 岁入京为国子监生，授舍人，后又被命为内廷供奉，而他当时并不想在画史上留名，因而没有接受此职，不久便南归回乡。明亡时，清兵南下浙东，曾抓到陈洪绶，并以屠刀胁迫他作画，陈洪绶大义凛然，拒不依从，险遭杀害，后避难云门寺，剃发为僧。在这次动乱中，陈洪绶许多师友以身殉国，他内心充满强烈的悔恨和内疚，认为自己是"不忠不孝"之人，因此改号为"悔僧"、"悔迟"、"迟和尚"。陈晚年在绍兴、杭州等地卖画为生，清顺治九年（1652 年），他在这种悔恨与悲愤的精神折磨中死去。

陈洪绶绘画以临古入手。少年时，曾反复临摹李公麟所画的 72 贤石刻拓片，还临过唐代周昉的作品，打下了深厚的传统基础。陈洪绶山水师学蓝瑛，尤其学蓝瑛树木深得真法，在他的人物画中常画杂树作为背景，观者一眼便能看出法出蓝瑛。

陈洪绶在人物造型上，吸收五代贯休人物画造型语言，将其"胡相"特征转化为"汉相"；将其丑怪突兀的形象弱化，去其丑而取其奇；将其"宗教梵境"转化为"人间仙境"；在衣纹用笔上又吸收东晋顾恺之的画法，追求衣纹的连贯和强调用笔的舒展，不过分考虑人物内在结构，而是着意于一种人物动势和衣纹笔势，用"动势"和"笔势"营造超然的境界。陈洪绶在顾恺之衣纹笔势的基础上更强调衣纹的重复性，他的衣纹往往是在前一笔衣纹近处，再追加一笔或几笔，在强调衣纹笔势的同时又增加了一些装饰效果。我们在陈洪绶人物画中，会感觉出在古拙里隐现着优雅的装饰意味。他在着色上，以不损伤墨韵和用笔为准则，并在色彩对比上颇为考究，色彩在他的画中显得古雅别致、非同凡格。《升庵簪花图》（故宫博物院藏）《品茶图》（朵云轩藏）等可为这方面的代表作。陈洪绶除擅长以线为主的人物画外，还常作"波臣派"一格。他与"波臣派"创立者曾鲸是好友，在绘画上难免受其影响。陈洪绶所作《南鲁生四乐图》（私人藏）就是以"墨骨"法为之。该画人物表情生动自然，面部全以明暗法积染而成，富有弹性，衣纹走向仍是自家笔势，衬托出人物飘逸潇洒的内心世界。

陈洪绶在山水、花鸟方面也独具风貌。山水画树石得益于蓝瑛，但中年以后，化身立法，自立门庭；山石皴法波幻云诡，笔墨高雅朴厚。花鸟画吸收宋元画法，生机勃发，

皆极精妙入微。陈洪绶的版画作品对后世影响很广，精心所作《屈子行吟图》尤为成功。图中以简洁的构图、劲挺的线条，夸张地表现了屈子庄重、傲岸的神情。陈洪绶的版画对日本"浮世绘"也有影响。日本德川时代"浮世绘"代表画家葛饰北斋所作《水浒卷》中，就吸收了不少陈洪绶的画风。

陈洪绶的绘画，已体现出他对古代绘画形式、风格的追求，但这种追求又不局限在形迹上。在艺术精神上也用意颇深，他将晋人的潇洒、唐人的豪迈、宋人的静穆、元人的逸气、明人的活泼，都纳入他古拙一格的整体框架内，使古拙派人物焕发了新的生命，也使自己名重海内外。他和北方的另一位画家崔子忠合称"南陈北崔"。他对晚清画家任熊、任薰、任伯年的绘画，也有着深远的影响。

陈洪绶是一位在美术史上非常重要的人物，许多地方是值得我们作进一步研究和学习的。

陈洪绶《升庵簪花图》

陈洪绶《屈子行吟图》

为真人传神写照的肖像画——曾鲸

肖像画在明代虽然没有像在唐宋那样得到充分发展，但是由于社会实际生活的需要，无论在宫廷还是在民间，都始终有从事肖像画的画家。这些画家的创作方式和工匠一般，经常被雇主请入家中，面对真人传神写照，然后获取一定报酬，地位比一般体力工匠高一些。他们的创作活动，还没进入到士大夫文化层次，所以许多民间肖像画家，在画史上无声无名。

明代肖像画描写的对象多是家族中年长者，是为死后供后人纪念和祭祀所用，所以民间称这类肖像画为"祖宗像"。因是祭祀所用，画上从不留下作者的姓名。我们看到许多明代优秀的肖像画，都没有作者的名款，也许就是这个原因。而肖像画在明末，因出现了一代名手曾鲸，才改变了这一局面。

曾鲸（1568—1650），字波臣，原籍福建莆田，明末著名肖像画家，主要活动于浙江杭州、湖州、宁波、余姚一带，也曾寓居江苏金陵（南京）。由于他的肖像画技艺高超，风格独具，引起了文人阶层的注意，并把他请到家中画像。他曾为当时文坛杰出人物董其昌、陈继儒、王时敏、黄道周等画过肖像，因此名气日重，并有机会与许多文人、名流相往还。他和陈洪绶是朋友，在绘画方面相互影响，和浙东著名学者黄宗羲交往密切，在他后来寓居南京时，与黄宗羲居所相近，经常往来。黄还曾观赏曾鲸的书画、古物收藏。在与文人学者的交往中，曾鲸眼界大开、修养提高，在艺术境界上和普通画工有所不同。

传统的肖像画，一般先用笔勾出轮廓，然后着色晕染，有所变化也只在用笔浓淡深浅上。曾鲸在肖像画方面的贡献，更在于他突破传统成法，以独特的"墨骨"画法，开创了人物画新风貌。《国朝画征录》说："写真有两派：一重墨骨，墨骨既成，然后敷彩，以取气色之老少，其精神早传墨骨中矣，此闽中曾波臣（曾鲸）之学也；一略用淡墨勾出五官部位之大意，全用粉彩渲染，此江南画家之传法，而曾氏善矣。"这里提到的"墨骨"法，就是由曾鲸所创。具体画法是：人物脸部结构起伏，不用墨线勾画，而以淡墨皴擦渲染达数十层，却能浑然一体，没有丝毫笔锋痕迹，这也说明曾鲸深悟传统墨法。

曾鲸《葛一龙像》局部

传统水墨渲染，往往是多遍积染，这样既透明也有厚度。如果一次性给够，就显得薄而浊、黑而平，这是不懂墨法之故。曾鲸在烘染数十层的"墨骨"上，再施以淡彩，以表现男女老少的气血肤色。这种画法立体感很强，后学者众多，又因始创者为曾鲸，故称"波臣派"。

绘画中的明暗凹凸法，早在六朝、隋唐时就随佛教艺术传入中原。但那时的凹凸法是有线的，是先用笔勾出物象，再依黑线染出立体，最后把墨线隐进墨色中，是一种隐迹显形的画法。而且是欧洲绘画传到古印度，又经印度本土民族化后，再传入中国的。而曾鲸的画法，更接近欧洲文艺复兴前期的绘画风格。明代万历九年（1581 年），意大利传教士利玛窦来中国传教，一同带来了传教所用的圣母子像、耶稣像。他先后三次来到南京，并与文人名流有所交往。曾鲸曾在南京寓居，一定见过欧洲绘画，并深

曾鲸《王时敏小像》

受启发。他运用传统墨法，吸收欧洲绘画明暗因素，创造了风格别致的面貌，这也是中西艺术直接碰撞的结果。

藏于天津艺术博物馆的《王时敏小像》，是曾鲸的代表作品。画中王时敏身着浅色衣袍，头戴纶巾，手持拂尘，双腿盘曲坐于蒲团之上。王时敏当时25岁，面目清秀文静，显出学识不凡的士夫风度。面部以"墨骨"法染出，在关键部位用线强调，如上眼皮、鼻头、嘴线等。衣袍虽然用线勾出，但和传统衣纹已有所不同，非常注意刻画结构和体量。衣纹是为体量服务的，我们透过这些衣纹可以看到素描线条的穿插关系。藏于故宫博物院的《葛一龙像》卷，面部刻画有血有肉，富有弹性，表情也很有特点，是曾鲸又一力作。

明代中后期的人物画，效法吴门唐寅、仇英一格的人物，到末流是柔靡矫饰，生气渐失。学浙派者又流于粗简枯硬。在时病日深的情势下，曾鲸以传统艺术和民间艺术为基础，吸收西方绘画特点，自创门派，为明末人物画坛带来了活力，也深深地影响着后世的人物画家，他的人物画也是中国绘画传统的组成部分。

壮阔雄奇　笔中逸气——弘仁

　　明代中叶，自苏州"吴门画派"崛起后，明末清初在江南各地出现了各种以地名号称的绘画流派。明中期以后，随着经济的发展，市民审美需要的增长，书画作品开始成为商品。而这些画派多在经济发达地区和经济发达城市产生。究其原因，固然有经济繁荣地区文化也相对繁荣的因素，但更重要的是为了卖画的方便。门户相争，往往是经济利益使然，同时也是绘画发展有所困顿的征兆。

　　明末清初，安徽的商人成为十分重要的经济力量。这些徽商们非常重视教育和支持文化事业。因此，在客观上经济发展带动了文化的发展，文化的发展又会促进绘画的发展。当时仅安徽一省，就有许多名家和画派，如以萧云从为代表的姑熟派、以弘仁为代表的新安派、以梅清为代表的宣城派，等等。其中以弘仁为代表的新安派影响最大。

　　弘仁（1610—1664），本姓江，名韬，字六奇，明亡为僧，法名弘仁，号渐江学人、渐江僧，又号无智，安徽歙县人，祖上原为歙县的大家族，但因父亲早死，家道中落。后来求师于汪无涯，勤读诗文，习举子业，终成明末秀才。

　　清兵入关，南京失陷，旋即进逼徽州，渐江同乡金声、江天一等民族英雄奋力抵抗，终因寡不敌众而败。弘仁与友人程守哭别于相公潭上，然后抱着一线希望，偕其师入闽，投奔当时称帝于福建的唐王朱聿政权，继续抗清复明的斗争。可是唐王政权很快崩溃，复明希望彻底破灭。弘仁怀着亡国之恨到了武夷山，落发为僧。数年后，他返回故乡新安歙县，居歙县西郊披云峰下的寺庙中。在这期间，弘仁多次游览黄山，饱游饫看，陶醉于黄山雄奇的美景之中，并对景吟诗作画，体会黄山内在韵致。康熙二年（1663年），弘仁欲再游黄山，不料行前染疾，病入膏肓，一日忽掷帽大呼："我佛如来观世音。"于是，圆寂于五明禅院，年寿54岁。友人根据他生前喜爱梅花的习性，在他墓前种梅数十株，以为纪念。

　　弘仁以工画山水而名重于时。他最初师法宋人，为僧后开始师法元人笔墨，学倪云林、黄公望两家尤为擅长。他以倪云林笔墨为"骨"，以黄公望笔墨为"肉"；从倪云林的画中取其"笔力"，从黄公望的画中取其"墨韵"。在历代山水画家中，倪云林的画是最难把握的，在他淡而厚的笔墨中，隐含着超尘拔俗的逸气，光有其功夫而无其胸次，只能得其皮毛。由于元明战乱，许多江浙一带的大家族避祸入皖，同时也带去了很多宋元名画真迹，使弘仁有机会见到宋元名迹，并很好地领会画中神韵。再加上他学养极高，多次游历黄山，又有为僧的经历，心胸同倪云林相近。因而，弘仁学倪云林自然比常人高出一筹。

弘仁山水画笔墨精谨，取象简约，山石峻峭方硬，林木虬曲遒劲，虽师法倪云林，但又能在峭拔处见温润，在细弱处见笔力。倪云林画中多横行"折带皴"，用笔多方折，一笔之内浓淡变化不是很大，是在很多用笔中才显墨气。弘仁将"折带皴"变横为纵，为去掉"折带皴"变纵向后软弱之病，便取山势方硬的骨架；为使过长的用笔富于变化，他每行一段笔就顿挫一下，使线条有或出或进的节奏变化。"折带皴"，顾名思义是像折叠的带子一样，画平坡沙渚因取横势，不用力学上的支撑也可，如果将其纵势运用，很难撑住大面积的山石。

弘仁《天都峰》

弘仁《黄海松石》

为了克服弱点，弘仁变横向走笔为纵向走笔；变侧行笔为中锋行笔，变扁折为圆厚，加强了用笔的力度和用笔的浓淡变化。弘仁画山多方折之形，容易有堆砌扁薄之感，为了使山体有厚度，他在关键的形体转折处和远山处，以适当的皴、擦、点、染来增加山体的圆厚，同时也增加了墨韵，可谓一举两得。

倪云林多画太湖的水天一色、一坡半岭、三五树木，而弘仁则多画雄伟峭拔的黄山以及虬曲弯折的松树。由于他多次游历黄山，对黄山的内在之美体会颇深，所以有人称："石涛得黄山之灵，梅清得黄山之影，渐江得黄山之质。"得黄山之质，也就是得黄山之骨，而得黄山之骨，便是抓住了黄山内在之美。

藏于南京博物院的《天都峰》和上海博物馆收藏的《黄海松石》，是弘仁画黄山题材的代表作品。

弘仁是明末清初"黄山派"的著名画家之一，同时又是"新安画派"的先驱，他与查士标、孙逸、汪之瑞合称"海阳四家"。弘仁对后世的美术发展影响很大，尤其他绘画的品格，一直为后人所仰慕。此外，他画中的直线、长线运用，值得我们现代画家学习和鉴赏。

一片苍莽　风光无限——石谿

　　文人画的发展是由士大夫阶层开始，逐渐在一般文人中间流行，然后又走向市民阶层，在更广泛的人群中传播。但是，文人画从宋代到明末就一直没有走入宫廷，一直没有左右过宫廷绘画的走向，在明代甚至出现了宫廷内外皆"院体"、皆"浙派"的局面。而在清初期，文人画空前繁荣，出现了宫廷内外皆是文人画的局面。文人画终于"占领"了自上而下的所有领域。

　　但也就在这一时期，文人画内部出现了趣味追求相异的两种画风。一种是在宫廷的提倡下成为清代画坛"正宗"的"四王"画风，一种是隐逸民间的"四僧"画风。有人说"四僧"画风是对"四王"画风的反动，是对朝廷持不合作态度的反映。但按着绘画本体发展演变来看，两种画风的出现是符合文人画发展规律的。"四王"画风是文人画笔墨法式，向更深层的探索，绝不是为了讨好朝廷而事先"预谋"的画风。朝廷选择他们的画风是另外一回事，和"四王"的笔墨追求，关系不是很大。这种画法在明末董其昌、王时敏、王鉴就开始了，那时他们还不知道满人要入主中原。"四僧"画风实际上是承接明代"吴门画派"向前发展的延续，他们有的也吸收了董其昌的学说与画风，只不过他们没有停留，而是继续迈步向前。"四僧"也不是为了和"四王"以及朝廷作对才"确定"了他们的绘画风格走向。

　　"四僧"画风实际上是历代文人画发展的延续，他们对笔墨法度和法式也非常重视，对传统都有着深刻的理解，在"四僧"中对古代文人画传统探索最深、笔墨法度最谨严的就要属石谿了。

　　石谿（1612—约1692），俗姓刘，出家后名髡残，字介丘，号石谿，又号白秃、石道人、电住道人、残道者，武陵（今湖南常德）人。石谿生于明万历四十年（1612年）。少年读经，喜好书画和佛学，从小便有出家为僧之念，"一日，其弟为置毡巾御寒，公取戴于首，览镜数四，忽举剪碎之，并剪其发，出门径去，投龙山三家庵中"（周亮工《读画录》）。石谿40岁时，正式削发为僧，开始了他游历参访诸方丛林的僧侣生活。他到

石谿《苍翠凌天图》

过南京、杭州、黄山、雁荡山等地，返乡后，隐居桃源余仙溪。当时，清兵南侵，为避兵祸而入深山三月有余。艰险的山中生活使他历经各种苦难，也让他对大自然有了深切的体会，为他日后在画幅中营造丘壑积累了丰富的素材。

在石谿的内心中，亡国之恨、复明之念始终萦结不散。他曾拖着病弱的身体，先后13次赴南北二京拜谒明皇陵。他的一位僧友游钟山见明皇陵而没行礼，石谿听后勃然大怒，叱骂不已，直逼得对方认错方止。从中我们可以体会出他的民族气节和爱国热忱是何等强烈。

石谿的绘画自临仿古人起步，早期艺术深受元人特别是王蒙的影响，在他的山水画中王蒙的笔法处处可见。稍后他又以元

石谿《松岩楼阁》

人的笔墨为基础，对宋代巨然也用意颇深。石谿与当时另一山水名家程正揆相友善，程山水师董其昌，精研画理，对石谿的绘画有所影响。石谿在程正揆处得观不少宋元名迹，这对他的艺术成长帮助不小。

石谿性格直率，感情热诚，又有认真的治学态度，从而形成了浑厚华滋、笔墨苍茫的艺术风貌。他作画下笔沉着痛快，以法度严谨胜出时人一筹。石谿多用中锋秃笔勾山勒树，行笔不是很快，但却笔笔扎实，和石涛奔放恣肆的笔墨风格形成了对比。石谿的画在格制上多保持在元人左右，但在山石的体积厚度上，多采取宋人着意塑造山体结构厚度的方法，他的画体积感很强。在勾勒山体时，他先用细劲之笔勾出轮廓和大致的皴法，然后以粗笔湿墨直接分阴阳向背，线面、干湿互用，既有毛苍的笔致，又有痛快淋漓的墨韵。

现存于南京博物馆的《苍翠凌天图》可为石谿的代表作品。画面崇山峻岭，万木丛生，茅屋数间，半掩柴扉，几叠垂泉，楼阁巍峨。山石树木干笔写出，粗笔皴擦，以淡赭染就，色墨互衬，韵味隽永。整幅景物意境深幽，苍茫蓊郁。藏于南京博物院的《松岩楼阁》是石谿粗笔写意一格的代表作，山峦以湿笔挥写，在水墨幻化中不失用笔法度，放而不纵，是一幅笔墨气韵俱佳的作品。

石谿的山水画以其茂密苍莽、明润郁秀的艺术风格，给清初文人画坛注入了勃勃的生机和活力。

于无声处听惊雷——八大山人

在"四僧"中八大山人的性格是最怪僻的一个，是对亡国之恨、丧家之悲感受最痛切的一个，也是在艺术中流露出对朝廷不满情绪最多的一个。

朱耷（1626—1705），号八大山人，雪个、个山、人屋、良月、朱道明、刃庵、破云樵者等，江西南昌人，明朝宗室，明太祖朱元璋第16子宁献王朱权的后裔。朱耷的父亲擅长书法，他自幼得到父亲的指教，对书画颇有天分。少年应科举，荐为"诸生"。

八大山人19岁那年，明朝灭亡。1645年，清军血洗江南，旋即占领南昌。这期间，八大山人一家退避到新建县西山洪崖一带。当时各地都有反清义军，八大山人也曾与抗清义士商议起事抗清，但事未成。于是八大山人便遁入空门，在奉新县耕香庵削发为僧。八大山人36岁时，改佛入道，在南昌市郊建造青云谱道院，过着习静修真，参研书画的闲云野鹤般的生活。

康熙十七年（1678年）八大山人53岁时，临川县令胡亦堂为修《临川县志》把他召入府中，诱他为清廷效力。他在胡府住了一段时间后，深感寄人篱下之苦，于是佯装疯癫，忽而大笑，忽而大哭。一天傍晚，突然撕裂自己的僧袍，投入火中烧毁后，独自回到南昌，此后，常混舞于市，癫态百出。后被侄子收留家中，一年后癫病方愈。后来，他又回到青云谱，在这里度过了"花甲华诞"。62岁那年，他把青云谱交给他的道徒住持后，开始了还俗生活。为了生计，他不得不靠卖画度日，晚年寓居北兰寺，并在此结束了他凄凉悲惨的一生。

八大山人的花鸟画，是在陈淳、徐渭的基础上有所创新的，他早年的花卉一般多勾花点叶，又有介于陈淳、徐渭之间画风的花鸟画，此时用笔多方折，用墨清雅有余放逸不足，花卉枝干多取方势，构图多几何方形。但这期间的画已具笔墨清刚气象。

促使八大山人在艺术上突飞猛进的人就是董其昌。"四僧"中，在绘画上和董其昌关系密切的就是八大山人。董其昌以旷世奇才，重新"整顿"了文人画，他的绘画和理论直接影响了"四王"画风，王时敏、王鉴还是董其昌的弟子。但是，"四王"在画中更多的是运用董其昌的理论，而没有在画迹上进行传承。他们顺着董其昌所走的路，又重新走了一遍。董其昌师仿的画家，"四王"也在努力研习，客观上讲，"四王"和董其昌是"同学"关系。董其昌画迹的传人只有八大山人，八大山人的画风是直接从董其昌画风中羽化而出的，就像徐渭的画风出自陈淳一样。

八大山人一生都很钦佩董其昌的绘画和理论，他的书法就是从董氏起家的。八大山人曾自题诗云："南北宗开无法说，画图一向拨云烟。"可见他对"南北宗"说是赞成的。八大山人临习董其昌的字画一生都没停止过，他在临习董其昌的山水画中领悟了笔墨根本，将山水画中的笔墨运用于写意花鸟，使自己的绘画最终

八大山人《水墨山水》

成熟。董其昌在用笔上除强调书法入画外，更强调用笔使转、提按的变化。八大山人就是将董其昌勾山勒树的用笔放大后，用在了花鸟画中，改变了自己的画风。在山水画方面，八大山人用花鸟画的直接落笔然后"破墨"的画法，改变了董其昌原来的画风，又形成了具有自己风貌的山水画，可以说八大山人是破得"笔墨禅"，一通了百通。

学界对董其昌的绘画和理论颇有争议，但是我们应看到这样一个事实，除"四王"和董氏一脉相承外，在"四僧"中还有八大山人和石豀是继承董其昌绘画和理论的。看来有些东西是要重新来认识。

八大山人的花鸟画，以水墨大写意震惊四方。他的用墨淋漓酣畅，奔放恣纵，尤其用笔难度最大，在急速的运笔中，既要考虑行笔的"使转"又要"下驻"其笔，一般是很难协调统一的。

八大山人笔下的线条，如枯藤摇振、刚柔相济。他后期的花鸟画是从用笔到造型都开始变方为圆，在圆浑中寓以清刚。

藏于南京博物院的《梅花图》，虽然画幅不大，但一笔梅枝就出现了好几次的顿挫转折、正侧粗细、阴阳向背变化，令行家惊叹不已。

八大山人的章法也非常奇特。他善于运用大疏、大密和线条的穿插，往往在画中留有大片空白供观者想象其间；他还善于将画中物象引向画外，将画外物象引入画中，使构图表现境界扩大，也充满了张力。

八大山人的绘画，有着深刻的思想寓意。他曾画两只孔雀站一危石之上，孔雀画三根尾翎，象征清廷官吏头上戴的雉翎，寓意清王朝如立危石，终将灭亡。他画的鸟也都像他自己一样，具有"白眼向人"的冷漠神情，他是借花竹鱼鸟象征人生，或比喻自己。他还把"八大山人"连缀成像哭之或笑之的字形，来表示他哭笑不得的内心世界。

八大山人的山水画，笔势奔放，笔墨秀润，不拘成法。因用花鸟画方法为之，所以显得墨韵鲜活、笔苍墨润，令人神往。他的渴笔山水更具毛涩苍莽之气。存于上海博物馆的《水墨山水》图，是他山水画中的佳作，可资欣赏印证。

八大山人的绘画，不仅给清代画坛以极大的震荡，而且对后世的"扬州八怪"、吴昌硕、齐白石都有着深远的影响，对当前中国画的发展也有着现实意义。

八大山人《梅花图》

清代文人画的中坚——王时敏、王原祁

元代赵孟頫提倡"画贵有古意",强调书法与绘画的关系,继承了自苏轼以来的文人画实践和理论成就,建立了文人画法式框架。"元四家"在这个法式框架内以各自的风格丰富了文人画的图式,将文人画艺术推上了画坛主位。

"吴门画派"复兴了元人意气,提倡以书入画和追求绘画中的书卷气,文人画再度崛起。但吴派山水发展到明末,已在貌似繁荣中产生了不少流弊。不少画家仅仅着眼于临摹形貌,偏重于笔墨形式的仿效,出现了板结荒率之病。为了扭转这种现象,董其昌开始着手从文人画法式内部进行调整,重视笔墨自身语言与画家

王时敏《山水图轴》

王时敏《夏山飞瀑图》

的文化修养，从注重借物抒情的山水意境的营造，转向借笔墨表现文人画家个人的人格境界、文化修养、笔墨修养。把文人画以物象承载笔墨转化成以笔墨承载自我，将文人画对外的笔墨拓展变成对内的笔墨"锻造"，强调"以画为乐"的绘画功能。"以画为乐"仅靠建立文人画一般法式框架是很难达到的，它仅能完成"以画为寄"，就像"元四家"那样，把绘画作为感情寄托的手段。虽然倪云林曾强调他作画是"聊以自娱耳"，但他也是将笔墨承载在太湖的水天一色中。而董其昌"以画为乐"的前提是：第一，笔墨的真正作用不是营造真山真水的意境，而是体现画家自我品格境界。只有完成了从"意境"到"境界"的换置，文人画才可能从状物中彻底解放，从追摹古人的笔墨中完成笔墨语言的表达。第二，建立起笔墨图式的标准和层次，树立笔墨品格的典型和最高水准，以衡量画家的笔墨层次。笔墨的高低往往是画家学识修养的流露，一个画家在笔墨上接近古人，同时也可表明他在学识修养上与古人相近，这时笔墨所表达的目的也基本达到。第三，建立起笔墨自身的审美规范。不仅把书法用笔引入画中，而且对书法用笔本身也制定一些审美标准，避免将书法机械地运用于画中，使文人画流于浮华。让画家在每一笔的浓、淡、干、湿、焦、提、按、顿、挫中，体会每一笔的韵味，而随着每一笔的生发而成块面时，又能获得笔墨整体的"干裂秋风"或"润含春雨"之趣。使用笔的过程成为用笔的目的，每一笔都有其乐处，只有这样才能达到真正意义上的"以画为乐"。

董其昌的"南北宗"论，是在划清绘画发展源流的同时，在文人画法式框架内部又建立了文人画笔墨法式，使文人画笔墨的目的更纯粹、更明确。董其昌的理论，对清初山水画坛产生了重要影响，他开创了有清一代的绘画新风尚。清初山水画直接继承了董其昌的理论，而成为清初"画苑"领袖的，就是他的学生王时敏。

王时敏（1592—1680），字逊之，号烟客，晚号西庐老人，太仓（今属江苏）人。他的祖父王锡爵，明代万历年间内阁首辅相国。父亲王衡为万历二十九年（1601年）进士，曾任翰林院编修。王时敏生在这样一个学习条件十分优越的家庭，从小就受到了良好的教育。由于王时敏从少年时就喜爱绘画，于是祖父王锡爵托嘱董其昌指教其孙，董其昌常作各家绘画粉本供王时敏临摹学习。祖父还不惜重金购得古代名迹，使王时敏从小就有机会从古人真迹中学习"真法"。

王时敏24岁时，出任掌管皇家印信的尚宝丞。不久，他又奉命巡视湖南、江西、福建、河南、山东一带封藩地区。天启四年（1624年）升为尚宝卿，后又升为太常寺少卿，崇祯五年（1632年）因病辞官，南归回乡。1644年，清军南下太仓，王时敏率城中父老迎降。降清后，他没有再去做官，一直隐居在西田别墅，从事绘画创作和研究。他有九个儿子，大多都在清朝为官，第八子王掞还曾任清朝的宰相。

王时敏在董其昌的指导下，自幼便从临摹古人名迹入手，深得古人精髓，而对黄公望的笔意最为熟悉，对倪云林也情有独钟。他在师仿其他名家时皆以二人为笔墨根本。

但王时敏临古并不是一味模拟形迹，而是通过这些古人笔墨达到古人的人生境界、人生品格。他的所谓"与古人同鼻孔出气"，"与诸古人血脉贯通"，主要指的是在人格境界、心胸眼界上和古人相通。胸臆高，笔墨不得不高，是其故也。如果他仅是为了临摹古人形迹，那按原形原貌临像也就可以了，没必要重新去经营章法。虽然他在画中常写临某家笔意、摹某家笔法，可找不出一张是原封不动通篇临下的。他在追求笔墨内在意义的同时更注重古人画中的精神和气韵，当这个目的达到后，他也就"得鱼忘筌"了。

王时敏用笔圆熟，也很萧散松动，几乎没有"死笔"、败笔。在每一笔中，不是以浓淡相济使线条活络，就是以渴淡之笔出之，笔笔透气。所画树干的用笔苍润互用、变化多端。树木墨点用笔秩序井然，用墨浓淡层次分明，尽量让每一笔都说明问题。

藏于南京博物院的《夏山飞瀑图》是王时敏晚年的代表作。此图山水气势雄伟，主峰高居画面正中，群峰环抱，密树浓荫，瀑布垂帘，云起山中，构图复杂，行笔缜密，墨韵十足，山间林野一派清新自然之气，深得黄公望山水真经。上海博物馆所藏《山水图轴》是他水墨一格的代表作品。

王时敏的弟子众多，"四王"中，王鉴是他的族侄，王翚是他的学生，王原祁是他的孙子，他又是董其昌的衣钵继承者，被称为"国朝画苑领袖"，是开启"四王"画风的第一人。而王时敏的孙子王原祁则是"四王"中最后一人，同时，也是"四王"画风集大成者和集古人成法于一身者。

王原祁（1642—1715），字茂京，号麓台，太仓（今属江苏）人，是清初"正统"画风的代表画家之一，与王时敏、王鉴、王翚合称"四王"。王原祁出身绅宦名家，由于家庭环境的熏陶，幼年时的王原祁就喜爱绘画。曾作山水小幅，贴在书斋壁上，祖父王时敏见后，十分惊讶，以为是自己所绘，便问："吾何时为此耶？"知是其孙所绘欣喜不已，以后便教其临习古画。王原祁勤于诗文，15岁中秀才，28岁中举人，第二年又中进士。历任顺天乡试同考官、任县知县、刑部给事中等职。后召入宫廷南书房，最后任户部左侍郎。他在南书房为供奉时，康熙帝常来看他作画，并为他亲笔题写了"画图留与后人看"的诗句。1705年，康熙命他与孙岳颁、宋骏业等编纂《佩文斋书画谱》，王原祁任"总裁"。经三年而成，为研究历代书画艺术提供了十分重要的史料。1711年，

王原祁《山水图》

王原祁《梅道人笔意》

王原祁奉命主持绘制《万寿盛典图》。四年后，病故于北京。

王原祁得益于祖父的亲授，并对董其昌的绘画理论领会颇深，在吸收黄公望、王蒙的长处上更见功力，尤其在用笔上卓绝超群。他用笔骨力雄健，如绵里藏针。董其昌曾提出："士人作画当以草隶奇字之法为之，树如屈铁，山如画沙，绝去甜俗蹊径，乃为士气。"这是王原祁用笔的根本大法。世人皆知文人画是引书入画，但不知如不将书法用笔曲变其态而直接搬入画中，会使文人画流于浮华甜俗，"吴门"末流和文人画末流就是犯了这个毛病。王原祁在引书法入画的同时更着意于"树如屈铁，山如画沙"，这样便保证了用笔不入邪道。这和现代画家黄宾虹总结的"平、留、圆、重、变"的用笔方法是相通的。

王原祁对元人笔墨境界颇有心得，但他非常注意绘画承前启后的继承性。他说："要仿元笔，须透宋法，宋人之法一分不透，则元笔之趣一分不出。"可谓一语中的。

在用墨上，王原祁发展了干笔渴墨层层积染的传统技法。在淡墨一格中，他多以淡墨作山石，干笔皴擦，层层见笔，在"毛"与"涩"中求浑厚，他的渴淡积染，看上去有"草泥墙皮"的粗粝感觉，很好地表现了山石的质感。在浓墨一格中，他以深墨皴擦为主，焦墨加点而成阴阳，看上去犹如"铁打"的江山，在焦黑中放出墨的华光。王原祁的画很难说哪一幅是他的代表作，只能在他的作品中找出淡墨一格的《山水图》和浓墨一格的《梅道人笔意》来作参考。

对"四王"的评价，学界一直颇有争议。如果从状形拟物方面看，"四王"是在模仿古人，脱离现实，缺乏生气，就是被他们追仿的"元四家"在当时也是借真山真水抒发感情的。如果从笔墨法式自身语言来看，"四王"是有道理的。文人画讲究笔墨，按照艺术发展规律，它肯定要经历一个把笔墨极端发展的阶段，这也是对文人画发展的总结。

在"四王"中，王时敏、王鉴、王原祁都是太仓人，因娄江东流经过太仓，故世称"娄东派"。而王翚是常熟人，当地有虞山，故有"虞山派"之称。"娄东"、"虞山"成为清初画坛"正宗"，对后世有着深远的影响。

山水清晖耀古人——王翚

在"四王"中，王翚也是从临古入手，探求古代诸家笔墨精髓的。但他兼收并蓄古今各家各派传统，并不限于董其昌划定的南宗诸家，在"四王"中王翚是涉猎最广泛的画家。

王翚（1632—1717），字石谷，号耕烟散人、乌目山人、剑门樵客，晚号清晖主人，江苏常熟人。他出身绘画世家，曾祖父王伯臣，是明代中叶的花鸟画家；祖父王载仕，亦擅山水、花鸟；父亲王云客，专工山水。王翚在家庭的影响下，自幼酷嗜绘画，后拜山水画家张珂为师，学习古代绘画，并显露出绘画方面的才华。一次王鉴往游虞山，王翚以所画扇面通过友人转呈王鉴。王鉴一见其画即惊叹不已，当即约见王翚，在交谈中，尤觉年方二十的王翚年轻有为，当即收为弟子，并携其同回太仓，指点绘事。先让王翚临习古代书法数月，然后亲自授他临写古代诸家画迹，不久王翚画艺大进。

后来王鉴因公务之需离家远行，便把王翚引荐给王时敏。王时敏一看王翚的作品，嗟叹道：你简直可以当我的老师了，怎能还做我的弟子呢？于是取自家所藏古代名迹供其临习，并带王翚游历大江南北，开阔了眼界。在画苑领袖王时敏、王鉴的鼓励和揄扬下，王翚画名声震画坛，被当时学界先辈吴梅村等人称为"画圣"。王翚60岁时，通过王原祁的举荐，奉康熙之旨绘《南巡图》。这件由若干画面组成的连环式长卷，描写康熙帝由北京到江南各地巡视的场面，由王翚和其他画家共同完成。其中山水楼阁均由王翚主绘，颇得康熙的赏识，并赐其题有"山水清晖"四字的扇面，还欲委以官职。王翚却推辞不就，离京南返。离京那天，好友以题为"清晖阁"的匾相赠，这也是他晚号"清晖主人"的缘由。他回虞山后，自吟诗云："丹青不知老将至，富贵于我如浮云。"表达了他对权贵的不屑和在艺术上只争朝夕的心情。

王翚的画以临古为始，以临古为终。早年曾临黄公望，师从王鉴、王时敏，后广泛临摹唐、五代、宋元各家。30～60岁是王翚艺术成熟期，临古作品有些已可达乱真地步。最能代表王翚成就的代表作是藏于台北"故宫博物院"的《溪山红树图》。

此图是王翚 39 岁所作。图中绘山麓曲抱，秋风扬波，两岸秋林，红雨落木。溪岸之上，山路盘曲，山下村落掩映，山上古刹雄峙，在山崖林木之间，一线瀑布飞泻而下。图中山石主要以渴笔画成，皴法以牛毛皴兼解索皴为主，渴笔淡墨而成的用笔，显得松秀温润，而以干焦浓墨点苔，使画面苍润互济，润以苍显，苍从润出。在整幅笔墨中得一"毛"字，这是王蒙笔墨的主要特点。

在着色上，以朱砂和赭石点染红叶，以花青、石绿相衬，在色墨的对比中，使溪山红树有秋阳辉耀的感觉，明丽动人。用笔如此轻灵，气韵如此生动，在王翚的作品中也属罕见。除水墨山水外，王翚还画了许多青绿山水，而这些画，他多用唐宋笔墨为之，着色古雅明快，色墨相映，不同凡格。《秋林图》可为参证。

王翚的画风显然和王时敏、王原祁有所不同，他不局限于董其昌限定的"南宗"路数，而把笔墨延伸至更广阔的区域。正像他所言："以元人笔墨，运宋人丘壑，而泽以唐人气韵，乃为大成。"他是贯通"三代"才获取传统真谛的。

王原祁在"四王"中属晚辈，而他在文人画法式框架中，更注重笔墨自身语言

王翚《溪山红树图》

王翚《秋林图》

的锤炼，他的笔墨功夫超过了"四王"中其他人。由于过分钟情于笔墨，而忽视了章法的经营，我们看到王原祁在构图上都大同小异，缺少变化。而王翚在文人画法式框架中，更注意文人画图式的探索，努力寻找各种图式，在广泛临古的同时，尽量将多种多样的图式给以总结。

因而，他临古也多，图式样式也比"四王"中其他人都多。

董其昌以禅宗喻画对错可不必细究，但若将笔墨领域比成"禅境"的话，那么"四王"是真正进入"笔墨禅境"了。真正的禅是"入禅"还要"出禅"方为大成，但他们已得禅境愉悦而不愿"出禅"了。这在学界也是一样，许多学者曾立志研究佛家禅学，可他们一旦进入或弄懂佛学、禅学后，也就钻入其中不出，早就把研究的志向忘于脑后。我们可以对"四王"入禅而不出表示遗憾，但不能否认他们是真正弄懂了"笔墨"。能入得"笔墨禅"中实属不易，古今之人屈指可数，而在"四王"之后山水画界能入禅而又出禅者，也仅黄宾虹一人而已。

"四王"以后"正宗"画风开始衰微的原因，就是"小四王"、"后四王"没有入得"笔墨禅境"。入不了禅者只能装模作样，或者只能因袭模仿。"四王"的临古和"小四王"的临古是不相同的，知道了不说，和不知道而说不出是有区别的。

王翚的"虞山派"，在当时从学者甚多，至于陈陈相因的"虞山"末流给后世绘画发展造成的不良影响，不能加在王翚个人的头上。我们相信随着历史的发展,总有一天"四王"的艺术真谛会被世人所领悟。

搜尽奇峰打草稿——石涛

在"四僧"中，山水、花鸟、人物全能者就属石涛了，他不仅在绘画上才能过人，而且在理论上也有着自己的真知灼见，并著有《石涛画语录》留存于世。

石涛（1641~约1718），原姓朱，名若极，明皇室后裔朱亨嘉之子。后出家为僧，法名原济，号石涛，别号清湘陈人、苦瓜和尚、大涤子、瞎尊者等。

石涛在"四僧"中年龄最小，出家时年龄也最小，出家原因也和其他三人不同。弘仁、石谿、八大山人都是在遭到清政府搜捕镇压而又反抗无望的情况下出家的，而石涛是因他父亲自称"监国"而遭到唐王的逮捕而处死，为避灭族之祸，年幼的石涛被内官携带逃出，旋即落发为僧。

这一经历给年幼的石涛留下了心灵上的创伤，但这属于家族内部的纷争，与清廷并无多大利害冲突。出家后，他专心研习书画，对国事漠不关心。随着年龄的增长和绘画上的进步，他的名利之心开始膨胀。康熙帝两次南巡时，石涛曾去南京、扬州"接驾"，并献诗、献画，刻"臣僧元济印"，常引以为荣。此后，他又到了北京，广交达官显贵，为他们绘制了不少精心之作，以期取得清廷的信任，干出一番事业，只是最终也没有达到目的。这对他精神打击很大，他既羞又愧，最后决心放弃仕进之路，回到南京寺庙中潜心绘事。

石涛的山水画多师元人，以元人笔墨为根基，意境营造也未脱元人多远。石涛对北宋巨然和元代倪云林、王蒙用心颇多，他把巨然画风的笔墨华滋，转化成水墨淋漓；把王蒙的法度，转化成自然的规律；把倪云林的元人逸气，转化成潇洒的纵逸，化静为动。其画中沈周、蓝瑛的成分也很多，蓝瑛的画特别注意山石树木的结构穿插，石涛取蓝瑛这个特点为自己画中骨架，更加着意观察山石树木的真实结构，石涛画中的山石结构和山川的折落都非常生动真实，这是其他画家所不具备的。石涛不仅对古代传统用心研习，对同时期画家也兼容并包。他早年在安徽宣城时，曾与梅清相往还。

梅清是一位具有创造精神的画家，多画黄山景色，笔墨清脱，石涛早期受其影响，画风有所改变。

石涛学画不是"死学"、"硬学"，而是以"自己"为主，通过自己的胸臆和观察自然，将所学的东西变而化之，并了无痕迹。我们看石涛的画，很难判断出他究竟学的是哪一家，这也是石涛高人一筹的地方。

清初的山水画坛，师从"四王"者甚多，因天资所限，功力所欠，而不能得其正法，因袭模仿、陈陈相因的风气笼罩着整个画坛。石涛对此极为不满，以提倡师法自然来纠因袭之偏，他在一方常用印上刻"搜尽奇峰打草稿"七字，表明了他对真山真水的重视。石涛强调"我之为我自有我在"的个性，来纠正相因雷同之病。他还提出"借古以开今"、"笔墨当随时代"、"无法而法，乃为至法"等许多具有创新精神的艺术见解。

石涛山水画风格样式较多，但总体是水墨变幻，清刚纵放，情调新奇。正如郑板桥所言："石涛画法，千变万化，离奇苍古而

石涛《游华阳山》

276

石涛《淮扬洁秋》

又能细秀妥帖，比之八大山人殆有过之无不及。"石涛用笔可谓变化多端，粗笔、细笔、苍毛之笔、跳跃之笔、破笔、率笔、泼辣之笔、扭绞之笔，无不各显神采。在他的笔墨之中，处处闪耀着生机和灵动的光芒。总体而言，他最有特点的是奔放一格，笔墨飞动灵活，水墨渗化淋漓，气势不凡。他最耐人品味的是工致一格，笔墨劲利繁复，皴法多变，结构谨严，设色明丽可人，法度决不乖张，在繁复蓊郁中透露出石涛的才华和智慧。藏于南京博物院的《淮扬洁秋》图,是石涛奔放一格的佳作;藏于上海博物馆的《游华阳山》图，是工谨一格的代表作品。

中国美术史上有两个热点，一个是董其昌的"南北宗"，一个是石涛的"一画论"，到现在还争论不休。人们在争论的同时，往往对借题而发的"禅"和"道"穷追不舍，愈争愈和所争论的本意脱节。实际上"一画论"是一个问题的两个方面，是画家经过长期的诗文、书法、绘画的研习，找出代表自己的用笔风范，也就是找到自己的"一画"。然后通过自己对大自然的观察，从大自然的山川草木中找出能概括自然特征的"一画"，把大自然的"一画"再装入自己的"一画"，就产生了既生动又有自己风格的"一画"。元以前山水画中的各种皴法，就是画家们在真山真水中总结的"一画"，说白了就是将山川草木的皱纹总结为皴法。山川岩石特征不一样,皴法也就不一样，而山川中的"一画"也就不相同。中国画中多种多样的皴法，实际上是山川体貌多种多样的结果。当然，属于自己个性的"一画"，还有品位高低的问题，这就需要画家多读书、多练字、提高修养，提高自己那"一画"的品格。

其实,董其昌和石涛的思想并不矛盾,核心都是强调那"一画"。董其昌是偏于"一画"的自觉而重个人境界，石涛是偏于"一画"的自觉而重山水意境。境界和人关系大一些，也就是"读万卷书，行万里路"；意境和物关系大一些，也就是"搜尽奇峰打草稿"。

石涛对后世的影响，更主要是他的独创精神，他对清代中期的创新画派"扬州八怪"和近现代山水画家产生了直接的影响。他的"借古开今"也是我们当代中国画创作中值得借鉴的。

中西绘画整合的探索——吴历

西方绘画早在六朝至隋唐时就随着佛教艺术传入中原地区。但随着佛教美术的民族化，西方那种强调体面的画法，逐渐融入中国以线造型的传统绘画中，成为中国绘画传统的组成部分。从当时传入中原的佛教美术作品来看，这些所谓西方绘画，是经过中亚国家倒过一手后又传到中国的，不是正宗的西方绘画。再说当时的西方绘画也是用线造型，只是立体感强些而已。

西方绘画直接传入中国，据文献记载，是明万历九年（1581 年）意大利传教士利玛窦来中国传教，带来了用于传教的圣母子像、耶稣像。当时正值意大利文艺复兴后期，西方绘画标准样式已经确立，利玛窦带来的圣像类绘画，就属于文艺复兴风格的绘画。万历二十三年（1595 年）刊成的《程

吴历《湖天春色》

氏墨苑》中，就把由利玛窦带来的基督教铜版画圣母像等四幅作品刻于画谱中。明代人物画家曾鲸就是看到这些西方绘画后，创立了融合中西画法的"波臣派"画风，成为人物画中西结合的探索者。而清朝初期，又出现了一位中西结合的山水画家，他就是被称为清初"六大家"之一的吴历。

吴历（1632—1718），本名启历，字渔山，又号墨井道人，江苏常熟人。他是明朝都察御史吴讷的十一世孙，到了他父亲一代，家道中落。后来，父亲不幸客死于河北，他不得不靠卖画谋生。

吴历家居常熟城北，据传这里原是孔子弟子言子游的故宅，院内有一口井，人称"言公井"，因井水黑如墨汁，故又称"墨井"，吴历自号"墨井道人"就是因其故也。

吴历自小喜读诗文，爱好书法、音乐。青少年时的吴历就开始学画，但不得要领。后跟随王鉴学画，又转师王时敏，有机会遍观宋元真迹，心摹手追，获益匪浅。

康熙元年（1662年），吴历的母亲和妻子相继去世，这对他是个极其沉重的打击，他从此心灰意冷，情绪消极，遂有"出世"之念。由于吴历居所的一部分当时曾为天主教堂，因此他对天主教很熟悉，并与比利时籍传教士鲁日满交往密切。康熙二十一年(1682年)，51岁的吴历随传教士柏应理来到澳门，在那里正式加入了天主教会，成为一名修士。在澳门居住五六年后又来到上海，成为天主教的"司铎"。前后在嘉定、南京、上海传教30年，康熙五十七年（1718年），87岁的吴历病故于上海。

吴历绘画师从王鉴、王时敏，又上溯宋元诸名家，对古人技法涉猎较深，对唐寅画风有所偏好，笔墨修养深厚。

吴历的山水画，早年与"四王"笔致一脉相承，追求笔苍墨润的效果。后又结合唐寅皴染工谨、清雅严整一格，形成了细谨严整而又秀润有余的风貌。上海博物馆所藏《湖天春色》图，是这一时期的佳作。图中写湖岸柳色新绿，堤坡斜径，远山一抹，鹅雀嬉闹湖边，水平如镜，画面以青绿色为主调，一派春色宜人的景色。该图整体观之，基本上还是古法写就，但已略有西方的透视技法隐于其中，图中的小路和远坡、远山已有西画中的虚实关系。由于有了透视技法，我们的视觉毫无阻碍，顺着小路的消失处，我们的想象也延伸向远方。该图是吴历45岁时所作，此时他已与教士鲁日满往来，还陪鲁日满出游过。想必

吴历《静深秋晓图》

吴历一定看过不少西洋圣像、插图之类的画片，并已受其影响。

吴历晚年，随着他入教和接触西方艺术的时间增多，他的画风也有所变化，多画高山远水、层峦叠嶂，以王蒙苍浑繁密的笔法，干笔焦墨层层皴染。为了让画面浑厚深重，他变传统阴阳向背法为西画的明暗法，甚至强调了受光面，使他的画一下子厚重了许多。在景物的安排上，他加强了西方透视的运用，所画河流、房屋、桥梁莫不按透视原理安排，画面在厚重的基础上，又增加了深远的意味。

藏于南京博物院的《静深秋晓图》和故宫博物院的《横山烟霭图》是可以代表他艺术成就的作品。我们在图中可以看到，他学西方的东西不是生搬硬套，而是有机地融合、整合西方绘画技法，为我所用，是在不损伤传统绘画整体气韵的前提下，吸收外来艺术，真是难能可贵。这一点对我们当今学习西方艺术仍有借鉴之处。

胸中万象指中出——高其佩

指头画的历史，可以上溯到唐代，相传唐代画家张璪作松石，"惟用秃笔，或以手摸绢素"（《历代名画记》）。这是关于指头画最早的记载，可惜这一画法没被传承下来，以后画史再无关于指头画的记载。

明代初期，指头画重新萌发。据画史资料载，清初画家吴文炜，有指画作品《花卉图》留存于世。又有清初画家李山以指代笔作《芦雁图》，尽得天趣。看来清初画坛，指头画已不是个别现象。而最能代表清代指头画艺术成就者，就数高其佩了。

高其佩（1662—1734），字韦之，号且园，又号南村，辽宁铁岭人。父亲高天爵，曾为山东高苑知县，河南信阳、湖南长沙知府，后改任江西建昌知府，高其佩就出生于建昌。高其佩成年后，便走上仕进之路，曾先后任宿州知州、工部员外郎，后官至刑部侍郎。其兄高其位当时为文渊阁大学士兼礼部尚书。

高其佩自幼喜画，经常临习古人画迹，打下了深厚的传统绘画基础，只可惜没能找到自己的风格面貌，而未流传于世。后来高其佩因盐务之事受累丢官，他在这段时间里，专心研习画艺，尝试以指作画，不想画名日重，声播画界，挟缣持金索画者纷至沓来。由于作画数量太多，再加上高其佩善水墨而不善着色，因而常求助好友袁江、陆昀、沈鳌等代为着色。

高其佩缘何弃笔以指作画，高秉《指头画说》有载，大意是：高其佩自小习画，临古不下十余年，却不能自成一家，对此他一直耿耿于怀。一日忽梦一老人带他进入一间土屋，四壁挂满绘画佳作，高其佩欲要临绘，可室中没有任何绘画工具，只有清水半盂，他便以指蘸水临写，甚得佳趣，醒后遂以指蘸墨试之，果然境界不凡，从此他就以指代笔了。虽然假托于梦不足为信，但起码也是梦寐以求、灵机一动所致。

指头画，顾名思义是以指代笔作画，运用指甲、指头蘸墨色作画，大块墨色多以手掌涂写。所用纸张多半生半熟的宣纸，或将生纸喷刷豆浆、胶矾之类，以求运指顺畅。因以指代笔，画面效果常有用笔所达不到的苍辣意味。

高其佩《梧桐喜鹊》

高其佩的指头画，具有高超的表现能力，大到山水、人物，小到花鸟、虫草，他都能得心应手地一挥而就，所画物象神完气足。他指下的螳螂，连触须、细脚都以指挑出，触须的挺劲、细脚的骨力非常生动。指画最难的是画细线，而他以指画出的细线，较之毛笔画有过之而无不及。藏于上海博物馆的《人物册页》，画一老者读经，取象不拘一格，造型夸张、生动，情态质朴。衣袍以粗指泼墨急扫而出，干湿、粗细有致，苍劲老辣。脸部、拂尘、经书、手指以细劲线条勾出，运指流畅，一气呵成。整幅画面犹如以笔画成，但又有笔所达不到的生拙苍浑之趣，充分发挥了指画的特殊语言。存于辽宁省博物馆的《梧桐喜鹊》图，运指更加纵横恣肆，写梧桐叶以手掌、指节并用，如泼墨一般痛快淋漓，树干运指如干裂秋风，线条毛涩遒劲，和叶子构成线面对比。喜鹊画得形神兼备，天姿超迈，整幅作品浑厚而又不失豪放。

指头画是中国画中的特殊品种，它必须以毛笔画传统为根基，从某种程度上讲，有什么水平的毛笔画，就有什么水平的指头画，而不是相反。没有深切体会毛笔的笔墨趣味，而去涂抹指头画

高其佩《人物册页》

就会无的放矢，弄不好会比画不好的毛笔画还要庸俗百倍。当代画家潘天寿是擅画指头画的，但他从不鼓励自己的学生去画指头画，他非常明白弄不好会到什么地步。

自高其佩专画指头画以来，后学者不乏其人，但有成就者后继无人，究其原因，可能是毛笔画传统功力不够所致。高其佩除指画以外，毛笔画成就也很高，他有许多毛笔画留存于世。从中我们可以知道，没有毛笔画作基础，指头画是无从谈起的。

一洗时习　别开生面——恽寿平

中国花鸟画，至五代已经成熟，并出现了两种不同的风格：以西蜀黄筌为代表的工谨富丽一格的工笔和以南唐徐熙为代表的落墨一格的写意。落墨一格经徐氏之孙徐崇嗣的改制，而成"没骨画法"，但因无人传习，淹没既久。

元代钱选、赵孟頫复兴水墨"没骨花鸟"，经陈琳、王渊、张中的继承和发展，元末已成规模。明代"吴门画派"的沈周、文徵明，将元代水墨"没骨花鸟"转化成"写意花鸟"，"没骨花鸟"融入"写意花鸟"后，再次失传。清代初期，在恽寿平极力恢复、提倡下，"没骨花鸟"再次复兴，并成为清代花鸟画的主流正宗。

恽寿平（1633—1690），又名格，字正叔，号南田，又号云溪外史、白云外史、东园客等，江苏武进（今常州市武进区）人。父亲恽日初，曾参加明末进步组织"复社"活动，是一位很有抱负的文人。1645 年，清兵

恽寿平《锦石秋花》

南侵，他携二子避乱于浙东天台山，后又辗转于广州、福建等地。后来金坛人王祁在闽起义反清，恽日初与二子加入王祁军中，参与谋划。1648 年，起义失败，寿平与兄皆被俘。当时恽日初正外出求援，幸免于难，逃匿山中。恽寿平被俘下狱后不久，浙闽总督之妻欲寻善画之人，为自己描画首饰图样，以便按图打制首饰。寿平受人举荐，因而获释。陈妻爱其才华，收为养子。一次跟从陈妻闲游杭州灵隐寺，路上恰巧遇到四处寻找自己的父亲。恽日初与灵隐寺方丈相识，因设计营救。待陈妻入殿拜佛时，方丈对她说："此子宜出家，不然且死！"陈妻无奈，将寿平留与寺中，父子又得以重新团圆。

恽寿平回家后，誓不再应科举，发奋读书习画。其堂伯父恽本初，擅画山水，画风在倪云林、黄公望之间，笔沉墨厚，气象不凡。恽寿平自小秉承家传，山水画早于他的花鸟画而远名画坛，他列入清初"六大家"是以山水画入选的。

恽寿平与王翚感情笃厚，两人常在一起切磋画艺，两人画风皆出"元四家"，笔路相去不远，他们合作的山水画如同一人所为。后王翚画名日高，寿平遂感难胜，又念朋友之谊，决意改画花鸟。当时"画苑领袖"王时敏对恽寿平的画艺十分欣赏，多次相邀而未能谋面。1680 年，王翚同恽寿平至太仓，王时敏当时已病入膏肓，见到恽寿平，非常高兴，请至床头握手而瞑。十年后，恽寿平也病卒故乡，因家境困顿，无力治丧，好友王翚出面为他料理了后事。

恽寿平的花鸟画，往往自题师仿北宋徐崇嗣，或师其他诸家，这是当时崇尚临古时风所致，也有依从古人之嫌。实际上他的画法多从"吴门画派"而来，尤其是从唐寅得法最多。"吴门画派"的沈周、文徵明开启了陈淳、徐渭的大写意花鸟画风，将大写意画推上了新境界。

恽寿平变唐寅水墨写意花鸟为着色没骨，在格制上也多着意唐寅风范。这也证明了"吴门画派"对画史的贡献，不在山水而在花鸟。明清的花鸟画无论"工写"皆出吴门。

恽寿平将唐寅水墨一格转化为着色一格后，广涉宋元诸家，汲取古人意气，并注意对花写生，摄取花鸟真态，复兴了被埋没已久的"没骨花鸟"，"一洗时习，别开生面"。

沈周、文徵明、唐寅将元代水墨没骨花鸟转化成水墨写意花鸟，而恽寿平将写意花鸟画法又引回没骨花鸟中，使传统的没骨画有了新形态。恽寿平把文人画写意花鸟中的用笔、用墨，和文人画完美的点、线、面，以及文人画写意花鸟的构图方式，融入他的

恽寿平《花卉册页》

画中。有文人画的韵致支撑，恽寿平的花鸟画自然清雅别致。

存于南京博物院的《锦石秋花》图和故宫博物院的《花卉册页》，基本可代表恽寿平的艺术成就。图中花卉色调清新，雅秀超逸，生动自然。传统与写生在他的画中得到了完美的统一。

恽寿平的没骨花鸟，在当时声名极高，时人竞相仿效，被奉为清初花鸟画的正宗，并形成了"恽派"，开创了花鸟画发展的新风尚，影响了清代以后花鸟画发展的风格走向。

水墨浑沦　气象万千——龚贤

　　一个未介入美术史的画家，他肯定不是一个好画家，但已被载入美术史册的画家，对后世的作用也是不相同的。有的是以画传人，有的是以理论影响后人，有的是对当时的画家影响大，有的是对后世的画家有所影响。在山水画方面，近年来影响较大的古代画家就数清初画家龚贤了。

　　龚贤（1618—1689），又名岂贤，字半千，号野遗、柴丈人，昆山（今属江苏）人，原出身官宦之家，但至龚贤时，家境已十分清贫。龚贤22岁时来到南京，参与明末"复社"与宦官魏忠贤的干儿子阮大铖的斗争，和"东林党"人、"复社"成员相交往。1645年，清兵攻入南京，"复社"成员都离开南京，投入抗清斗争。龚贤也四处漂泊多年，一度曾到过北方，几经多处栖身，最后年近50岁时才又回到南京，定居南京清凉山。因所居处有半亩田地可耕，故称之为"半亩园"。

　　隐居避世于"半亩园"的龚贤，还常与复社遗老、爱国志士往来。龚贤晚年时，结识了清代大戏剧家孔尚任，还与石涛、查士标等人一同参与孔尚任主持的雅集活动。孔也多次拜访龚贤，并向他询问一些前朝旧事，为自己创作《桃花扇》搜集素材。1689年，在"豪横索画者"的欺凌下，龚贤在悲愤中死去，孔尚任闻讯赶来为他料理了后事。

　　龚贤的山水画虽然在当时已名扬江南，并被列为"金陵八家"之首，但他对后世的影响并不大，就连他的学生王概在《芥子园画传》山水集中，也没把龚贤的山水画编印进去。可见当时人们对他的认识是有偏差的。

　　真正对龚贤山水画的艺术价值有所重视，是近几十年来的事。由于黄宾虹、李可染吸收龚贤的积墨法，在山水画艺术上获得了成功，人们才注意到龚贤的艺术价值。

　　龚贤学画较早，他14岁前后就跟董其昌学过画，受董的绘画理论影响很大，"笔墨高逸"是龚贤一生都着意的。除得到董其昌的亲授外，他广泛地师仿古代名迹，所师仿者大多也不出董其昌"南宗"范围，这对他加深笔墨内涵的认识有所裨益。在董其昌的学生中，基本上都围着"元四家"转，无论在绘画方法还是意境上都努力接近"元四家"。

而龚贤却在宋人笔墨中取法甚多，尤其在范宽、李成画风中得益不小。他对元人的笔墨境界也非常推崇，但他不是从形迹上去追求，而是提取元人的笔墨精神。他将黄公望的沉雄苍厚、吴镇的水墨华滋、倪云林的古淡超逸、王蒙的毛涩隽永转化成自己的笔墨品格，也就是说他用宋人法度取元人意气，因而画风就和"四王"拉开了明显的距离，从"南宋"的框架中突破出来。

龚贤《松林书屋图》

龚贤的绘画面貌大致有两种，一种是早期的"白龚"，一种是晚期的"黑龚"。45 岁前是"白龚"阶段，所画高山流水与古木丛林都呈现在灰白色调中，突出线条，皴染不是很多，有脱胎于董其昌、恽向的痕迹，这个阶段是"尚简"不"尚繁"。

稍后一个时期，龚贤开始探索"积墨法"的运用，出现了由"白龚"向"黑龚"过渡的"灰龚"画风，在画中已出现了天光变幻的阳光感。在龚贤的"黑龚"时期，他的"积墨法"越来越纯熟，越积越厚，越积画面越亮，在浑沦中透出用笔的明晰。存于旅顺博物馆的《松林书屋图》是龚贤晚年的作品，图中丘壑纵横，树木葱茏，气象雄伟壮丽。笔墨苍厚温润，以"积墨法"层层皴染，在山间树丛中透出墨彩华光。虽然龚贤晚年绘画已呈"黑龚"画风，但也不乏"白龚"之作。现藏于上海博物馆的《木叶丹

龚贤《木叶丹黄图》

黄图》就属于这一画风，画中山石错落有致、林木萧疏、茅屋掩映、秋水四溢。画面用墨幽淡清逸，韵味十足。虽然用墨简淡，但层次变化丝毫未减，墨色对比十分微妙，在浅淡中寓浑厚，是一幅难得的佳作。

龚贤生活的年代，正值"四王"画风笼罩画坛，以尚简、尚淡、尚线、尚古为时尚，而龚贤却以繁复、浓重、积点、时代感为追求，不被时风所驱，超然独立，实在是难能可贵。

在龚贤的画中，我们能体会出一种现代感、光感、素描感、塑造感、直线的构成感，这也许是现代画家喜欢龚贤绘画的原因吧？

龚贤对现代画家有着重要影响，尤其他的"积墨法"，对黄宾虹、李可染的画风形成有所促进，黄宾虹用"积墨法"发掘出山水的"内在美"，李可染用"积墨法"表现出山水的"外在美"。那么，是黄宾虹、李可染发现了龚贤呢，还是时代选择了龚贤，这是一个值得思考的问题。但不管怎样，龚贤的山水画艺术对后世的影响还在继续着。

笔意遒劲　机趣横生——华嵒

写意花鸟画自"吴门画派"的沈周、文徵明、唐寅之后，发展为两种风格。一种是以陈淳、徐渭、朱耷、石涛为代表的大写意花鸟，一种就是以恽寿平为代表的清代没骨小写意画风。这两种画风虽同出"吴门"，但风格却一粗一细迥然不同，而在清代中期又出现了介于粗细之间的小写意画风，华嵒就是这一画风的代表者。

华嵒（1682—1756），字德高，又字秋岳，号布衣生、白沙山人，福建上杭县白沙里人，因上杭县属汀州，而汀州古名为新罗，故又号新罗山人。

华嵒出身贫寒，幼年时曾就读于私塾，后因交不起学费而失学。他曾经在造纸坊当过学徒，闲暇之时常习书画，并名扬乡里。华嵒20岁时，乡里重修华氏宗祠，众人皆举华嵒来画祠堂壁画。可是，宗族头人却坚决反对，华嵒对此甚为不平，于是在一天夜晚翻墙进入祠堂。他左手举灯，右手挥毫，一夜画完四幅壁画。天亮后，华嵒背起行囊，毅然离开了家乡，开始了他的艺术征程。

华嵒离家后，侨居杭州数十年，这期间，他刻苦研习诗文、书画，广交同道，切磋画艺，绘画水平提高很快。约35岁时，华嵒曾北上京师，以期寻求仕进机会。在京期间，他还游览了承德等地，眼界大开。因求仕未果，不到两年他便离京南归。回到杭州后，仍致力于诗画。42岁左右，华嵒开始了他客居扬州的卖画生活。因此，学界把华嵒列入"扬州八怪"。

华嵒是一个花鸟、人物、山水皆能的画家，人物在清代也占有一席之地。从师承上看，他是用南宋马和之画法，再参以明代陈洪绶，而成自己面貌。他的山水画，有"四王"、石涛遗风，可惜没能充分施展，终究未成山水大家。

华嵒在绘画方面卓有成就的是写意花鸟画。他的花鸟画从恽寿平入手，熟练地掌握了没骨写意画法，又吸收陈淳、周之冕、唐寅、石涛等人的笔法，将工、写两家合流为具有他自己风格的小写意花鸟画。

他对于明清画家，大多致力于法度的钻研，而在笔墨品格和趣味上，力追宋元诸家，尤其钟情于南宋画家马和之的绘画。马和之是南宋绍兴年间的著名画家，擅长人物、山水、花鸟。画风与南宋画院诸家不同，以"蚂蝗描"笔法直接挥写，毫无刻画习气，用笔飘举生动、顿挫有致，和文人画有相似之处，华嵒人物、山水、花鸟皆本于他。

花鸟画中的花卉出枝、配景山石，都保留着马和之的用笔。华嵒行笔飘逸，提按抖动，有明显的马和之用笔特征。

华嵒的小写意花鸟，和恽寿平的没骨写意是有所区别的。恽寿平是从元人和"吴门画派"中羽化而成，但对"吴门画派"所繁衍出的大写意画风着意不多，而华嵒却极力吸收大写意画风的精华，为己所用。恽寿平的没骨写意，往往是针对工笔画而言；华嵒的小写意花鸟，一般是针对大写意而言。华嵒的花鸟画是标准的小写意花鸟画，他左面可和没骨写意相连，右边可和大写意

华嵒《海棠禽兔图》

华嵒《山雀爱梅图》

花鸟相通，成为写意花鸟链条中的一环。

华嵒以前的画家所画写意花鸟，实际上应该叫写意花卉，因为在这些画中多描写花木竹石，而绝少画鸟，也许是因为画鸟不适合笔墨的发挥吧，但在华嵒的画中不仅有名目繁多的鸟类，还有不少兔子、松鼠之类，这无疑扩大了文人画的表现题材。他笔下的鸟，和工笔画中的鸟在画法上已有所不同，他不追求形色上的工谨，而是追求文人画的笔致，在细细的羽毛中，讲究笔墨的趣味变化，在他画的鸟身上，我们可以体会出王蒙画山所用的"牛毛皴"的韵致。

藏于天津艺术博物馆的《山雀爱梅图》可为华嵒花鸟画典型风格。图中绘梅花盛开，双雉与双雀跳跃在疏枝密蕊中，一片早春景色。整幅画面设色清丽，笔致秀逸，是华嵒晚年佳作。藏于故宫博物院的《海棠禽兔图》是他去世那一年所作。该图以恽寿平的没骨法画一丛海棠，海棠花以粉点写，如纱似雾。海棠叶虽以花青挥写，却有水墨晕彰的效果，痛快淋漓。鸟和兔相呼应的神态也情意生动。

华嵒的绘画为中国美术史增添了新的一页，对后世的海派画家任伯年、虚谷产生了很大影响。他作为"扬州八怪"之一的历史地位，是别人所不可替代的。

扬州八怪的主将——李鱓

文人画自"吴门画派"深入市民阶层，走入市场以后，哪个地区经济繁荣，哪个地区就会聚集许多靠卖画为生的画家，那里自然也就会有画派产生。明清各种画派都莫不和经济兴衰有着直接的关系。

清代的扬州，市场繁荣，聚集了众多的盐商富贾，他们为了附庸风雅，不惜重金大肆收罗书画。扬州在历史上就有着深厚的文化传统，当地有"家中无字画，不是旧人家"的文化风俗。再加上经济又很发达，因而，寓居扬州的画家非常多，并产生了以"扬州八怪"为代表的"扬州画派"。当时，在扬州的知名画家有一百几十人之多。实际上"八怪"并不是指八个画家，而是另表离奇丑怪之意，也就是我们常

李鱓《土墙蝶花图》

说的"丑八怪"的意思。"扬州八怪"横数竖数都多于八位，但怎么数都数得到的画家中就有李鱓。

李鱓（1686—1762），字宗扬，号复堂，又号懊道人、墨磨人等，江苏兴化人。

少年时代的李鱓，天资聪慧，喜读诗文，爱好书画。康熙五十年（1711年）中举人，被康熙帝召入内廷，为南书房行走，供奉内廷书画，是一位颇受宫廷器重的画家。这期间，他奉旨随做官翰林院编修的画家蒋廷锡学习正统派花鸟画，画名也开始日益扩大。但是，因被同行所妒，不久便被排挤出宫廷。后来，李鱓以检选出任山东滕县（今滕州市）知县，因为政清廉，体察民情，颇受民众拥戴。后因疏于人事，触恼权贵，再次去职。罢官以后，"士民怀之"，他在山东又居留了三年，方得南归。两次打击，使李鱓情绪极消沉，因此他常恣意声色，放纵自己，并以书画发泄郁闷之情。这时他还没完全断念仕宦，他曾给侄子写信云："近复作出山之想，来郡城（扬州）托钵，为入都之计。"然而，这一愿望终未实现，李鱓晚年在扬州仍然以"穷途卖画"了却一生。

山水画中青绿山水和水墨山水合流于元代钱选、赵孟頫；南宋马远、夏圭画风同文人画山水合流于明末董其昌；花鸟画工笔、没骨、大写意合流于清中期华嵒的小写意花鸟。绘画中画风合流，说明了绘画的成熟。在画风合流以前，只要能创立一种画法、一个画种，便可开宗立派。而在这之后，便只有靠自己的个人风格和特征来确立自己在画坛上的地位。各种画风合流后，虽然为借鉴各家提供了方便，但却为形成自己的风格增加了麻烦，因为在所有的领域，都已有成功者站在那里。要想成功就必须学各派、诸家，李鱓就是广泛研习各家才有所成就的人。

李鱓早年曾学元人山水，入官后改学花鸟。先拜"正统"画家蒋廷锡，后又拜指画名手高其佩为师。这个学画过程，似乎预示了李鱓的画风将由工谨变放纵。李鱓除得到高手亲授外，还广泛师学诸家，这其中有沈周、林良、陈淳、徐渭、周之冕、石涛、恽寿平、华嵒等。可以说李鱓是融合诸家而成个人风貌的，因而，他的绘画样式也很多。既有小写意，也有大写意；既有以色点写，也有以墨挥洒；既有兼工带写，又有色墨相衬，变化十分丰富。最能代表李鱓特点的还是他的大写意，他的大写意用笔纵横驰骋，用墨挥洒淋漓，所画物象生动活泼。他行笔用中锋为主，以笔压纸顿挫而出，从粗干到细枝

李鱓《玉兰海棠图》

始终保持中锋起中锋收。画面全用中锋容易流于呆板，他便用有节奏的顿挫和留出飞白来活跃画面。李鱓画风受扬州画坛时风影响不小，他与华嵒、郑板桥经常切磋画艺，自然互有吸收。但对李鱓画风影响最大的还是高其佩，高其佩的指画，用墨生拙苍劲，气势不凡，非常适合李鱓的"口味"。实际上李鱓是在用毛笔画指画，我们可以看到他的中锋顿挫行笔，是和指画用指相一致的，也就是这种指画风格的大写意，最能代表李鱓的笔墨风格。

藏于南京博物院的《玉兰海棠图》和《土墙蝶花图》分别代表李鱓明秀雅丽一格和笔酣墨饱一格。《玉兰海棠图》画风接近蒋廷锡，《土墙蝶花图》画风更像高其佩。李鱓作画，经常在画上长题诗词，甚至将题词写在所画物象的空隙中，成为画中的一部分，使画面顿增书卷之气。

李鱓的写意画，在广泛研习传统技法的基础上，创立了独特的个人画风，代表了"扬州八怪"的创新作风，开辟了文人画表现新境界，对我们当代中国画创新也有着深远的影响。

笔底幻化出清新——金农

　　中国绘画是按人物、山水、花鸟顺序发展的，但论成就却是按花鸟、山水、人物来排次第，特别是文人画画家更易选择写意花鸟作为抒发胸臆的手段。写意花鸟用笔比山水画的点、线、面更大一些，也更直接一些，而且写意花鸟的用笔和书法用笔的粗细更接近一些，也更适合文人画家的笔墨挥洒，这也是写意花鸟成熟迅速的原因之一。写意花鸟在"扬州八怪"之前，已取得了艺术上的辉煌，画派之多、门户之繁、画风之奇已没给后世画家留下多少发挥的余地。要想独辟蹊径，不仅要广学众家，还要有深厚的学识修养和超群的眼界。而在"扬州八怪"中，学画最晚、成就卓然的金农就属于这样的人。

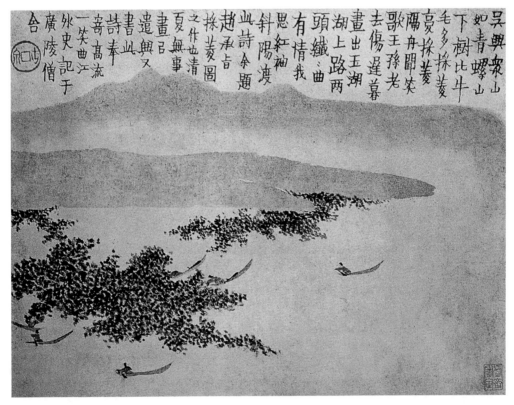

金农《采菱图》

金农（1687—1763），字寿门，号冬心先生，别号曲江外史、稽留山民、昔耶居士、寿道士、百二砚田富翁等，原籍浙江仁和（今杭州）。

金农虽出身望族，但到他出生时已家道中落。金农自幼聪慧，喜独居静思，研读诗文，师从何焯学习经史。他也非常喜爱金石之学，精于鉴古，又因性格耿介，被称为"浙西三高士"之一。金农又好游历，足迹遍布大江南北、名山大川，心胸高旷、眼界不凡。51岁时，金农被举为博学鸿词科，但科考落第，仕进无望，一生以布衣终身。此后金农常侨居扬州，以卖书画为生。曾一度生活贫困，不得不靠贩古董、抄佛经维持生计。金农50岁左右才学画，这之前他在书法、诗文、鉴古方面成绩斐然，具有高度的文学修养和金石功力。据传说，有一次金农参加一个文人雅集活动，几个文人在联句，为了凑韵脚，有人居然冒出一句"飞来柳絮片片红"的句子。大家一时哑言，柳絮理当白色才是，红色已有悖常理，但说"白"又不押韵，众人均不知如何应对。这时，金农为那人在前面凑加了一句"夕阳返照桃花渡"，一下子为大家解了围，也使不合理的句子变成了合理。金农深厚的学识修养，也许就是他学画晚却有所成的根本原因吧。

"扬州八怪"不仅画"怪"，书法也"怪"，他们的书法不仅影响了画风，他们的画风也影响了书风。在他们的书法里已有许多画法的成分，书与画的关系由原来的书法影响画法发展到书与画互相影响。郑板桥的"六分半书"，黄慎的草书，李鱓的行书，均能自出机杼。而金农的"隶体漆书"更具特色，方扁横斜、参差错落，富有金石趣味，这也许就是他画风超逸奇古的内核。金农的绘画无论山水、人物、花卉，用笔都有"古隶"的生拙之气，行笔也不飞扬，凝重遒劲。

金农的绘画题材，比其他的扬州画家要广泛得多，几乎所有的题材他都有所涉猎，甚至还画鬼、画月亮。金农学画很晚，却能画各种题材，不能不令人称奇。平心而论，金农在"八怪"中，绘画功力和法度是最差的一个，无论在构图还是造型上都逊一筹。但他的绘画品位和笔墨格调又是最高的一个，那简朴古拙的画风，令众多观者心痴如醉。究其缘何如此，就不得不谈到文人画画外之功对绘画的作用了。金农不仅精通诗文、经史，还喜爱金石、鉴古、书法。他不仅擅长隶书，而且正楷、行书绝佳，这都是最终决定画家成功与否的重要条件。金农就是利用了他先天具备的条件，弥补了绘画法度上的

雨後作箕外青蕭蕭如在過溪事世間都是無情物只有秋聲最好聽 璞莊老先生清教 七十六叟杭郡金農 壬午八月畫寄

金农《墨竹图》

不足。他把书法的功力和隶体的特点，变为绘画所用的笔墨方法，以"不变应万变"运用到各种绘画题材中去，寻找到了代表个人笔致的"一画"。他不论画什么，都以这种朴厚的"一画"来"一以贯之"。这样，他不必去再钻入一招一式的技法中，而能取得绘画上的不凡成就。

金农的画，更多的是"借题发挥"，他把古今名作用自己的笔致稍加变换，就成了自己的"创作"，如果没有超凡的学识，无论如何是达不到的。金农的画，大多是诗、书、画合一。存于上海博物馆的《采菱图》，画六位仕女驾扁舟采菱，沙渚用赭墨几笔，远山含黛，湖水如镜，衬出菱叶浓淡相间，一片诗情画意。金农常画梅竹，画梅强调"宜瘦不在肥"，取其一个"清"字。他画竹，一般不作竹叶朝下的"分"字、"个"字，而是多画枝叶朝上的竹子，格调不凡。

通过金农的绘画，我们体会出"画外功夫"的重要性，也似乎体会出文人画的本意。这对我们当代画家光画画不读书、不练字的现象，有着很好的警醒作用。

画到精神飘没处　更无真相有真魂——黄慎

文人画自元代跃居画坛首位以后，人物画便开始式微，其间再也没出现标领时代的人物。至明代中后期，虽说"浙派"人物画和"吴门画派"人物画给人物画带来了一些生机，但不久就出现了"枯硬"和"柔弱"的习气。曾鲸和陈洪绶的人物画虽为人物画领地吹进了几缕清风，但也没有取得山水画、花鸟画那样的成就。当然，这种局面的形成，和我们的欣赏习惯不无关系，可仔细想来，这和人物自身发展关系更大。

文人画笔墨法式建立后，便将笔墨向所有画科拓展，很快完成了山水、花鸟的写意化，这是文人画完善的标志。只有完成了这一演化进程，文人画

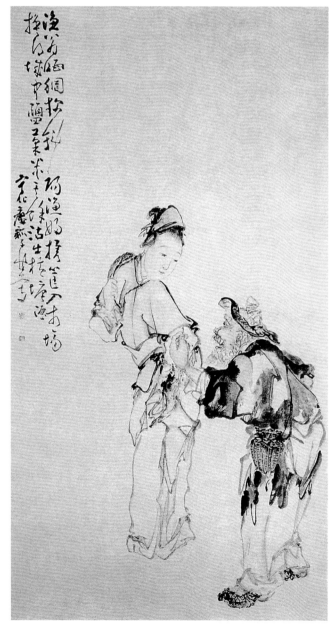

黄慎《渔翁渔妇图》

笔墨才能有所施展。因文人画笔墨具有抽象性和独立性，它最易在造型要求相对不高，而适合承载笔墨的山水、花卉中，完成文人画写意化。人物画因受较严格的造型限制和轮廓线限制，很难将文人画笔墨引入其中，充其量能将文人画"用笔"引入人物轮廓线中，但怎么引都有轮廓线的功用，而文人画"用墨"就很难用于人物画。这就使得人物画发展落后于文人画山水、花鸟。我们看到大多人物画都是勾完轮廓后再涂色、涂墨，笔墨始终被轮廓制约着。而到了"扬州八怪"之一的黄慎时期，写意人物终于完成了笔墨的写意化，可以直接"用笔"、"用墨"来挥写人物了。

黄慎（1687—1768后），字恭寿，一字恭懋，号瘿瓢子，又号东海布衣，福建宁化人。

黄慎出身平民，自幼丧父，为维持家计，放弃了举子业的愿望，开始学画谋生。他学画以人物入手，其画初法上官周，后又兼学山水、花鸟，笔意纵横、气势不凡。为不使画艺被上官周格制所限，于是苦思冥想，欲创新格。一次，他正行于街市，偶见唐代书法家怀素的草书真迹，其笔法圆转灵动，变幻莫测，顿时大悟，急向市坊借纸笔，以怀素草书笔法作画，气象果然超群，他突然拍案大叫："吾得之矣！"自此悟通画理。不久，他又觉悟到画乃文之极也，于是苦读经史、诗文，学识、修养日增，终于成为"诗画名大江南北"的大家。

黄慎《铁拐李图》

黄慎来扬州是在雍正初年（1723年），并长期居住达12年之久，与郑板桥、高翔、汪士慎、李鱓等人常相往来，画风也互有影响。

扬州地区的画家，崇尚革新之风。黄慎也立志变革，他在继承前人的基础上，又吸收了山水、花鸟写意画法，终于以人物画名响扬州，所作"尺纸零缣，世争宝之"。

黄慎在"扬州八怪"中，是引书法为画法最突出的一位，从某种意义上讲，是他的书风决定了他的画风。小写意画，他以行书笔法为之；大写意画，他以草书笔法为之。在他的画中能真切地体会到书风即画风，这样看来是书法确立了文人画艺术的品性。

黄慎以前的水墨写意人物，基本都是勾完整体的人物衣褶、轮廓后，再在轮廓内涂上水墨，这实际上应称水墨画，而不能称写意画。宋代梁楷虽多以水墨挥写人物，但他多以没骨泼墨为之，用线不多，他另一种风格的人物画是线多墨少，不能将用笔、用墨随机运用。黄慎的写意人物是真正意义上的"写意"。他将"拖泥带水"的墨法和灵动的草书笔法，直接用于人物身上。他的画不是勾好轮廓再着墨，而是用粗笔湿墨挥洒，在墨中引出线，由线再变成墨，随机生发、酣畅淋漓。黄慎的绘画"初视如草稿，寥寥数笔，形模难辨，及离丈余视之，则精神骨力出"。

在表现题材上，黄慎的人物画大量以市民、渔夫为主题，衣衫褴褛，状如乞丐，与传统人物画帝王将相、仕女、高士题材迥然不同。藏于南京市博物馆的《渔翁渔妇图》，是黄慎常画的题材。画一渔翁身背鱼篓，手拿一小鱼，笑容可掬地和渔妇商讨价钱，二人情感生动，呼应有致。渔翁以泼墨、草书笔法为之，线面互用，水墨淋漓。渔妇衣褶、轮廓率笔勾出，用笔活脱，渔翁和渔妇，形成线、墨、黑、白对比，兴趣盎然。另外，他画的《渔父图》《铁拐李图》无不笔酣墨饱、形神兼备。

黄慎的大写意人物画，为一直不景气的人物画发展注入了新鲜活力，使写意人物和山水、花鸟并肩前进，揭开了人物画新的篇章，对我们当今写意人物仍有着可资借鉴之处。

一枝一叶总关情——郑燮

清朝中叶，扬州地区由于市场繁荣，文化发达，因而，在前后122年的时间内，扬州地区聚集了知名画家一百几十人之多，形成了具有时代气息的"扬州画派"。这个画派以陈撰为最大，罗聘为最小，罗聘之后，扬州画派开始衰落。"扬州八怪"是"扬州画派"最兴盛阶段，以华喦、高凤翰、李鱓、金农、黄慎、高翔、郑燮、李方膺、边寿民等代表的文人画家，开创了文人画新境界，而被载入了史册。

"扬州八怪"因生计故，大多都擅长多种绘画技能，以应所求。而思想最活跃，仅擅几笔兰竹却能名扬四海的人就只有郑燮了。

郑燮（1693—1765），字克柔，号板桥，江苏兴化人。兴化在扬州之东，是苏北有名的鱼米之乡，但郑燮的家庭并不富裕。他4岁丧母，在叔父和乳母的抚育下长大，在友人的资助下才有机会读书，并应科举而为康熙秀才、雍正举人、乾隆进士。乾隆七年（1742年），49岁的郑板桥出任山东范县令，54岁又调署潍县。在任期间，他同情民众

郑燮《墨竹图》

疾苦，秉公勤政，被百姓称为亲民之官。有一年，山东遭受灾荒，出现了"十日卖一儿，五日卖一妇"的饥馑情景，使板桥目不忍睹。于是，他在潍县开仓放粮，赈济灾民，深受民众爱戴。然而，郑板桥的行为却得罪了那些贪官污吏，他们反诬板桥借赈灾舞弊，对他加以打击排挤。盛怒之下的郑板桥，决意辞官绝宦，再也不与贪官同流合污。辞官南归之日，百姓拥道相送，场面十分感人。关心民众疾苦在板桥许多作品中，也有所体现。他在潍县署中画的墨竹中题诗道："衙斋卧听萧萧竹，疑是民间疾苦声。些小吾曹州县吏，一枝一叶总关情。"爱民之心可见一斑。郑板桥笔下的兰竹，在意境抒发方面已超越了一般文人借物咏情的层面，具有社会意义。

郑板桥南归扬州后，开始了卖画生涯。因生计原因，板桥早年就曾卖画于扬州。而今日重回故地，绘画水平也非早年可比。此时的板桥绘画，在继承前人兰竹画法的基础上，已达到了炉火纯青的地步。因他主张学画要"十分学七要抛三"，所以，很难看出他究竟师学何人，但从画迹上看，仍有文同、郑思肖、石涛笔意。板桥画兰竹，用笔爽利峭拔，用墨活脱清新，整体笔墨磊落舒展，颇得清雅纵逸之气。

藏于沈阳故宫博物院的《墨竹图》，画丛竹一片，劲拔挺秀，竹叶密而不乱、披斜拂扬，十分潇洒。在右上首竹枝间，以"六分半书"题字若干，封住纸边，弥补了画幅四面透气、缺少张力的弱点，题字成了画面构图的一部分，这是板桥常用的一种题字方法。存于扬州市博物馆的《兰竹石图》，气势开张，岩石突兀，岩隙间丛兰秀竹舒展而出。浓墨画兰竹，淡墨写山石，兰竹以中锋出之，岩石侧笔勾勒，整体画面秀色可人，基本上代表了板桥兰竹艺术成就。

郑板桥向有诗、书、画"三绝"之誉，他的诗不仅多以民间疾苦为题材，而且不乏自我写照，自写性情之作，如他在题画诗中云："咬定青山不放松，立根原在破岩中。千磨万击还坚劲，任尔东西南北风。"表达了他的坚强意志。他的书法，在杂用篆、隶、行、楷的基础上，形成风格独特的所谓"六分半书"，参差错落，有如"乱石铺街"，书风怪奇不群。

郑板桥的绘画思想也很新奇。他主张学画应当"学一半，撇一半"，"师其意不在迹象间"。在创作方法上，他提出"眼中之竹"、"胸中之竹"、"手中之竹"三段过程。把

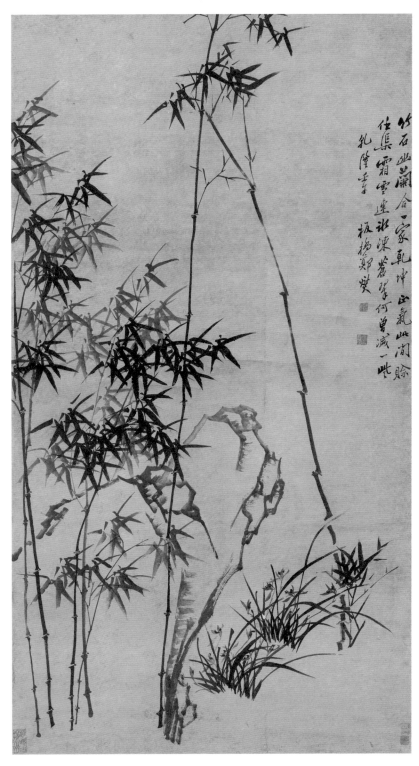

竹石幽蘭合一家，乾坤正氣此間賒。任隨霜雪連山凍，蒼翠何曾減一些。

乾隆辛未

板橋鄭燮

郑燮《兰竹石图》

观察自然、创作构思和艺术创作的实现有机结合，发展了苏轼提出的"胸有成竹"绘画创作理论。郑板桥仅以几笔兰竹就称雄画坛，这在有些人眼里是不可思议的事。当今许多画家几乎画遍了所有能画的东西，从城市画到乡村，从田野画到原始森林，皓首穷年，也没成画界名手。究其原因，无非是对题材用意过多，对笔墨自身语言少了些锤炼。不找到笔墨内在语言，是"说"不清楚题材的，不读万卷书，走遍天下也只是"流浪"而已。

郑板桥的几笔兰竹，所触及的是文人画法式核心领域，文人画的笔墨语言，正好和兰竹的自然形态相协调。竹干如篆书、竹枝如行书、竹叶如楷隶；兰叶如撇、兰花如点；竹干显笔、竹叶显墨，在一枝半叶中，构成了自足的笔墨天地。如果我们能很好地将笔墨内在语言运用到所画题材当中去，也许会改变当前中国画徘徊不前的状态，这也是郑板桥对后世的价值所在。

沟通中西绘画的先驱——郎世宁

明朝万历九年（1581年），当时意大利传教士利玛窦曾携带传教所用的圣母像、耶稣像来华，将西方文艺复兴绘画风格传入中国。有些素描画片，还被刊印在中国画谱中，对中国画家有所影响。当时的曾鲸就参用西法而创"波臣派"人物画新风尚。一百多年后，在利玛窦的故乡，又来了一位传教士，并且成为中国宫廷画家，他就是意大利米兰人郎世宁。

郎世宁（1688—1766），年轻时受过较为系统、严格的绘画技法训练，曾为教堂画过圣像之类的宗教绘画。康熙五十四年（1715年），郎世宁27岁时，由欧洲天主教耶稣会葡萄牙传道部派遣到中国，以期传教于中国百姓。11月获康熙皇帝召见，当时康熙62岁，酷爱艺术与科学，虽不赞成郎世宁所信仰的宗教和

郎世宁《聚瑞图》

向中国百姓传教，却因郎世宁有绘画才能而把他当作艺术家看待，甚为礼遇。康熙对郎世宁说："西方的教义违反中国正统思想，只因传教士懂得数学原理，所以国家才予以聘用。"然后又诧异道："你怎能老是关怀你尚未进入的来世而不顾现世？其实万物是各得其所的。"既而聘郎世宁为宫廷画师，不给他传教的机会。康熙死后，雍正即位，在他统治下，曾一度"迫害教士"，郎世宁因宫廷画师身份而躲过一劫。但郎世宁心中不时还惦念着传教之事，乾隆登基后，因他平日喜爱绘画，便经常去看郎世宁作画。有一天，乾隆来看他作画，郎世宁突然跪下，从怀中掏出一卷用黄绸布包着的耶稣会奏折呈上，请皇上开恩宽容圣教。乾隆却温和地说："朕并没有谴责你们的宗教，只是禁止臣民的皈依罢了。"从那以后，郎世宁入宫都要受到检查，以免怀里再藏什么奏折之类。1746年有五名本笃会传教士被判处死刑，一日乾隆命郎世宁呈上新作观之，这时他又跪下说："求陛下对我们忧伤戚戚的宗教开恩。"乾隆面带愠色，未予答复。就这样，郎世宁来中国后，一直没得机会传教，而是作为画家于1766年在北京去世，寿年78岁。乾隆赐予侍郎衔，并赏银300两为他料理后事，遗体葬于北京阜成门外外国传教士墓地内。

郎世宁还奉皇帝之命参加了圆明园部分建筑的设计工作，还和曾任工部侍郎的年希尧一起探讨西洋的焦点透视画法，并由年希尧撰写成《视学》一书，成为我国第一部介绍欧洲透视画法的著作。

郎世宁绘画题材广泛，山水、人物、花鸟、动物无所不能，尤擅画马。他的绘画以西洋画为体、中国画为用，采用西洋绘画技法，参以中国工笔画技法，注意透视、解剖、素描关系的表现，创造出了许多不失西画之根本，而又有中国特色的新型绘画。

现藏于沈阳故宫博物院的《竹荫良犬》图，是郎氏动物绘画的代表。图中绘苦瓜缠绕翠竹，下立一良犬，气宇轩昂，双眸凝视前方，身长腰细，毛色银灰，解剖合理，皮毛肌肉质感极强。点景之用的翠竹杂卉画得也十分生动自然，整个画面浑然一体，是郎氏精心之作。藏于台北"故宫博物院"的《聚瑞图》是代表郎世宁花卉水平的佳作。画中瓷器的质感、荷花的清新、荷叶的轻盈、谷穗的重量感，无不恰到好处地表现出来。郎世宁的绘画，虽用西法，但他尽量减弱阴影和明暗交界线，以相对的平面来适应中国人的欣赏习惯。中西结合的绘画，弄不好会庸俗不堪，而郎世宁的画却能得中国绘画的

郎世宁《竹荫良犬》

水墨韵致和在宋画中才有的肃穆之气，这就是他的成功所在。

长期以来，人们对郎世宁绘画的认识有所偏差。一是停留在郎氏不过是为讨好皇帝而作，不足为赏。二是停留在邹一桂所言"笔法全无，虽工亦匠，故不入画品"的观念中，缺少对其绘画的理性判断。其实邹一桂的说辞，并非指郎世宁作品，也并非轻视郎世宁的作品。邹一桂在《小山画谱》中说："西洋人善勾股法，故其绘画于阴阳远近，不差锱铢，所画人物屋树，皆有日影，其所有颜色与笔，与中华绝异。布影由阔而狭，以三角量之。画宫室于墙壁，令人几欲走进。学者能参用一二，亦具醒法……"从这段话中，我们可以知道，邹一桂所指的是西方的油画，而非郎世宁的作品。

郎世宁以其卓绝才华，在不失本民族绘画特征的原则下，吸收外国绘画精华，创立了新的画风，同时受到中西双方的肯定，这和我们许多画家"融合"中西绘画后，搞出的作品成为中西双方都不认可的"怪胎"，有着天壤之别。郎世宁的绘画，在当下中西方文化交汇中，仍然有着现实的启示作用。

文人画发展方向的最后转折——赵之谦

文人画在确立自己主流地位以前，书法作用和精神一直隐藏于绘画当中，是处于不必特表而自发追求阶段。而文人画家主动将书法带入绘画领域，使文人画强调以书入画，由"自发"发展到"自觉"，这是文人画艺术的一次重大飞跃。从此，书法艺术开始主导文人画艺术的品性，书法与文人画的联系越来越紧密。最后到"扬州八怪"时期，出现了书风决定画风、书风即画风的极端现象。

由于"扬州八怪"将"书画同源"进行了极端发展，再往前走就很容易取消自身，因为文人画毕竟不是书法与绘画的简单混合。另外，由于"扬州八怪"的方法大多从"帖学"一路走出，因而有散漫潦草之习。将其用于画中，也有荒率粗简之气，虽然看起来很大气，

赵之谦《梅寿图》

但却不耐人寻味，文人画似乎走入了死胡同。

有清一代的书法，可大致分为两个发展阶段。清初帖学盛行，崇尚赵孟頫、董其昌。因辗转描摹，遂失本来面目。嘉道以还，渐趋衰微，而碑学日盛，特别是在阮元、邓石如、包世臣的提倡下，碑学横扫帖学的媚弱书风，给书坛带来一片生机，并影响到绘画领域。赵之谦就以碑学之法用于绘画，使文人画出现了新的转机，为近代美术寻找到了一条新的道路。

赵之谦（1829—1884），字益甫，号冷君，后改字㧑叔，号悲盦、无闷等，浙江会稽（今绍兴市）人。他14岁丧母，25岁丧父，在家境困顿的情况下仍刻苦学习。17岁师从沈霞西学习金石学，20岁便能开馆授徒。1861年，太平天国农民起义军攻入绍兴，他离开家乡，四处纠集地主武装，反对农民起义军。同年妻女皆故，为怀念妻子和爱女，取号悲盦，此后，他做过私塾教师，又到过北京，以卖画为生。

他从37岁起，曾在北京参加过三次会试，均以失败告终。由于他在诗、书、画、印方面名望日盛，44岁时被举荐到江西南昌，主持纂修《江西通志》。后历任鄱阳、奉新和南城等知县。

赵之谦的绘画尤得益于他的书法和篆刻。他的书法初学颜真卿，而后致力于北碑书体的研习，字体方整朴厚。篆、隶师学邓石如，并临写金文石刻、碑版。赵之谦的篆刻吸取"浙派"、"皖派"之长，后又引金文石刻、秦汉印章入印，自成一格，对后世影响不下于他的绘画。

赵之谦的绘画，以花卉为主，偶作山水、人物。他的写意花卉师学非常广泛，从明代的陈淳、徐渭，到清代的八大山人、石涛、恽寿平、华嵒、蒋廷锡，再到"扬州八怪"的李鱓、李方膺、罗聘等，都成为他笔下所涉学的对象，并且还常留意元人笔墨逸趣。

赵之谦虽然师学广泛，但他基本上都以自己独具风貌的北碑书体去贯穿诸家，因此，不论他学哪一家，都有自己的体貌。由于他引颇具金石味道的北碑书风入画，因而，他的用笔如刀耕石，遒劲有力，这正是"扬州八怪"所缺少的。赵之谦将浑厚朴拙的北碑笔意用于写意花卉，改变了"扬州八怪"用笔率粗浮飘的不良倾向，使写意画在笔墨追求上进入一个新阶段。

赵之谦《富贵梅寿》

　　赵之谦引北碑书风入画，并不是机械搬用，而是在古厚朴拙的用笔中寓以灵动之气，使他的绘画在浑厚古雅中，充满着清新活泼的意趣。

　　赵之谦精于篆刻，并善将字体的"分间布白"用于绘画的章法构图中，他的《梅寿图》就是运用篆刻布白原理来构图的佳作。梅枝分别从画幅上首和右上侧垂下，构成大的方形骨架，留出右下角最大的空白，和上首最密处形成对比。然后在粗枝中间以细枝"切割"出大小不等的小空白，并在其中又"切割"出大小参差的空间，这样就形成了大、中、小不等的布白，节奏变换感极强。梅干以方拙的北碑书风出之，正好和略呈方形的构图布白形成巧妙呼应，使画面充满张力。

另外，赵之谦大量地将工笔画的色彩用于写意画中，在古厚拙朴的笔墨中点以色泽明丽的花朵，使画面古雅清新，开大写意浓艳色彩之先河。

赵之谦是继"扬州八怪"之后，再一次将写意画推向新境界的旗手，为"扬州画派"画风向"海派"画风转变搭建了桥梁，为文人画注入了新鲜血液，使濒临衰微的文人画再次焕发了青春，并以矫健的步伐向前迈进。

胸襟潇洒墨花飞——蒲华

近代中国美术史上，继"扬州画派"之后，在上海又出现一个"海派"画家群体，成为中国古代传统绘画向现代绘画转变的重要纽带和桥梁。"海派"画家以"海上三杰"虚谷、任伯年、吴昌硕为代表，开创了具有时代特征的新画风，在中国美术史上写下了

蒲华《梅花图》

浓重的一笔。但是，严格来说，应该将代表"海派"画风的"海上三杰"改称"海上四杰"，把开启海上画风的先导者蒲华列入其中，这样才能概括海派画风发展阶段的全貌。

蒲华（1832～1911），原名成，字作英，号种竹道人、胥山野史等，浙江嘉兴人。

蒲华的祖上编籍"堕民"，这些人，相传是元军南侵灭南宋时，集中于绍兴一带的俘虏和"罪人"，当时称为"乐户"，明代改称"丐户"，单立户籍，清时又定名为"堕民"。他们不得与平民通婚，不准应科举，不能进入朝堂庙堂，不能为人师表，只能做一些低贱的杂役、苦力。虽然清末辛亥革命时已无更多限制，但中国传统的门第观念仍然压得他们喘不过气来。蒲华后来迁居上海后，经常参加一些雅集活动，而许多"雅士"鄙其出身，不愿与蒲华共席。这也许是蒲华画名不高而被埋没的原因之一。

蒲华幼年做过庙祝，因能读书识字，被安排在庙中扶乩转沙盘。所谓扶乩是古代一占卜吉凶的活动，三人一组，分为天、地、人三才，"天才"扶乩在沙盘里写字，"地才"用笔记下这些字，而由"人才"宣读。由于长时间在沙中写字，最后使得他在纸上写字也有画沙之感，蒲华奇曲缠绕的书风，灵感也许就是从沙盘中所得。

蒲华青年时期曾多次科考而未能成功，后绝意进取，专心致力于书画、诗文的创作。蒲华22岁结婚，妻子亦能诗善画，与蒲华感情很深，二人互为

蒲华《墨竹图》

蒲华《墨竹图》

感情寄托，安贫乐道地生活着。1863年，妻子因病去世，这对蒲华是一个沉重打击，他内心痛苦万分，念夫妻之恩，而常希妻子"魂兮返斗室"，一生再没续娶。

此后，蒲华四处漂泊，曾至宁波、杭州，最后寓居上海，以卖画为生。他喜饮酒，常至酒肆酣饮，得兴时便挥毫泼墨，顷刻成幅。1911年夏天的一个晚上，蒲华醉归寓所，一卧不起，待人发现时，才知因假牙塞入喉管而逝。蒲华老友吴昌硕等为他料理了后事，其亲属将其运回嘉兴，葬于鸳鸯湖畔。

蒲华绘画初师同里周闲，得其法度，后又师学陈淳、徐渭、李鱓、八大山人等诸家。山水、花鸟皆能，尤精画竹，竹艺师承元代吴镇笔法，兼收各代画竹精华，体察圃中丛竹之情态，放笔直写，能摄真竹"魂魄"，堪称写竹高手。

蒲华用笔多以长锋羊毫用力运笔，行笔徐缓，力透纸背，以中锋为主，适当左右偏侧，变其笔致，使用笔有所变化。蒲华笔墨以活润为特色，他行笔追求润字当先，润中求苍，一条笔道中，就有浓淡、干湿、阴阳之变，意韵隽永。他用墨画花、画竹，更是墨花淋漓，幻化无穷。一般画家都在墨中取韵、笔中取气，蒲华却能在用笔中取墨韵，而无涣散无力之病，非他人所能做到。蒲华最难能可贵处是整体画面的自自在在、纯任天然，似有不修边幅之嫌，实乃其中真意具在，只是不可与不识者语罢了。此中意味可在蒲华的梅花、墨荷、墨竹等作品中参悟。

　　蒲华画竹堪称绝唱，他笔下的竹参透理法，穷尽竹态万种风情，而又了无痕迹。他的笔在理法上似无规律可循，不像郑板桥着意竹的各种法式，使人一目了然。蒲华的竹是在混沌中求清醒，虽不示理法，而理法自在其中。似乎不合真竹的物理情态，却能把竹的内在气度、君子之风呈现于众人面前。画竹"结顶"最难，弄不好就有耸肩下坠之感，而无削拔凌空之势，而蒲华最善处理竹的"结顶"部位，在随意几笔中，就把竹的秀逸情态挥写而出。没有长期的仔细观察，是万万不能做到的。可以"武断"地说，蒲华仅凭墨竹就可跻身大师行列，而绝无半点惭天愧地之嫌。

　　蒲华不仅开创了一种画风，更重要的是，他直接影响了吴昌硕，开启了"海派"画风新门径。虽然吴昌硕常言任伯年是老师，而从没提过师从蒲华，但他的画风从蒲华画风中羽化而出，应该是不争的事实。

　　我们目前对蒲华的认识还不是很全面，但我们应该知道，在"海派"画风发展的历程中，蒲华是冲在前面的"旗手"，在中国美术发展史上应该肯定他的地位。

一拳打破去来今——虚谷

文人画中超世绝尘的逸品之格，一直是文人画论雅谈俗的标准。元代画家以其生活状态和审美理想相统一，创造了文人逸品之极，成为文人画的理想境界。在中国绘画的逸、神、妙、能四种品级中，神、妙、能可在迹象间求得，独逸品之格是不能以形迹相论的。它和画家的人生经历、生活方式、心智境界紧密相连，虽可率意点写，却不能刻意模仿。

元人画中逸格的产生，虽是社会历史环境造就的，更多的却是只好如此，是一种无奈的心绪所然。而历史的车轮驶入 20 世纪后，资本主义工商业和城市文明已有所发展，尤其像上海这样的海埠城市，商品经济十分活跃，在上海以卖画为生的画家们，为适应市民和商贾的审美需求，而努力追求"雅俗共赏"的画风，不再追求出世的逸品之格。但这并不意味着逸品一格在中国画中消失了，只不过它又以新的形态呈现而已。清末"海派"画家虚谷的画风，就是在现代城市文明和传统文化相激荡中而产生的"新逸品"画风，它是元代逸品一格在绘画上最后一次的"回光返照"。

虚谷（1823—1896），本姓朱，名怀仁，安徽歙县人。他原为清军参将，因同情太平天国革命，不愿奉命去打太平军，"遂披缁入山，不礼佛号，惟以书画自娱"。出家后，法名虚白，字虚谷，号紫阳山人、倦鹤。他的书斋取名"觉非"，表达了他与昨日之"非"彻底决裂的心情。

同治年间，他携带笔砚，往来于苏州各寺院间，并为各寺和尚画过不少肖像。1868年冬，虚谷应上海仁寿堂的邀请，与苏州楞严寺住持柳溪和尚来到了上海。晚清时期，江南的商业、文化中心由扬州转移到上海，画家云集这里，以画为生。据《海上墨林》载，他"来沪时流连辄数月，求画者云集，倦即行"。虚谷与当时在上海的名画家任伯年、高邕之、胡公寿、吴昌硕等关系密切，画风互有影响。虚谷与任伯年感情尤为深厚，任伯年曾为虚谷画过肖像和扇面，称虚谷为"道兄我师"。任伯年去世时，虚谷痛哭失声，作挽联云："笔无常法，别出新机，君艺称极也。天夺斯人，谁能继起，吾道其衰乎。"此中真情可见一斑。

虚谷的绘画题材较广泛，人物、山水、花鸟无所不能，尤擅松鼠、金鱼、枇杷等。虚谷师学很广，渐江、八大山人、华嵒、恽寿平、金农对他都有所影响，并钟情于宋元绘画的法度、逸趣，但对他影响最大的还是华嵒画风。虚谷以长锋羊毫，变华嵒圆转之笔为方折之笔；变提按行笔为顿拙行笔；变中侧行笔为偏侧行笔；变温润笔墨为苍枯笔墨；变造型的圆弧线为方折线；变华嵒求动为求静；变飘逸为冷逸；变华嵒求墨的变化为求笔的力度。由于是以长锋偏侧行笔，所出线条有苍莽之气和锋芒森森的感觉，再加上他多在大面积的灰色调中着以少量浓艳之色，因而画面冷逸脱俗，超出众人之上。

藏于故宫博物院的《梅鹤图》和《松树图》基本可体现出虚谷的笔墨特色。《梅鹤图》绘梅花绽放，两只仙鹤收翼乍落，梅枝纷繁却不杂乱，主干以干笔焦墨颤笔写之，细枝以渴淡之笔写出，在用笔纵横挺健中，透出梅干的铁骨盘折之气。梅花略以淡色点染，衬出鹤顶最红之色，点亮整个画面，有俊雅高洁、冷香清艳的意

虚谷《梅鹤图》

虚谷《松树图》

趣。《松树图》以干墨苍笔，磊落顿挫地写出松干，以中锋劲利之笔写出松针，几片零落秋叶点出季节时令。整幅画面把松树伟岸、坚贞、刚直的性格生动地表现出来，是虚谷画松题材的代表作。

当时"海上画派"的吴昌硕以古拙的石鼓文笔意入画，来匡正画坛媚弱之风；任伯年以纯熟的法度，来张"形神兼备"之目。而虚谷的画风，更多的是在格调上胜人一筹，人们更看重他画中的冷逸脱俗之气，是以格胜而不是以画胜。这对于在时风已变而又常出入都市的虚谷来说，能画出如此品位的"新逸品"，真是难能可贵。

虚谷的"新逸品"画风，是顺应时代文化潮流，将古代逸品一格转化成新时代的"新逸品"，他突破成法，为使传统文化向现代转换做出了表率。诚如吴昌硕在虚谷《佛手图》中题词所云："十指参成香色味，一拳打破去来今。四阑华药谈风格，旧梦黄炉感不禁。"

笔无常法　别出新机——任伯年

　　晚清的画坛，由于"扬州画派"末流和"四王"末流的陈陈相因，因而显得萧条冷落，生机尽丧，路子越走越窄。而就在此时，中国商业重地上海画坛却出现了开创新风、欣欣向荣的繁荣景象。在这里画家荟萃，人才辈出，形成了独具风貌的"海上画派"，而任伯年就是"海上画派"的中坚人物。

　　任颐（1840—1895），后改字伯年，初字小楼，浙江山阴（今绍兴）人。父亲任鹤声原是民间肖像画工，后改做米商，因年景不佳，担心儿子将来无技谋生，便把画像之术传给伯年，因而，任伯年少时已有极强的造型能力。年轻时，任伯年曾在太平天国的军中任"掌军旗"之职，"战时麾之，以为前驱"。

　　父亲去世后，十六七岁的任伯年飘零至上海，在一家扇庄当学徒，为了生活，常模仿其族叔任渭长之画出售。一日，自画渭长款折扇多面，置于街头售之，而自守于侧。适渭长经过，注视良久，问伯年画者何人？任伯年答曰："任渭长所画。"渭长笑曰："我即渭长，未曾作此。"伯年一时羞愧难当，只得承认是自己所仿。渭长见伯年所画机趣朗然，便说："让汝随我学画如何？"伯年欣喜应之。不久，任渭长将伯年携往苏州，从其弟阜长学习绘画。

　　任伯年作画，一般都有画稿，是从生活中观察、写生而成。有一次，一位客人去看望任伯年，到了任的家中，只听到他的"请坐"之喧，却不见人。等了片刻，伯年才爬窗而入。客人问其故，方知他翻上楼顶去观察两猫相斗。后来，任伯年画名日重，索画者渐多，因不堪其累，他常吸鸦片提神以助。某氏求任伯年画，并代为磨墨、铺纸，任伯年当时仍在吸鸦片烟，不予理会。忽一阵风将宣纸吹到墨池上，蘸上了黑墨。那人且叹且怨："我叫你起来画，你不起来，现在纸已糟蹋掉了。"任伯年却说："不着急，我就用这张纸给你画。"忽起床就案，又将砚中之墨在纸上东泼西淋，旋即操笔就抹，顷刻间一只大黑猫跃然纸上，某氏心满意足，携画而去。任伯年绘画以花鸟、人物为主，偶作山水，也别有佳趣。他人物画本承父授的肖像画，师从萧山任渭长和任阜长兄弟，

任伯年《梅鹤图》

上追明末陈老莲及清代华嵒，并着意领略宋代人物画沉郁之气。

任伯年肖像画以家学之法为主，脸部塑造以"墨骨"法和以色渲染法打底，关键部位以线强调，衣袍服饰以所学众法为之，或写或工，或墨或线。《仲英小像》属以线为主，《酸寒尉》以"没骨"法泼墨为之，无不神完气足。他除画肖像画外，还常画高士隐逸、民间吉庆、仕女、勇士题材。《关河一望萧索》也是他最爱表现的题材之一。任伯年的人物画，造型准确，情态生动，衣纹用笔既能表现形体关系，又有衣褶线条变化的灵动之美，很注意强调衣纹的走势。《梅鹤图》是任伯年在刻画人物神情方面较突出的作品。图中绘古梅盘曲，皮苍枝峭，一佳人倚坐其上，身披毛氅，内着红甲。人物面目清秀，微蹙双眼，有不胜日光、浓寒之感。衣纹以"钉头鼠尾"之笔劲峭而出，似恐佳人受寒而将衣纹结构按包缠之势统理，手足皆包缠在衣袍之内，突出人物面容。前立一鹤，回首凝望，顿增画面神采。人物以赭墨色为主调，红甲和鹤顶红色点醒画面又形成呼应，鹤的黑羽和人物

任伯年《梅鹤图》局部

头部墨色同梅干灰色、鹤的白色形成了黑、白、灰对比，增加了画面节奏变化。最后以人物的暖色和梅鹤的灰白冷色形成大的反差，突出了佳人依依的情调。

任伯年的花鸟画始学"二任"，追摹华嵒、陈老莲，法度已俱，又融胡公寿、张熊、朱梦庐、王礼等诸家为一炉，独出一格。最后上溯宋人正宗，把自己所学各家牢牢统一在宋人法度这条线上，得以"青出于蓝"。这一点我们通过任氏一生时常抚临宋画就可以看出。藏于虚白斋刘作筹处的《芭蕉双鹅图》，是任氏花鸟作品的成功之作。图中画一白一黑两只家鹅，挺立其身，雍容大方，款款而行。白鹅闭喙抬足，翩翩起舞；黑鹅双足踏地，张口似鸣，背景芭蕉画得墨色淋漓。右侧上首两行题诗，如宝珠垂挂。画面整体用笔松动潇洒，用笔"松动"才能"生动"，用笔太紧画面不宜灵活，这是任氏用笔"不二法门"。以"没骨"法画鹅，难度极大，不用线又要有形体又要有笔触，这就要有高超的用墨用水能力。图中以干湿适中之墨写出鹅颈和喙，并留有一些肌珠闪烁的飞白，而就是这些细小的飞白支撑了笔触，也支撑了鹅头骨架，使其有骨有肉。实际上这些飞白起到了轮廓线的作用，看似"没骨"，实则有骨。该图黑白对比非常强烈，在黑衬白、白衬黑中，更使双鹅生动可爱。常画花鸟的人都知道，鸟爪最难画，图中鹅脚用中锋信笔写出，骨肉俱全，强壮有力，脚趾尖如"泥里拔钉"，从脚趾长出，坚硬无比，十分精彩。整个画面浑然天成，元气十足，是任氏花鸟画成熟的标志性佳作。

许多人认为任伯年美中不足是不善书法、诗词，因而，在格调上略有欠缺。这话听起来有些道理，可是，这种遗憾是针对文人画画家来说，而任伯年的画在种属上属于工笔画范畴。虽然在表面上，他的画是那么像写意文人画，很容易让人误会，但不搞清这个问题，就无法去界定任氏画风。实际上任伯年是用写意画法去画工笔画，是以工笔画为里，写意画为面，在他的画中既有写意的痛快淋漓，又有工笔画的神形兼备，他的"雅俗共赏"就是这样获得的。他将工笔画线条纷披其态用于画中，表面看的确很像文人画用笔，但实质上他是将工笔画写意化，而不是将文人画写意化。

画工笔画者，能诗善书当然很好，但工笔画的内在特性并不是追求文人画趣味。虽然任伯年晚些时候也临过八大山人、郑板桥的画，但那时任伯年的笔性已定型了，已不起太大作用。他也曾努力向文人画靠拢过，无奈笔中没有文人画功夫，也只能以晚年的

任伯年《芭蕉双鹤图》

"衰笔"代之，但他这时的画已开始走下坡路了，人们对他这一时期的画并不太感兴趣。如果任伯年走的是文人画道路，那他就会画随人老，愈老愈红。一般文人画家"炉火纯青"阶段都出现在晚年。

任伯年以其聪明才智，重新整合了工笔画，开创了写意工笔画风，成为中国近代画坛的一朵奇葩，他对后世的影响将是深远的。

天惊地怪　笔走龙蛇——吴昌硕

文人画强调以书入画和追求笔墨自身语言的精练，书与画的关系一直贯穿着文人画的发展始终。由于书法在晚清前一直是以法帖相传承，在历代辗转描摹过程中，形神渐失。又因书法往往是以人相传，而为人师者，是否能得书道正宗也是个问题。而以这种虚浮的书法之笔用于绘画，会使画面薄弱造作。晚清时期，赵之谦成功地将金石碑刻笔意用于画中，开创了文人画新境界，匡正了绘画界的纤弱之风。继赵之谦之后，援篆籀书意入画，而开中国绘画现代画风新面貌的就是近代画家吴昌硕。

吴昌硕（1844—1927），初名俊、俊卿，字昌硕、仓石，号缶庐、老缶、大聋、苦铁，浙江安吉鄣吴村人。他出身书香世家，少时生活清苦，但喜爱诗书，常以秃笔蘸清水练习书法。咸丰十年（1860年），昌硕祖母、母亲、妻子及弟妹相继病饿而死，自己飘零在外五年有余。吴昌硕22岁中秀才，29岁移居苏州，50岁后受朋友举荐，出任江苏安东知县，因不堪其苦，到任一月便辞去。以后常以"酸寒尉"之号自嘲，任伯年还给他画了一张《酸寒尉》肖像。

吴昌硕晚年双耳失聪，因号"大聋"，并把"大聋"二字刻于印上。他又号"老缶"，是因有一朋友送给他一只无字古缶，他非常喜爱，遂取其号。并写诗云："以缶为庐庐即缶，庐中岁月缶为寿。俯将持赠情独厚，时维壬午四月九。"吴昌硕爱石成癖，当时寓居海上的画家程璋，也喜玩石。一日，程璋在古玩商手中买了一块玲珑剔透的供石，小心翼翼地把石头搬回客堂里，每天坐对供石凝视出神。不料过了几天，吴昌硕前来造访，看到此石，就问石从何处得来，程璋告知于他。吴昌硕便说："这好东西应当大家玩玩。"说着就雇了一辆车子，将石带回家中。后来吴昌硕搬家，才把供石送还，程璋一再抚摩，如亲人重逢一般。

吴昌硕的画有时真假难辨。他有一高足赵子云，常在吴昌硕处观其师作画。吴昌硕有一习惯，画完画后便去午睡，起后方才题字押印。而趁其师睡后，赵子云就将老师所作依样临下，以假换真。吴昌硕醒后也不知其奥，便在赝品之上题字押印。又因向吴昌硕索画者太多，为应付计，便命几位弟子临摹他的画，然后亲自题款，应其所求。所以吴昌硕的画，款真画伪、画真款伪者不在少数。

吴昌硕在上海时，与蒲华、任伯年、胡公寿、虚谷等相往还，画风互有所取。特别是蒲华对吴昌硕影响最深，并且是对笔墨结构内部的影响。而任伯年对吴昌硕的影响是外部的形色方面，形色不能构成文人画审美趣旨。因而，在吴昌硕具有一定的状物能力后，就将任氏画风渐渐洗去，倒是晚些时候的任伯年，时有吴昌硕笔意的作品出现。吴昌硕擅写石鼓文，刻印远宗秦汉，又融浙、皖两家精华，独具风格。吴昌硕学画较晚，但这并没影响他的绘画成就，他只不过把最后决定和制约文人画家的功夫，提前完成了而已。

吴昌硕曾说："我书法比画好，金石胜过书法。"可谓言之有理。

吴昌硕《桃花》

吴昌硕的石鼓文、篆刻为他的绘画起了"保驾护航"的作用。吴昌硕虽然师学过沈周、陈淳、徐渭、八大山人、石涛、李鱓、金农等诸家，但他吸收最多的还是蒲华、赵之谦的画风。虽然吴昌硕常在画中写师某某画意，但由于他以篆籀之法用于绘画，用笔特点太强，所以临谁都不像，只取大意而已。由于吴昌硕的书风独特，他一开始挥毫泼墨就确立了自己终生画风，只是画随人老而已，这和任伯年一生有几个画风转变期是不同的。

吴昌硕《草书遗意》

由于石鼓文的用笔刚劲有力、苍古浑厚，使吴昌硕的画有了金石之气，用笔如错金锻铁，浑厚持重，他笔下的花卉也都有刚劲中寓婀娜的情态。吴昌硕在构图方面，也将石鼓文的字形间架原理用于画中。他构图多把石鼓文变正为斜，以倾斜的"井字"形架构作为他构图的基础，然后运用石鼓文、篆刻的疏密穿插，分间布白来"搭"起自己的画面。吴昌硕的构图有些就像建筑上所用的脚手架一般，充满了张力。他常说"苦铁画气不画形"，这种"气"是调动了从用笔到构图的所有因素才能获得，从笔中看是一种气势，从墨中看是一种精神。

吴昌硕画风大致有两种，一种是以篆书中锋笔意为之的画，如《桃花》图便是典型；一种是以草书笔意为之，如《草书遗意》图中的用笔，如舞龙蛇，绞转变幻，气象不凡。但他的草书笔意实际上已是篆味十足了，是将石鼓文的用笔引入了草书。在着色上，吴昌硕发展了赵之谦的浓艳之风，用更单纯、更鲜艳的色彩来点写花卉，使画面有古雅、古艳之气。

吴昌硕在历代画家中，是以书意入画最突出的一位，是他的书法决定了他的绘画本性，是着意以"篆籀"之法用于绘画的集大成者。从吴昌硕开始，中国绘画便开始朝着现代化进程迈进了。

第四部分

——传统图式与价值的嬗变
——中西方绘画的冲突与整合

才华蓬勃 笔简意深——陈师曾

随着中国的门户开放，西方绘画大量涌入，中国画家也开始走出国门，到西方去学习西洋绘画，将西方绘画理论、技法带回国内，并开设学校，推广普及。这样就出现了中西方绘画在审美趣味上的差异和矛盾，传统文人画的图式与价值，受到一些人的质疑，甚至是批判，文人画的自律发展成为问题。而就在这时，却出现了以陈师曾为代表的画家群体，极力提倡文人画传统和重新认识文人画，并系统地整理了文人画理论，为文人画顺利转化成适应现代社会发展的绘画做出了贡献。

陈师曾（1876—1923），名衡恪，字师曾，号槐堂、朽道人、染仓室、安阳石室等，江西义宁（今修水）人。陈师曾出身官宦之家，祖父陈宝箴为湖南巡视，父陈三立为官吏部主事，清末著名诗人，因参与戊戌变法，与父同被革职。师曾幼时丧母，由祖母抚养。他六岁开始学画，一日随祖母乘轿游西湖时，见湖面荷花盛开，高兴得用手在轿板上画荷，回家后即置纸笔，对绘画的兴趣日增。青年时期，他曾就读于南京水师学堂，1902 年，偕弟陈寅恪东渡日本留学，与鲁迅同读于东京弘文学院，两人有着深厚的友谊。鲁迅第一部翻译小说《域外小说集》的书名题字，就是陈师曾所书。特别是他们同在北京期间，经常在一起切磋金石书画，往来甚密。鲁迅有一枚

陈师曾《溪流浣衣》

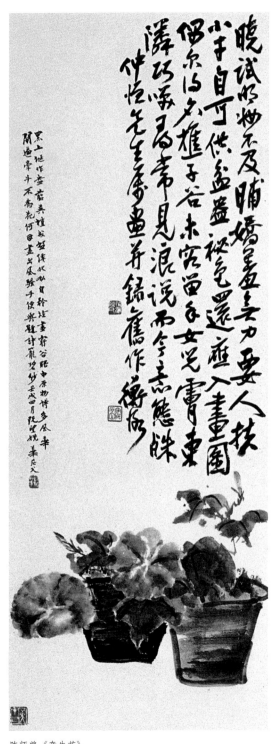

陈师曾《牵牛花》

印章"俟堂",就是从陈师曾"槐堂"的名号引申而来,并请师曾雕刻成印的。

陈师曾1910年回国后,先后任江苏南通师范学校、湖南第一师范学校教员。因钦慕吴昌硕的书画、金石艺术,常到上海吴昌硕处请教。后受教育部之聘,至北京从事图书编辑工作。1923年,因继母病于南京,他亲至调理,竟哀伤而病死。

陈师曾绘画山水、花鸟、人物无所不能,他的山水画,初学龚贤,又融合沈周、石涛、黄公望、倪云林诸家,强调用笔多于用墨。全用篆籀之笔勾山勒树,就是皴擦也尽量以中锋为之,不用偏侧之笔。意境追求已和传统文人画有所不同,多以现实生活、场景为题材,不以士大夫的等外闲观来处理画面,而是把自己作为画中生活场面的一员,并将文人画表现领域拓展到生活中更广泛的空间。这是他认为文人画当有"变法"的表现。他在《溪流浣衣》中,绘一村妇河边洗衣,一顽童正在垂钓,后面船上渔夫汲水,柳荫下画一农家小院。这是传统文人画中所不曾有的，这也是他重新振兴文人画的探索。陈师曾的写意花卉，师学吴昌硕，而又上溯徐渭、陈淳、"扬州八怪"，用笔劲利、用墨活脱、用色古雅，在继承文人画优秀传统的基础上，追求生动活泼的时代情趣。他的《牵牛花》图，已完全是市井人家中的情调，两盆牵牛，两朵盛开、两朵含苞，为衬托花叶，而用西法加深花盆墨色，使叶与盆拉开了空间。陈师曾的绘画，无不体现着探索文人画表现新境界的可能。

陈师曾一直倡导振兴文人画，并鼓励开创自己的画风。1917 年，他多次劝齐白石"变法"，开创新风格。齐白石对陈师曾所言深信不疑，力排万难，坚持"变法"。1922 年，陈师曾去日本时，把齐白石的画带去展出，结果使白石一举成名，轰动海外，买白石画者纷至沓来。这件事，令白石老人一生感激不尽。

在文人画理论方面，他于 1921 年发表了《文人画之价值》，第二年又出版了《中国文人画之研究》，系统地梳理了文人画理论。他提出文人画"四要素"——第一人品，第二学问，第三才情，第四思想，指出了文人画画家应具备的素质。

总之，陈师曾不仅以自己的艺术探索来证明文人画的存在价值，而且在理论上也有所建树，这是非常难得的。可惜他英年早逝，未能最后完成开创文人画新风的任务，但他对现代绘画的启示作用，是不可否认的。

兼收并蓄　开创新风——高剑父

当清朝末年国势衰微、文化低沉之时，西方文化却迅速东渐中国，兴起了全国范围民主与文化革命的热潮。一些广东的青年艺术家一方面参加革命，一方面也开始探索新式绘画。其中有许多有志青年，不远万里，东渡日本，去学习西方艺术。这些人中，就有"岭南画派"的创始人之一高剑父。

高剑父（1879—1951），原名崙，广东番禺（今广州）人。他年幼丧父，家境清寒，少年时曾在族叔的药店中当学徒。其族叔能医善画，使高剑父从小就对绘画产生了浓厚的兴趣。14岁时随岭南著名画家居廉学画，因天资聪慧，画艺大进，甚得居廉喜爱。17岁时，入澳门格致书院，从法国传教士麦拉学习素描。返回广州后，在述善小学堂任图画教师，并认识了在两广优级师范任教的日本画家山本梅崖，接触到一些日本绘画。

高剑父《渔港雨意》

通过与麦拉、山本的交往，高剑父有机会去认识西方绘画的优点，为他日后变革中国绘画奠定了基础。为了深入学习西方艺术，高剑父东渡日本，以求深造。初与廖仲恺、何香凝同住一处，并先后加入白马会、太平洋画会、水彩画会等日本绘画组织，研习东西方绘画。几年后，高剑父毕业于东京美术学校。

1906 年他加入同盟会，任广东同盟会会长，积极组织革命活动，并参加了著名的黄花岗起义及光复广州战役。辛亥革命以后，高剑父同其弟高奇峰、高剑僧再次赴日，学习绘画。民国初年，在孙中山革命派的资助下，高剑父与其弟高奇峰在上海创立审美书馆，出版《真相画报》，进行革命宣传。

孙中山逝世后，他弃政从艺，办春睡画院，广收弟子，专心致力于中国画的改革。他还先后创办过南中美术专科学校、广州市立美术专科学校，并担任中央大学、中山大学教授，培养了一大批"岭南画派"的骨干。

高剑父的绘画，兼收中西之长，并着重师学日本现代水墨画大师竹内栖凤的画法，将中国画用笔、用墨淋漓渗化的效果，同西方绘画的造型方法、着色方法相结合，创立了新的画风。他在中国绘画的笔墨观念和西方绘画的形色观念之间，找到了新的结合点。这种新的结合点不仅是绘画上的，它实际上是中西方文化、观念、思潮、精神层面相结合的体现，是和当时辛亥革命形势相统一的。也可以说，高剑父是将辛亥革命的精神引进了绘画领域。

高剑父提倡改革中国绘画，并不是一味否定中国绘画，他认为文人画与"院体画"都有自己的长处，不应持门户之见。提出要"折中"中西方绘画，以中国绘画为主，吸收西方绘画为辅，以中国画笔墨为体，以西方绘画形色为用，终于开创了具有时代气息的"岭南派"画风，是继"海派"之后又一被学界承认的画派。

高剑父擅画山水、花鸟，偶作人物、动物，也别有机趣。他画山水，情境交融，水墨淋漓，每每于意兴酣然时，浓墨数笔，概括力极强，既能收，又能放。《渔港雨意》以大笔将沙滩急扫而出，磊落洒脱，人物、舟桥用精谨之笔勾勒而出，和沙滩形成了线与面、粗与细的对比，江边石块线面互用，平衡了对比关系。画面将远近、虚实变化统一在淡墨灰调中，营造了寒雨凄迷的意境。

　　高氏的花鸟画更是笔墨酣畅，潇洒痛快，《秋灯图》以细致的用笔画一姿仪俏俊的蚂蚱，翅膀一笔写出，质感极强，触须细劲而有弹性，不深入观察是画不出来的。纱灯用板刷蘸墨色，纵横几笔就把灯纱的质地刻画而出，真是妙不可言。

　　高剑父在绘画表现题材中，不拘于传统成法，提倡表现新事物，在他的画中，出现了飞机、汽车、电线杆等现代题材，这是传统绘画所未曾表现过的。高剑父之弟高奇峰与其兄画风相近，而另一位画家陈树人，虽然画风和高氏兄弟不同，但在艺术上也具创造精神，与高氏兄弟合称"岭南画派三杰"。

　　以高剑父为首的"岭南画派"，在艺术表现上"折中中外，融合古今"，形成了新的流派。但是，"岭南画派"对后世的真正作用和影响，不在形迹而在精神，他们那种主动面对西方艺术，勇于创新的精神，是值得每个艺术家学习的。

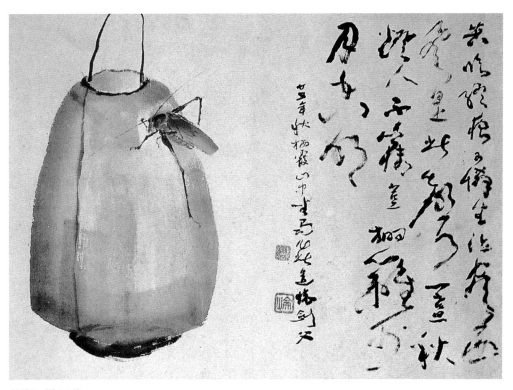

高剑父《秋灯图》

黑墨团中天地宽——黄宾虹

由于中西方绘画的差异，也导致了欣赏方面的差异。西方传统绘画重体量、重形色，这对欣赏者是件好事，他们大可不必懂素描和了解绘画程序，便能看懂绘画的意蕴。但我们要想看懂传统文人画的话，就是一件很复杂的事情了。你不仅要了解书法和具备一定的学识，更要懂得文人画图式和笔墨法式内部诸环节。因为文人画在所有的绘画程序中，都能传达它的意蕴，它更注重过程，并且每个绘画程序都保留在画面上，这和西方绘画重结果和后面程序总要遮盖前面程序是不同的。欣赏文人画时，你对笔墨内在语言了解越多，就有可能理解越深。现在之所以连许多画家都看不懂文人画，问题就在于不懂笔墨语言。仅凭从绘画性着眼，判断出画中物象；仅从素描调子着眼，体会一点水墨灰调子的变化；或从西方绘画的笔触出发，联想一些皴法的肌理变化，这种着眼点，是和传统文人画的本意相去甚远的。

我们欣赏传统文人画已有困难，可偏偏又出现了一个黄宾虹，他的画比其他画家的画更令人费解，但他的声望却比他们高得多，这就更加扰乱了观者的视听。不过作为一代大师，他肯定有他的艺术道理，虽然解读他的画的确很困难，但这并不妨碍我们接近他。

黄宾虹（1865—1955），名质，字朴存，号予向、大千、虹叟、黄山山中人，原籍安徽歙县潭渡村，出生于浙江金华。

黄宾虹5岁便开始读书，在父亲和启蒙老师的影响下，6岁就临摹画稿，并兼习篆刻。青壮年时，他曾从郑雪湖学山水，也很着意于陈崇光的花鸟画。在这期间，他深受康有为等改良派的变法思想影响。1895年，康有为在北京发动"公车上书"，他表示赞同。42岁那年，他因参与组织"黄社"，被人告密清廷，当局欲以"革命党人"将其拘捕，他在朋友的帮助下，化装逃往上海，并在上海定居。在沪期间，他在商务印书馆、神州国光社当编辑，在新华艺专、上海美专当教授，并发起组织"金石书画艺观学会"、"百川书画社"等。

1937年起，黄宾虹迁居北京十年。1948年秋天，南迁杭州西湖。60岁以后，除游

黄宾虹《山水画》

历山川名胜外，便作画、读书、考证著述。90岁时，双目患重障，仍在纸上摸索作画，创作了许多代表其艺术水准的作品。

黄宾虹的绘画多学黄山、新安诸家，"新安画派"画家笔墨感情充沛，用笔多强调书法金石之气，因而与当时纤弱柔靡的画风相区别。"新安画派"的笔墨特色，为黄宾虹的绘画打下了良好的基础。这一时期，他非常重视引书入画，着意于用笔的力度，强调用笔多于用墨，墨韵大多也都在用笔中取得，早期画面墨色虚淡，也就是所谓"白宾虹"画风。实际上他这一时期的绘画，和董其昌、"四王"所走的路没有太大的区别，只不过他用金石书法之气矫正了"四王"的秀弱之风而已。但在笔墨法式、内在语汇锤炼上，练的是相同的"笔墨禅"。笔墨法式的条理性、规范性、精确性，比"四王"是有过之而无不及，而且"四王"中的王原祁对黄宾虹的启发性更大一些。其实黄宾虹对董其昌、"四王"的绘画本意是心领神会的，只是他不仅能"入禅"，而且还善于"出禅"。他后来融会北宋、五代诸家，又吸收高克恭、石谿、龚贤之精华，形成了晚年"黑宾虹"画风，完成了他"出禅"之举。

从大自然的山川草木中，以文化成了许多皴法、树法等符号法式，这是文人画成熟标志的一个方面。它使得万物有了可控性，不如此，文人画的笔墨将无处承载。但是，我们应该明白，这些皴法、树法符号，是人们从大自然中总结的，是人为的，不是万物自己"预谋"的，这些符号法式和自然万物本身关系不大。黄宾虹的"出禅"阶段，就是将这些笔墨法式、符号法式打得虚空粉碎，还原给真实的山川草木，使其从自然中来，回自然中去。他的笔中只保留书法化了的一点、一线，这样他就获得了超越笔墨法式、符号的最大自由。他以这种自由，随意地表达着他对自然的感受，如果不是超越了笔墨法式、符号的限制，他一生的游历和写生，对他的绘画作用不会太大。黄宾虹是用回归笔墨本意的一点、一画，努力地从笔下发掘出自然的真实奥义，将笔墨和自然统一在一起。此刻，他不仅在自然中已能体会出笔墨韵致，而在笔墨韵致中也能体会出自然的意蕴。这样，他就在写生中把自然意蕴、笔墨韵致体味了一遍，只有这样，才能真正做到"以画为乐"、"以画为寄"。过程已经就是目的，所以才能"笔才一二已能构幅，笔有千万也可不止"。黄宾虹的画，有的非常简略，而有的却极其繁复黑重，也就是这个道理。

黄宾虹的画必须从真实着眼才能弄懂，他是通过不真实的表面，达到真实的目的，他的画不是告诉人们山多高水多长，而是走进了更深刻的真实。他画山的阴阳交割、树荫的投影、山川的温润厚重、土地的肥沃、万木的葱茏生机、雨后的湿润、云雾的蒸腾，所有这些都不是表面真实所能表达的，但这却是游离形象表面之外更加真实的东西，缺少了这些，山川草木就没有了生命。看黄宾虹的画，一定要换个"眼光"来看，才可能发现奥秘。就像我们看三维立体画的画片，当你没看见里面的物象时，只能看到画片表面的"花花绿绿"，当你看清了里面的物象时，表面的"花花绿绿"就消失了。而想看到画片中的物象，就必须换一个和平时观察事物不一样的"眼光"才行，有些人一辈子也看不见画片中的物象，只能停留在画片表面的"花花绿绿"上。这个比喻也许能体现

黄宾虹《山水画》

出欣赏黄宾虹绘画的层次差别。

由于黄宾虹把笔墨和自然统一在一起，我们看黄宾虹的画，除要对笔墨有所体悟外，还要多去观察真山真水。因为黄宾虹是将笔墨直接转化成画中的山水，他将笔墨的"浑厚华滋"转化成"山川浑厚、草木华滋"，将干笔、润笔转化成"干裂秋风、润含春雨"。看来光看画，不看真山，是很难理解黄宾虹山水真谛的。

近年来，黄宾虹的知名度愈来愈高，这说明人们在逐渐地加深对他的认识，相信随着时间的推移，黄宾虹的艺术更将被世人所理解，并对中国画的时代发展大有作为。

天惊地怪见落笔——潘天寿

传统文人画的发展，是和我国古代社会的政治、文化、经济相统一的，和单一的自然经济、农业经济相协调的。传统文人画的兴衰，也是在这大一统的中国社会文化框架内上下涨落，而从未遇到社会形态变革和西方艺术冲击的挑战，所以传统文人画图式和价值一直是统一的。

随着新社会的建立和西方绘画的大量传入，传统文人画开始同时面临着如何向现代社会转换和如何应对西方艺术冲击的双重问题。面对这些问题，诸多画家都以不同的方式探索新与旧、中与西的整合方案，潘天寿就是这诸多探索者中卓有建树的大家。

潘天寿(1897—1971)，原名天授，字大颐，号寿者、雷婆头峰寿者等，浙江省宁海县人。潘天寿自幼聪慧好学，7 岁入私塾，课外善习书画，14 岁时入宁海县城国民小学读书，购得《瘗鹤铭》、《玄秘塔》、《芥子园画传》，朝夕临摹，爱不释手。19 岁高小毕业时，父亲因家计累顿，要他回家助耕，但他决意求学，方得父亲同意，随后考入浙江第一师范。求学期间，得识经亨颐、李叔同等诸多学者，并在人生品格、治学态度诸方面受其影响弥深。1923 年，潘天寿来到上海，任教于民国女子工校。在沪期间，结识许多画界名手并有机会得到吴昌硕的亲授，吴对潘天寿的才气十分器重，特地送他一副篆书对联："天惊地怪见落笔，巷语街谈总入诗。"潘天寿对吴昌硕的艺术非常喜爱，会心处也甚多。但他深知艺术应有创新，因而能得其法，而不被法所困，这是潘天寿高于吴氏其他弟子之处。1928 年国立西湖艺术院创办时，潘天寿任该院教授，定居杭州。1944 年任国立杭州艺专校长。新中国成立后，曾任浙江美术学院院长、中国美术家协会副主席等职。"文革"期间惨遭批判，在受到数年折磨之后，于 1971 年含冤去世。

潘天寿的绘画师学甚广，对远自五代两宋的董、巨、李、范、马、夏，元代吴镇，明代沈周，清代石谿、石涛、八大山人、高其佩、吴昌硕等诸家，皆有所悟。但论用功潘天寿不像齐白石、黄宾虹那样，日日伏案临池，他更多的是用"头脑"来作画。他取沈周、石谿之苍辣，变石涛笔墨恣纵为井然，变八大山人圆转为方折，变吴昌硕朴厚为

潘天寿《梅月图》

骨力，变古人笔中求气为笔中求力，着意追求"强其骨"、"一味霸悍"的阳刚之美。为求其骨力、雄拔，他用墨也求用笔之法，是墨从笔出，墨中藏笔。他的画中无论是小的环节还是大的开合，都蕴含着力量的开张和趋势。为了避免过分的剑拔弩张，潘天寿在画中大量地运用了各种"点法"，弱化了"横冲直撞"的线条，他许多画中的墨韵是从各种"点法"中获得的。点和线是构成绘画语言对比最基本的单位，能较好地调和点与线的对比关系，会使画面对比更单纯、更响亮、更有节奏。可以说自"点法"独立以来，在花鸟画中用点最多的就是潘天寿，他的画如果没有"点法"便不能成立。潘天寿不仅以深厚的传统功力，开创了雄浑奇崛、苍古老辣、生涩险绝的画风，而且还对传统绘画的章法构图进行了梳理。

章法构图规律在前人论述和作品中已有体现，但大多是画家心性的自然流露，是处于自发追求阶段，而潘天寿却将构图提高到自觉追求阶段。他在继承前人构图格法的基础上，总结出了平面分割的基本原理，如图形切割、骨架组合、重心偏移、力量趋向、开合呼应等，为中国画章法经营提供了原理上的依据。《映日》是潘天寿在构图方面独具匠心的佳作。该图以三角形平面分割为主调，右边空白不着一物，左边墨荷穿插繁复，并在繁复中留出空白与大空白呼应，右边上首题字不仅使画面气脉收得住，也和繁复的穿插形成呼应，使画面疏中有密、密中有疏，节奏感极强。图中墨荷行笔和墨荷边缘多呈直线，荷秆穿插犹如钢筋骨架一般，现代意味十足。如果用建筑来类比的话，潘天寿的构图是从传统强调曲线变化的"土木结构"，变为现代强调直线变化的"钢筋水泥结构"，这也是和城市现代文明相协调的。《梅月图》是潘天寿最后一张大幅作品，画面以"S"形构图，绘一树梅花从画中冲出又折回，折回梅干无所支撑，有下折之感，而潘天寿在左上角一轮圆月四周以墨涂出云气，将梅枝拉起，云气尾端也起到支撑线作用，最后使奇险的构图"化险为夷"。画面气韵似乎比前期作品更加冷涩奇崛、沉重霸悍。

潘天寿在绘画中有意强调秩序、力量、稳定、直线等现代艺术成分。但这些成分却是在中国传统绘画体系内部生发出来的，从中我们也可以看出，潘天寿所走的变革中国画之路，是和其他人有所区别的。他试图将传统图式向现代转换，借古变新，以适应中国社会向城市化、工业化、现代化的转变。潘天寿的艺术探索，似乎已触及了中西方艺术相通之处。

潘天寿的绘画，从另一个角度证明了平面分割、构成等因素不是西方艺术所独有，而是中西艺术所共享。他的绘画也说明了传统中国画向现代化转变是可能的，这也许是潘天寿变革中国画的本意所在。

潘天寿《映日》

衰年变法　别有新意——齐白石

文人画自萌发以来，一直着力表现超尘拔俗的审美趣味，抒发文人胸中万象，以高雅脱俗为主旨，对"村粗不堪"之物从不理会。而近代画家齐白石却将农妇村夫的生活情趣引入文人画中，变俗为雅，或以俗为雅，使文人画改头换面，以崭新的面貌出现在世人面前，创造了文人画新境界，也揭开了文人画时代新篇章。

齐白石（1864—1957），名璜，小名阿芝，字濒生，号白石、白石山翁、借山吟馆主者、杏子坞老民、星塘老屋后人等，湖南湘潭人。幼年时的齐白石就酷喜绘画，因无师指教，便自己习画。他小时常去放牛，祖母和母亲不放心，便在他脖子上挂一铜铃，远远听到，便知他在何处。后来为念此事，白石刻"系铃人"一印。齐白石因少年时身体单薄病弱，无力春耕夏耘，便学了木匠。他先学做粗木工，一日从师傅去做活，路遇同里三个木匠，师傅急忙避路让行，神情谦恭。白石不解，问其故，方知木匠行内分"粗细"，粗木匠只能做打制一般家具的"粗活"，细木匠却能画善雕，专做"细活"。路上所遇三人皆是细木匠。白石心中暗自不服，他们能做，自己为何不能？一年后便改学雕花木工，当了细木匠。

一日，他在给顾主雕花时，无意间看到一部五彩套印的《芥子园画谱》，甚为兴奋，便将其借回，一幅一幅逐页临摹了半年。这无疑对他将来从事绘画有着非常重要的启蒙作用。白石27岁时，拜本乡文人画家胡沁园为师，学画工细花鸟草虫；师从当地画家谭溥学山水；并向文人陈少蕃学习诗文，开始了他的书画生涯。晚年时他曾为此作诗道："挂书无角宿缘迟，廿七年华始有师。灯盏无油何害事，自烧松火读唐诗。"白石到了37岁，又拜湘潭王湘绮为师。40岁他开始远游，足迹踏遍大江南北，"五出五归"，眼界大开。

1919年，白石为避乡乱，第三次来到北京"以卖画刻印自活"。刚来北京时，因其画风不合时流，常遭人冷眼。就在这时，陈师曾鼓励他"变法"，"自创风格，不必求媚世俗"。白石信然，便开始了他"删去临摹手一双"的"衰年变法"。齐白石的绘画除在家乡亲得师授外，更多的是师学前人。他对徐渭、八大山人、吴昌硕钦佩不已，曾说："青

昨夜床前點鐙早 待我解

衣來睡倒 聾門只打一錢

油那紗

供具尊鼠

來油畫

乞得描兒

子飽何時

鐙枯天不曉 借山老懶主者齊璜畫

齐白石《灯鼠图》

齐白石《荔枝图》

藤（徐渭）、雪个（八大山人）远凡胎，缶老（吴昌硕）衰年别有才。我欲九泉为走狗，三家门下转轮来。"他在诸大师的画中，的确也深有所悟，得其笔墨要义。但是，作为一个成功的艺术家，不仅要会学，而且更要会"抛"，学固不易"抛"更难。当一个画家知道学什么时，他还停留在技术层面；当一个画家知道"抛"什么时，他就进入了艺术殿堂。齐白石的"衰年变法"是从里到外、从笔墨语言到表现题材的整体"变法"，而不是单方面的"变戏法"。他面临的首要问题，就是从他所师学的诸家中摆脱出来，这对一个画家来讲是很困难的。因为笔墨结构和用笔习性一旦形成，就难以改变了。尤其八大山人的画风，在相当长的时间里，一直"制约"着白石。他曾在一帧册页上题字云："白石作画，常恨雪个（八大山人）来吾肠。"从中我们可以知道，改变已形成的笔路是何等不易。在长期的笔墨探索中，白石悟出若要得到属于自己的画风，就必须先找到属于自己的笔墨，变我就笔墨为笔墨就我。他变八大山人用笔绞转曲折为用笔直率平易，变冷逸为平和；变徐渭用笔疾速为用笔徐缓，变用墨渗化浑沦为用墨醒透朗然，变墨中求笔为笔中求墨；变吴昌硕用笔刚猛劲利为轻松恬淡，变追求整体的书法气势为追求局部行笔中的韵味。白石画中非常强调有碑版气的飞白的效果，他在行笔中着意留出浓淡飞白，以飞白丰富用笔变化，在飞白中求苍润。他在强调有碑版气的飞白的同时，特别注意"破墨法"的运用，在湿淡墨上用干浓墨破之，以求墨韵的丰富性。白石是在飞白中取气，在"破墨"中取韵。

白石绘画特色是一"飞白"，二"破墨"，三题材。他用率直朴素的笔墨，表现着朴素的农村题材，将文人画情趣引向农村的广阔天地，并在那里"大有作为"。在他的笔下出现了高粱、玉米、白菜、柴笆、锄头、算盘、青蛙、老鼠、灯蛾、油灯、红烛、鸭蛋等生活中的景物，开拓了文人画表现新内容。

齐白石经过十余年的不懈努力，终于在文人画和民间艺术中间找到了契合点，完成了从笔墨到审美情趣的转换，使他的绘画在"衰年变法"中焕发了青春活力。齐白石的艺术是他生命状态、人生经历的折射，他对后世的影响是非常深远的。

寂寞的耕耘者——林风眠

近一个世纪以来，中国的艺术家一直在想方设法融合西方绘画精华，变革中国传统绘画，或创造出一个新画种。他们先到东洋，后到欧洲，学习西方的绘画技法和理论，希望能在变革中国绘画上有所作为，但他们搞出的作品，不是中西合"臂"，就是中西连"手"，或是立"足"于西方绘画的"怪胎"。在这里已谈不上艺术精神的融合，而是机械的移植和黏合。但是，我们也不能否认有少数的成功者，他们不是在表面，而是在精神上整合了中西方艺术，成为中西艺术探索的典范，林风眠就是这其中的佼佼者。

林风眠（1900—1991），广东梅县人。祖父是雕刻石匠，父亲是民间画师。林风眠自小就喜诗善画，6岁即入私塾，18岁中学毕业后，于1919年同林文铮、熊君锐去法国勤工俭学。先后入法国第戎美术学院、巴黎高等美术学院，并在柯尔蒙画室研习绘画。由于林风眠去法国时才18岁，在此前仅初涉"岭南画派"画风，没有先入为主的东西，中国传统教育对他熏染不深。他对中国传统并没形成成熟的看法和思想，因而极易受当时西方流行的现代艺术感染，马蒂斯、莫迪利亚尼、鲁奥对林风眠影响较大。1923年在德国游学所创作的绘画，多取材于欧洲古典题材和浪漫主义题材。当时留法的中国画家一般都学法国古典写实主义绘画，而林风眠却着意于西方现代艺术，是现代艺术促使他形成了自己的艺术观念。而更意味深长的是林风眠是在西方加深了解中国传统艺术，他在参观西方博物馆中的中国艺术品时，发现了中国传统艺术的魅力，这为他回国后致力于中西绘画的整合打下了基础。在法期间，林风眠与林文铮、吴大羽等成立"霍普斯会"，并组织中国美术展览会，在展览会上结识了蔡元培，深受其"以美育代宗教"的感召。林风眠1925年回国。1928年，在蔡元培的大力支持下创立杭州国立艺术院，任校长兼教授。在他任职十年间，基本上是以法国美术院校教育为模式，强调基本功的训练，但在艺术思想、观念上比较自由、开放，培养了一大批优秀画家。1939年以后，林风眠在观念上有所变化，开始潜心作画，题材大多也都远离现实和形势，有"唯美主义"和为艺术而艺术的思想。林风眠20世纪60年代在上海首次办画展，一举成功，但"文革"

期间遭到批判，被打成"黑画家"，许多作品被毁。1979年，林风眠定居香港。

　　林风眠融合中西绘画，主要不是技法上的，而是以观念和精神统领技法。这种观念和精神又主要不是欧洲古典绘画的，而是西方现代艺术精神，这种精神和中国艺术有着某种亲缘性。林风眠选择中国艺术的范围不是传统文人画，而是汉画砖、汉画石，历代瓷器上的瓷绘以及民间的艺术。这实际上是中国艺术最广泛的基础，也最能代表中国艺

林风眠《端坐的女人》

术最深层的东西。中国绘画本来就是从墙上、陶瓷上、砖瓦上转到纸上的，它比纸上绘画更接近绘画本意。这些物品上的绘画，在用线上更直接、更率真、更疾速光润，也更随意，这种艺术神采和西方现代艺术也有着某种亲缘性。再说，民间艺术也是最易转化成现代艺术的。林风眠使中国艺术和西方现代艺术在精神上找到了契合点，尽管它们的两极是不同的。最后他将这鲜活的"精神"承载在宣纸和毛笔上，通过水墨与色彩，让它们交合渗化，创造出具有现代意义的艺术新境界。

林风眠《晨曲》

　　林风眠画风样式多变，没有一种风格具有普遍意义，他在绘画中体现的是探索经验和艺术精神。他的绘画多方构图、画得较满，并有背景烘托气氛，弱化明暗，以色显光，用笔流动飞快，速度感很强，讲究形式上的意匠，画中隐藏着淡淡的寂寞和伤感。

　　《端坐的女人》是他常画的题材。图中以各种圆弧线画一佳人，整体是几个椭圆构成，抓住了女人的特征。画面两边涂有对称的黑边框，为平中求奇，在右边画七条横线，左边画一细颈瓶，瓶的弧线和右边横线形成对比，和佳人弧线形成呼应。佳人头发两边的直线平衡了两边的边框，为衬托佳人脸部的光滑感，在后面以金黄色大块笔触为之，黄色和左上角的紫花形成画面色彩对比的最强音。

　　整幅画面是在静中取动、方中取圆，是以多变的形式在说话。而他的《晨曲》却是用情感在说话。图中以劲利之笔迅速勾出舞动的树枝，也勾出了画中的旋律，一群小鸟在树枝间参差错落，犹如五线谱上的音符，奏响了清晨的音乐，整个画面充满了诗情画意。

　　在林风眠的长期艺术探索中，开创了绘画的新门类，虽然真正理解它还需要一段时间，但林风眠的艺术精神深深地影响着当代许多画家。

尽精微，致广大——徐悲鸿

谈到近代中国美术，想绕开徐悲鸿几乎是不可能的。无论是油画还是国画；无论在中国美术的改造方面，还是在中国美术的教育方面；无论是在发现人才，还是提携后人方面，都有他的重要贡献。

徐悲鸿（1895—1953），江苏宜兴人。父亲徐达章是个村塾先生，擅长书画，这对徐悲鸿喜爱绘画有着启蒙作用。他9岁开始随父学画，不久已能做父亲的助手。他17岁时，父染重疾，家道日窘。为全家生计，他除担任学校图画教师外，还到上海等地卖画营生。1915年，徐悲鸿再次赴沪，一边刻苦作画，一边学习法文。当时他画了一匹奔马，寄给审美书馆馆长高剑父。此画受到高氏兄弟的一致赞赏，并资助徐悲鸿入震旦大学法文系半工半读。暑期应聘到明智大学作画，结识了康有为，在艺术观上受其影响颇深。翌年五月，赴日本学习美术，与蒋碧薇结婚。年底回国，应聘任北京大学画法研究会导师。1919年徐悲鸿赴法国巴黎国立高等美术学院，师从著名画家达仰学习素描。1921年，徐悲鸿去德国柏林，访问了柏林美术学院，并有机会到各国观摩绘画名作。1927年徐悲鸿回国，历任中央大学艺术系教授、上海南国艺术学院美术系主任、北平大学艺术学院院长等职。新中国成立后任中央美术学院院长。

徐悲鸿不仅擅画油画、素描，而且国画人物、山水、花鸟、动物无所不能，特别是他的书法水平超群，堪称画坛全才。徐悲鸿的素描具有高超的艺术水准，他对素描语言的把握非常恰当，不依赖背景衬托，而能使层次丰富；不依赖将物象涂黑，而能在淡灰中使物象有浑厚的体量感。他的素描往往在受光部强调用线，背光部强调用面，素描用线具有中国画白描的韵致，变化非常微妙。在徐悲鸿的素描中，隐现着中国画的神采，其水准是可以和世界大师相提并论的。他的油画继承欧洲古典油画特色，吸收印象主义绘画的光与色，又融合中国画的精华，使其具备了民族气质。他虽然提倡写实主义画风，但他还没有来得及将技法的写实主义延伸至题材的写实主义就离开了人世，这不能不令人遗憾。但他在中国画创作上采用写实主义却卓有成效，他绘制了大量写实的彩墨画作品,《漓江春雨》图是徐悲鸿彩墨画探索的成功之作。图中以浓墨先将树木点出,再以淡墨简略勾出房屋,然后用大笔抹出远山,并着意留出云雾,又用纵横之笔写出倒影,树木房屋的墨色,在上下淡墨的浸化中开始渗化变幻,与整幅墨韵融为一体,渗化无迹。趁湿又补点一些烟树倒影,最后画一人撑舟急行。整幅画面水墨淋漓,气韵酣畅,在烟雨迷蒙中把江南水乡表现得淋漓尽致,堪称徐悲鸿彩墨画经典。

徐悲鸿喜画马,他对马的肌肉、骨骼以及神情动态,都有着深刻的体会,他笔下的马无不在笔墨酣畅中,体现出精微的神机。他除画马外,对其他动物也画得生动别致,如《墨猪》,以浓墨先将主要特征勾出,然后阔笔几抹,就把猪的憨肥之态表现无遗,其水准绝不在画马之下。

徐悲鸿在美术理论方面也有许多精辟的见解。1918 年发表的《中国画改良论》,是他第一篇论述中国画改良的论文。文中提出"古法之佳者守之,垂绝者继之,不佳者改之,未足者增之,西方绘画可采入者融之"的论断,为许多想变革中国画的有识之士所借鉴。在绘画意匠过程中,他提倡"尽精微,致广大",抓住重点,以"少少许,胜多多许",为广大的美术工作者

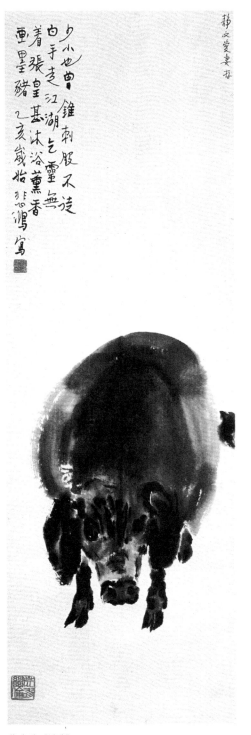

徐悲鸿《墨猪》

徐悲鸿《漓江春雨》

所认同。对于中国传统人物画，他曾指出："自明清以来，几无进取，且缺点甚多。""如画衣服难分春夏，开脸一边一样，鼻旁只加一笔，童子一笑就老，少艾攒眉即丑等等，岂能为后世法度。"因此他提倡以写实主义画风来矫正传统人物画的弊端。

徐悲鸿还非常注意发现美术人才，任伯年就是在徐悲鸿的大力推崇下才广为人知的。"南北二石"的齐白石、傅抱石曾得其帮助，人物画家蒋兆和也曾受其推介。

在教学上，徐悲鸿为中国美术的教育建立了基础框架，并培养了大批优秀画家，成为中国美术的中坚力量。徐悲鸿对中国近代美术的贡献是巨大的。

独自成千古 悠然寄一丘——张大千

据记载，中国画中的"泼墨"之法始于唐代王洽，但由于王洽作品没有流传于世，所以无法判断当时用"泼墨"法所作的松石山水是什么效果。后世的梁楷、徐渭、石涛多以酣畅淋漓的笔墨作画，也常被人们名之为"泼墨"。但他们的"泼墨"是用笔来完成的，只不过有"泼"的意味而已，不是完全意义上的"泼墨"。而纯粹的"泼墨"法，出现在近现代画家张大千的画中，是他将"泼墨"法发展到了艺术的极致。

张大千（1899—1983），名正权，后改作爰，号大千，四川内江人。父亲张怀忠，早年从事教育，后改盐业。母亲曾氏，擅长绘画，这对大千喜爱书画不无影响。大千兄弟十人，他排行第八，9岁开始习画，12岁已能画山水、花鸟和人物，13岁就读于新式学堂，19岁与仲兄张泽留学日本，学习绘画与染织。1919年返回上海，因未婚妻谢舜华去

张大千《墨荷图》

世，悲痛万分的大千出家于松江禅定寺，法号大千，三个月后还俗，与曾正蓉结婚。婚后重返上海，从师李瑞清，并结识吴昌硕、黄宾虹、王震、冯超然、吴湖帆等。1925年，在上海首次举行个人画展，1932年，全家移居苏州网师园。1936年，上海中华书局出版《张大千画集》，徐悲鸿作序，称誉"五百年来一大千"。1940年，张大千赴敦煌临摹古代绘画，深受古代艺术熏染，画风为之一变。1954年移居巴西，1956年赴法国时，与毕加索会晤，并为其演示中国传统墨竹画法，还相互交换了作品。据说，毕加索还指出大千的绘画和古人面目雷同，缺少个人风格，促使他开始探索革新之路。1972年，张大千移居美国旧金山。1976年，又迁居台北，五年后去世。

张大千的绘画师学很广，由宋元至明清，由石涛、八大山人到徐渭、陈淳，无不精心临抚，尤其对石涛、八大山人用心颇多，以致所临作品和以其笔意所写的作品，达到了乱真的地步，许多行里人也误以为真，争相购藏。

张大千的绘画在60岁以前，主要以传统画法为主，山水介于石涛、石谿之间，多画名山大川，并着意运用直线，略有新意。除画水墨、浅绛山水外，还画青绿山水、金碧山水。他的写意花卉，吸收了许多八大山人的画风，他变八大山人用笔绞转为中锋直笔；变用墨纷披为整饬，变八大山人画风的冷逸为潇洒飘逸。人物画以传统为根基，左受日本画风影响，右受敦煌画风影响，画面用笔流畅，用色瑰丽，造型饱满，略有大唐风韵。张大千的绘画如果仅停留于此，那他充其量也只是个二流画家，大陆画家有此水准的也不在少数。

最难能可贵的是张大千60岁前后，开始"衰年变法"，探索泼墨山水的画法。所谓"泼墨法"，是先以笔勾勒物象大概，然后以浓淡墨泼于纸绢上，任其流溢，再点以浓墨或清水，有时可在墨上再泼彩，也可彩墨同时泼于纸绢，任其渗化融合，彩墨相彰，变幻莫测。泼墨完毕，再用笔细心收拾，将浑沦处点醒。这样就使泼墨处在虚与实间幻化，令人神往、遐想万千。

《慈湖图》是张大千泼墨山水的成功之作。画面前方以线为主勾出树干，在枝杈间点写浓淡相间的树叶，后面高山，用笔勾出大的脉络，然后以大片水墨泼出，并用水冲之，使水与墨渗化淋漓，墨色变化十分丰富，最后用笔收拾出山的皴纹，使其和泼墨部分巧妙结合，形成线面对比、干湿对比、黑白对比，增加了形式上的联系。在山体结构的支撑下，泼墨部分则变成了山的背光和山的沟壑，真可谓"点石成金"。

有学者认为，张大千的"泼墨泼彩"法，是受美国抽象表现主义画家波洛克"泼油彩"画法影响，并将其法用于自己的画中。这个观点是可以再商榷的，到目前为止，还没有任何证据可以说明大千是受波洛克的启发而变法的，也没有任何证据可以证明张大千在变法前看过波洛克的画。张大千的泼墨和波洛克的泼彩，是在形态和语言上不相同的两类艺术，如果仅在表面形态上相似，就说张大千是学波洛克，那么从踢翻的油桶、滴淌的奶油中更易受到启发。

张大千《慈湖图》

实际上我们可以认为，张大千的"泼墨法"是中国水墨画自律发展的结果。中国是水墨画的故乡，历史上早就有"泼墨法"的记载。画家们追求的水墨淋漓、水墨相辉的效果，就是"泼墨法"的前奏，起码在理论上"泼墨法"已经存在了。"泼墨法"、"泼彩法"的出现，是和中国传统水墨画发展一脉相承的，是中国水墨画极端发展的结果。

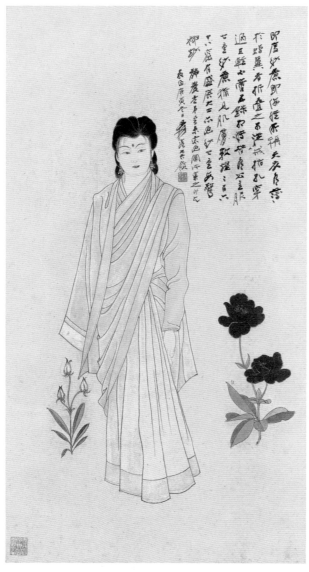

张大千《仕女图》

如果说西方艺术对张大千有所影响的话，那也是在创新观念上的启发。

张大千的泼墨绘画，从传统中羽化为现代艺术，使他有资格步入大师的行列。他的艺术成就，对我们当代的水墨画创新也有着重要的启示作用。

笔飞墨走精灵出——石鲁

传统山水画的表现题材，大多以名山大川、江南小景为主。古代的士大夫们借这些山峰峻峭、草木葱茏的景致，营造着理想中的世外桃源。而传统文人画的笔墨法式，也是围绕着这些题材建立的。因而，在传统山水画中，几乎没出现过黄土高原的形象，这除了它太平凡无奇和缺少表现语言外，更重要的是它不符合士大夫文人们的雅赏，自然也就不会把胸中的雅逸情怀寄托于贫瘠的黄土高原上。可就在这块贫瘠的土地上，却出现了一个影响巨大的"长安画派"。该画派的画家们，以极大的热情讴歌了这片黄土地上的风土人情，在平凡的景色中发现了美。而首先发现这黄土高原之美并竭尽全力来创作的，则是"长安画派"的中坚石鲁。

石　鲁（1919—1982），原名冯亚珩，因慕石涛、鲁迅之

石鲁《赤岩映碧流》

品格，以石鲁为号。石鲁自幼爱好美术，1934 年夏随兄入成都美术专科学校国画系，系统研习石涛、八大山人、扬州画派、吴昌硕诸家。1938 年借读于华西协和大学文学院历史社会学系。1939 年 1 月只身一人骑自行车离家辗转至晋而赴延安，投身革命。1955 ~ 1956 年赴印度、埃及旅行写生。1961 年"长安画派"画展在京举行，一时轰动画坛，得到社会的肯定。这时期石鲁还创作了电影文学剧本《暴风雨中的雄鹰》，后来被拍成电影。"文革"一开始，石鲁就遭到了批判，受到多次无端凌辱，身心俱损。于是他弃家出走，只身入川，一代杰出的艺术家，开始了行医讨饭的乞儿生涯。但不久又被抓回，遭到更野蛮的批判。当时曾有人策划以现行反革命罪上报省政法组，判石鲁极刑或死缓。但因石鲁影响较大，一时难于下手，他才幸免于死。无端的迫害，使石鲁身心受到严重摧残，不幸于 1982 年与世长辞。

石鲁早期绘画创作以版画为主，兼作年画、连环画等，主要作品有《群英会》、《打倒封建》等。1950 年,石鲁开始借鉴西法进行国画创作，代表作有《变工队》《古长城外》、《埃及写生》等。这个时期的作品，虽然表达了石鲁对现实生活的真实感受，也的确有许多鲜活的内容，但是，由于过分追求形色、明暗、体量效果，而忽略了中国画笔墨因素，是在用国画工具画素描。也许他是在赴印度、埃及写生时，比较出各国艺术的差异性，而对我们民族艺术终有所悟，体会出国画笔墨语言的重要性，开始了"一手伸向传统，一手伸向生活"的创作阶段。他在作品中加强了笔墨因素，减弱了明暗体量，使西画技法服务于国画技法,终于开创出绘画性很强,而又不失中国特点的"长安画派"画风。绘画性的加强，促使石鲁作品的内在意境从诗的境界拓展至文学境界，和传统国画意境追求拉开了距离，而具有现代意义。这一时期的代表作有《转战陕北》《南泥湾途中》《赤岩映碧流》等。《赤岩映碧流》以朱砂、水墨"拖泥带水"直接挥洒而成，浑沦中有其笔，劈斫中有其骨，突破了传统国画的程序性，色墨交融，绘画性语言极强；取景构图也以镜头取像式来完成，突破了传统"三段式"章法，在观物视角上已是现代的眼光。石鲁这时期的作品和出国写生前相比，素描已不是他的绘画基础，而只是一个条件，书法和传统笔墨的基础作用在加强，这是他对传统国画语言认识上的提高。

十年动乱中，石鲁在大劫中获得大悟，梅、兰、松、竹、荷、华山成为他借物咏怀

石鲁《转战陕北》

的主题，在传统题材中寓以人生品格新境界。他这时期的作品，笔墨因素已起决定作用，石涛、八大山人、吴昌硕、虚谷诸家之笔墨被他融入画中，特别是虚谷奇峭辛辣的用笔对石鲁有着直接的启示。《石榴图》就是他这方面的佳作。表面上看，他好像在向传统回归，其实每个环节都有新意，可谓"旧貌换新颜"。

由于石鲁年寿不永，他只是开创了"长安画派"的新画风，却没有达到艺术最高峰，这的确令人扼腕不已。但以石鲁为首的"长安画派"，是在新中国成立后崛起的新画派，对中国画的发展方向有着引导作用。因而，"长安画派"画风被广大美术工作者借鉴，对中国画坛的影响是直接而广泛的。

一碗苦茶献众生——蒋兆和

中国人物由传统转向现代，由古典画风转向现实画风，在任伯年的人物画中已有所体现。后来在徐悲鸿的提倡下，许多画家也开始探索人物画写实画法，徐悲鸿本人也身体力行，创作了大量的写实主义作品。但他的人物画，大多是以勾线为主的粗笔白描，或先勾轮廓再涂墨、涂色，没有将笔墨有机地结合在一起。而在蒋兆和的画中，才使笔墨与人物的结构统一在一起，完成了中国人物画由传统向现代的转换。可以说中国人物画的写实主义，是起于徐悲鸿而成于蒋兆和的。

蒋兆和（1904—1986），湖北麻城人，生于四川泸州。蒋兆和出身书香门第，祖父是教书先生，父亲曾是秀才。但当时科举已废，仕进无门，家境日窘，穷愁不得志的父亲，整天捧着大烟枪以解愁闷。

蒋兆和是蒋氏家族单传独苗，甚得家人宠爱。不料在他 3 岁时，突然因病抽风，数日未醒，家人一片号啕。大人们把他放在门板上，准备好了棺材，就在行将出丧时，蒋兆和却苏醒过来，众人惊喜异常。也许是这个缘故，家人给他取了个新名——兆和，从此他一直沿用此名。

蒋兆和自幼喜爱绘画，在父亲执教的家塾中读书。为了谋生，蒋兆和 16 岁时来到上海，以画肖像和画广告为生，业余自修素描、油画。这期间，他结识了徐悲鸿，深受其以写实主义改良中国画之主张影响。1928—1930 年，他担任南京中央大学艺术科图案教师。"一·二八"淞沪抗战爆发时，为宣传抗日，他曾为抗日将官 19 路军军长蔡廷锴、总指挥蒋光鼐绘制油画肖像。1934 年，蒋兆和赴南京参加孙中山塑像征稿活动，借宿于徐悲鸿家中。次年秋，又赴北平，接办友人李育灵的画室招生授徒，后又曾返回四川，于 1937 年开始长期定居北平。新中国成立后一直任中央美术学院教授。

蒋兆和的绘画，大多表现社会下层劳动者和颠沛流离者的生活，为他们的不平、不幸而呼号。劳动者题材是他绘画内容的重要组成部分，他曾在画册自序中写道："知我者不多，爱我者尤少，识我画者皆天下之穷人，惟我所同情者，乃道旁之饿殍。"又说："我

蒋兆和《阿 Q 画像》

不知道艺术之为事，是否可以当一杯人生美酒，或是一碗苦茶？如果其然，我当竭诚来烹一碗苦茶，敬献于大众之前。"他的绘画，始终贯穿着为人生而艺术的善良愿望和进步思想。1943年完成的《流民图》是他艺术成就的集中体现，也是他那种关注人生的悲剧意识的集中表现。图中背井离乡的农民、工人、知识分子和在死亡线上挣扎的老人、妇女、儿童，无不是战争年代人民命运的真实写照。

艺术不止于表现什么，而更在于如何表现。蒋兆和的绘画风格由传统绘画、民间擦炭肖像画、西方素描三部分融合而成，开创了既有笔墨，又有明暗，形象生动、惟妙惟肖的现代写实主义画风。蒋兆和的人物画，笔墨已具两种功用，用线既可

蒋兆和《京剧演员马连良》

体现轮廓，又可体现运笔；用墨既可表明暗，又可表墨韵。笔墨、形体、明暗相互统一，可以这里画一笔，那里抹一下，最后形成一个完整的形象，不必严格按着先勾轮廓线再

涂墨、涂色的传统方法来作画，避免了笔与墨两层皮的缺点。

蒋兆和的绘画可分为新中国成立前和新中国成立后两个阶段。从艺术角度来看，前一个时期的作品较后一阶段高出一筹。《阿Q画像》是他前一时期的代表作，成功地表现了阿Q朴实和麻木的精神状态。画面用笔较轻灵，在塑造体量关系的同时，还着意于墨韵变化。阿Q脸部以皴擦法擦出大的明暗关系，脸部结构关键部位用线勾出，头部以干墨皴擦，巧妙地表现了阿Q头上的疮疤污垢。脸部刻画较细，甚至对太阳穴部位的血管都有所交代。身体左侧以较细而松动的线勾出，由于线条搭得很松，身体也就虚转过去，增加了空间的虚实感。右侧以较浓之笔勾出胳臂，前紧后松，分出明暗，并在暗部注意墨韵变化，避免了只有明暗没有笔墨。身体明暗过渡追求大的转折，简洁明快，避免了过分立体，笔墨无法施展，又和西画拉不开距离的弊端。该图不仅用笔轻灵，用墨也很潇洒轻松，注意留出空白和飞白，使笔墨之间节节有呼吸。既吸收了西方艺术特点，又保持了中国的民族特色，是一幅中西结合的佳作。

蒋兆和的后期绘画，表情刻画细腻，画面色彩丰富，素描因素加强。由于着意于表情的生动性和造型的准确性，而忽略了笔墨关系，用笔太粗硬、太直、太实，用墨过于服从明暗调子，因此，也就少了几分笔墨韵致。但也不乏精彩之作，如《京剧演员马连良》，无论是在表情的生动性，还是造型的准确性、刻画的细腻性、色墨的丰富性上，都达到了很高的艺术水准。

蒋兆和的人物画，在美术史上具有划时代的意义，他完成了中国画人物的新旧转换，以崭新的绘画语言，表达了生动的现实生活。同时，蒋兆和并为国家培养了大量的美术人才，他的影响是深远的。

江山如此多娇——傅抱石

山水画因其以表现无限的空间为要旨，画中树木、房屋、舟车、人物等物象不能画得太大，点景物象画得越大，画面空间也就越小。就是画山体轮廓也不能用过长、过粗的线，因过粗、过长的线会使山体显得矮小，不利于营造深远的山水意境。山水画是在"竖划三寸，当千仞之高；横墨数尺，体百里之迥"中施展笔墨，不能像画大写意花卉那样纵横其笔。大写意花卉是因为更适合文人画家恣意挥洒，才迅速发展成熟的。但是，山水画一刻也没停止过探索直接挥写的可能。清初的石涛已将大写意花卉画法引入他的画中，开创了笔墨恣肆的山水画风。而在近代，出现了一位石涛的追随者，终于能像画大写意花卉那样，直接挥洒"千山万水"，开创了酣然豪放的山水画风，他就是

傅抱石《仿苦瓜山水》

傅抱石《潇潇暮雨》

近代画家傅抱石。

傅抱石（1904—1965），原名瑞麟，江西新喻（今新余）人，生于贫寒家庭。他少年时便酷爱书画、篆刻，经常出入裱画店，观看书画名迹。青年时期，他努力研习传统技法和画史，曾著《国画源流概述》一书。他广泛师学元、明、清诸家，尤其心醉于石涛画风和绘画理论，因号"抱石斋主人"。

1933年得徐悲鸿资助赴日本留学，入东京美术学校研究部，攻读东方美术史及工艺、雕刻。1936年回国后，由徐悲鸿推荐到南京中央大学艺术系任教。抗日战争时期，在郭沫若主持的政治部三厅任秘书。新中国成立后，傅抱石历任南京师范学院美术系教授、江苏省国画院院长、中国美术家协会副主席等职。1960年，行程2—3万里写生考察，第二年又到东北写生作画，开阔了眼界，创作了许多山水佳作。

傅抱石喜饮酒，尤喜酒后挥毫泼墨。1959年，他与关山月合作，为人民大会堂绘制巨幅山水画《江山如此多娇》时，因国家当时粮食紧张，白酒供应紧缺，傅抱石几日未能饮酒，终于有一天酒瘾发作而开始"罢画"。周总理知道此事后，想方设法弄了两瓶茅台酒送给他，傅抱石非常感动，出色地完成了山水画的创作任务。

傅抱石的绘画，是蕴含古今、融贯中西风格形成的。石涛的山水虽然笔墨放纵，但他画中的山石树木结构还是很完整的，因为他毕竟没越出文人画的大框架。文人画山水是以各种皴法、树法、点法的连缀运用，最后完成整幅画面的。可是在傅抱石的画中，他把这一切都给砸碎了。他的皴法是如同乱麻的"抱石皴"，他的树法是粉碎的"破笔点"，如果按着传统绘画画法，是无论如何成不了画的。因为没有了浑整的点法、皴法，也就没有了物象的结构，就是勉强画成，画面也会凌乱不堪。而傅抱石却出色地将这些松散破碎的皴与点统一在物象的结构中。在貌似零乱中，山川草木的结构层次井然有序。实际上他是吸收了日本竹内栖凤的彩墨画和日本水彩画的成分，去掉光影保留明暗，去掉色彩保留黑白，这样他就用明暗调子将那些"碎笔"统一在物象结构中，使笔与笔之间发生了联系。如果山石皴法、树木点法太完整、独立，那这些明暗调子是无法将它们统一在一起的。另外，傅抱石将这些明暗调子隐藏在笔墨中，尽量保持相对的平面，以突出笔墨的效果。如果缺少了这些明暗调子，他的画是不成立的。他作画是大胆落笔、细心收拾，所谓细心收拾。就是调整调子，他的画有时要反复染好几遍，直到能将结构、层次交代明确为止。他的画画面越放纵，其中的明暗关系越准确，只是这些明暗关系被笔墨遮盖了而已。但只要虚眼静观，或者退后几步，就能看出其中道理。《仿苦瓜山水》图，就属用笔狂放而明暗隐于笔墨中的典型。

　　另外，他还用抓紧一面、放开一片的方法来表现物象的结构和层次。因他的笔墨多碎笔，如果不在山体结构边缘收紧的话，就会散乱无形。所以，他在山石边缘用笔紧而重，里面松而淡，既可体现笔墨，又可体现结构。为保留山体结构，他用上实下虚、上浓下淡的山体层层推远，而无黏浑之感。《潇潇暮雨》就可印证此理。

　　傅抱石的山水画，情境交加，水墨淋漓，意兴酣然时，浓墨纵横，概括万千。他以深厚的传统底蕴，将技法和感情统一在一起，开创了不尚拘谨、不事华饰、笔率意远的山水画风，对现代山水画发展有着重要的启示作用。

"南陆北李"意匠新——李可染、陆俨少

　　中国有一个很有趣的文化现象，就是爱把一种事物分成南北对称。如在饮食上有"南甜北咸"，武术上有"南拳北腿"，禅宗上有"南顿北渐"。而在绘画上更是爱以南北称之，如"南黄（宾虹）北齐（白石）"、"南潘（天寿）北李（苦禅）"，等等。在20世纪末的中国画坛上，最后可南北相称的画家，就只有李可染和陆俨少了。

李可染《万山红遍》

　　陆俨少比李可染小两岁，二人都出生于20世纪之初，一个久居南方，一个长住北方。他们都以高寿经历了整个世纪的风风雨雨，都工山水。但在学习与吸收、意境之追求、笔墨之探索、风格之呈现等方面，他们又有着很大的不同。将他们南北对应而论，也许是一件很有意义的事。

　　陆俨少生于1909年，上海市嘉定人，父亲是小业主。陆俨少在未识字时便喜爱绘画，中学时期，常和擅长金石书画、古典文学的师友接触，并开始学习中国画。18岁从苏州王同愈先生学诗文书法，19岁从常州冯超然先生学画山水。陆俨少弱冠时便有超俗

李可染《春雨江南》

离尘之念，25 岁曾入浙江武康上柏山中，躬耕畎亩，以种植自给。29 岁时，日军入侵，为避战乱，迁居重庆，饱览了蜀中山川。44 岁任上海中国画院画师，后任浙江美术学院教授、中国美术家协会理事。

李可染生于 1907 年，江苏徐州人。幼时从同乡画家钱食芝学画，1923 年考入上海美专。1929 年进国立杭州艺术专科学校研究部学习油画，曾参加过"一八艺社"的进步版画创作活动。1943 年在重庆任教于国立艺专。1945 年迁居北平，从事教学工作，并拜齐白石、黄宾虹为师。曾担任中央美术学院教授、中国美术家协会副主席、中国画研究院院长等职。

在学习和吸收方面，陆俨少非常重视"师承"。在传统上可谓熏染弥深，但又不被传统所困，了然悉知"艺术是文化的花朵"。提出"四三三"的治学方法，即"四分读书，三分写字，三分作画"。以读书为"舟"，写字为"舵"，画画为"桨"，这样才能乘风破浪而不迷失航向。面对欧风东渐的新时代，陆俨少仍是"以不变应万变"，以传统为根基来开创新画风。我们看到他的山水画还是以传统的皴擦点染为之，可细看每个环节又都有新的气象和新的形态。

在学习和吸收方面，李可染非常强调"变革"。他 16 岁入上海美术专科学校，22 岁考入国立杭州艺术专科学校，深受西方艺术影响。40 岁又拜齐白石、黄宾虹为师，中西方绘画都得以接触，深知"艺贵创新"的真谛，决心"变革"中国画，提出"要以最大功力打进去，以最大勇气打出来"。打进去是"理解"，打出来是"概括"。他的山水画在抓住笔墨的基础上，又将西方艺术的体量关系引入画面，颇具现代气息。

在美学和意境方面，陆俨少追求的是"优美"，他的山水画曲折多变、灵动飘逸、通体皆虚。画面以曲线为主，追求一个"动"字。李可染则追求的是"壮美"，他的山水画浑厚凝重、沉雄茂密、单纯统一。画面以直线为主，追求一个"静"字。

笔墨方面，陆俨少的画，墨色明快淋漓、笔端极富变化，所有笔迹都清晰地展现在画面上，不遮不挡。用笔绞转反侧、提按有序，从点中抽出即是线，扩线即是面，笔笔有根据。他在画中还大量运用泼墨，有痛快淋漓之感。在笔墨运用上，陆俨少是能"泼"即"泼"，可"勾"则"勾"，相互生发，运用自如，把传统优势发挥到极致。李可染

李可染《茂林清暑图》

的笔墨沉着厚重，局部浓淡变化不大，追求整体的对比，笔墨痕迹尽量融入画中，浑化无形。用笔多以带"金石意味"的线勾画物象，抓住一个"苍"字。李可染的画里洋溢着厚、密、重、满的主调，主要是层层点染带来的效果，多次的积墨使山水树木浑然一气，所有的笔墨最后都形成一个"拆不散、打不烂"的整体。在笔墨运用上，李可染是能"点"即"点"、可"染"则"染"，在点染中融会中西，将时代气息呈现出来，气势逼人。在章法经营方面，陆俨少强调山川飞动的气势。他的山水一般都是右下角起势后，冲向左上角，基本用笔、用墨都服从于从右至左的大趋势。而李可染也很注重气势，是一种自下而上的气势。他的画有上升的崇高感和岿然不动的庄严意味，所画物象都控制在"纪念碑"式的框架里，在框架内求变化。

在对待传统绘画语言上，陆俨少用的是"加法"。他不仅刻意强调传统绘画语言的丰富性，还将一些绘画语言局部放大，单独运用，提出一个因素就可以单独构成画面，让我们细细品味。而李可染用的是"减法"。1954年前的十年中，他曾下了很大力气研究传统绘画，并尽量将复杂的传统语言单纯化，找到最"纯粹"的东西，最后剩下了最本质的"一点"、"一线"，他用这最单纯的"一点"、"一线"，奏响了最丰富的笔墨乐章。

在空间透视上，陆俨少强调"主观空间"。他选择的布景方式依然是传统的"散点透视"。"散点透视"和西方的"焦点透视"相比，更适用于绘画。它不受定点限制，可以自由发挥。传统的处理方法，一般是"散点透视"加笔墨浓淡来表现空间，由浓及淡、由近及远。但这种方法也有局限，就是浓淡反复运用，会使画面纷乱不整。而陆俨少用一种主观的"符号对比"方法解决了这个问题。在他的作品中，往往是一层细笔水纹、一层粗笔山石，一层双勾树木、一层白描的云，在其中还运用各种树法、皴法及浓淡、粗细、干湿、线面、黑白、疏密对比，在层层相衬中，将画面空间扩展至最大。这些"主观空间"的对比程序还没用完一个循环，就已画到百里开外了。在陆俨少的笔下，空间透视的运用，比任何一个时代的画家都自由，空间推展也比任何一个时代都深远。

陆俨少《太白胡僧图》

陆俨少《黄漶云涛》

陆俨少《雁荡云起图》

而李可染则强调相对的"客观空间",注意了欣赏者的视觉感受,但又不是完全的"焦点透视"。他把"焦点透视"里的"定点"和"灭点"去掉,把近景和远景弱化,只取中景,这样可以保持最大的平面性和笔墨发挥的自由性。为此,他还把画面近景中的桥和房屋也处理成平面,实际上他所采取的是"二维半"的半浮雕空间关系,既保持了质感、量感、空间感,也能在相对的平面上发挥笔墨效果,这也是他融合中西的成功之处。

通过对"南陆北李"的比较,可以看出"继承"和"变革"并不矛盾,都有成功的可能。在时代变革的潮流中,李可染顺应了时代,创造出具有新境界的优秀作品。而陆俨少在西方艺术冲击传统的环境中,依然孤独地立足传统,创造新意,更是难能可贵。可以说陆俨少是20世纪末"传统正脉最后一人",李可染是"融合中西艺术的拓荒者",他们的艺术实践,在许多方面对当代中国画家是很有启发的。

后 记

绘画是人类文明与文化发展的创造性成果，是人类脱离自然又向自然回归的通道，是人类将对人类发展历程中有重大意义之事物的美化和固化，因而，绘画中先天就包含了人类认识世界、把握世界的方式。

由于世界之大、地域之广、民族之多，自然而言会产生不同的绘画种类和表现语言，一个国家或一个民族，往往会产生与自己独特的生产与生活，独特的地理与气候相匹配的绘画样式和表现方式，民族精神和文化精神就是从这里展现出来的。

中国绘画是在农耕文明中产生和发展的，它和以游牧狩猎文明为文化艺术出发点的西方绘画是有着天然差别的，中西绘画各自有自己从造型手法到欣赏方式的独特性，绝难人为混淆为一。

然而，人类进入工业社会后，生产、生活的标准化、统一化会产生"强者"推行、"弱者"追随的世界文化统一化倾向，这一倾向实际上是世界倾向欧美，欧美文化成了世界文化的代名词和标准。更令人头痛的是，工业社会所带来的"千头万绪"还没梳理清楚，信息化时代就迎面向我们走来，地球一下子变小了，全球经济一体化已无可回头，信息资讯、产品标准的全球化，让我们在许多方面自觉不自觉地去主动和世界"接轨"。

标准化、统一化、全球化的客观存在会让我们产生全世界政治、经济、文化也会一体化的错觉，以为将来什么都没有国界了，但是，错觉终究是错觉，我们决不能按错觉行事，轻率地让涉及民族情感的文化艺术去"接轨"，最终使得中华民族情无所系，心无所向。我们反对文化艺术去"接轨"并不是说要拒绝向西方学习和借鉴，因为我们知晓一种文化艺术的发展一定要有对另一种文化艺术的吸收才是健康的,吸收和"接轨"是两个不同的问题。

就近现代中国绘画发展而言,不知有多少画家、理论家、美术史家也希冀用西方绘画的标准和把握方式去解决中国绘画问题。有的以比较的方式将中西绘画内在手法和外在形态去一一对应,最终以西方有的中国也有,中国有的西方也有为结论,就算完成了所谓中西绘画比较研究;有的以认识和把握西方绘画的方式套用在中国绘画上,在他们眼里,中国绘画成了西方绘画体系和框架中的一部分。如果上述两种认识方法真能解决中国绘画全部问题的话,那也不失为一种可资学习的新办法,不过,此种新办法没有真正解决中国绘画的所有问题,因为中国人从来不用别人的认识方式去认识自己的绘画,我们更不能假定自己是外国人。

长期以来,我们许多许多画家和史论家,仍走不出研究中国绘画却得出西方绘画结论这个怪圈,无法帮助读者将正确的认识落实在中国绘画审美本质上,真正看懂中国绘画。

本书的重订和再版,就是想给广大读者一条认识中国绘画的线索,有了这条符合实际的思维之线,就可以自由地将一个个美丽的绘画珍珠串成自己喜欢的各种佩饰了,缺少了这条线,再好的珍珠也只好用手捧着和放在什么容器中,而无法恰当地展现它的审美价值。在这样的前提下,选取 100 位画家还是选取 200 位画家已并不重要;笔者对每位画家作品所写的导赏词更微不足道,因为有了一个根植于民族文化传统和民族艺术精神的审美眼光,广大读者心中会选出和笔者不一样的影响中国绘画进程的 100 位画家,会写出比笔者更高妙的中国绘画欣赏美文。

　　我们应当承认，当代中国绘画的许多问题仍没有完全解决，它和中医一样，虽然高深，但还不能完全自圆其说，论述者大多都是经验之谈，无法向西方科学理论那样具有普适性和标准性，这也是导致中国画从学习到欣赏诸环节人云亦云的主要原因。基于此，我们必须认真地向西方学习，尝试用分析与综合的办法，以数理哲学的条理化去充实中国画的研究和认识，因为学习别人是可以发展自己的。

　　此外，西方现代化发展会遇到许多难解的问题，他们善于"人定胜天"，却于"天人合一"略逊一筹，对解决人与人、人与社会问题有所欠佳，而中国人却最善于解决这些问题，当西方社会发展到需要中国智慧、中国文化的时候，就离真正解决问题不远了。我们乐见有朝一日中西方会携手并肩，贡献出对方所需要的东西，解决各自发展中出现的问题，向着人类更美好的明天迈进。

　　衷心感谢所有对此书付出身心劳作的朋友们！

张桐瑀

2017 年 3 月 26 日于北京

图书在版编目（CIP）数据

影响中国绘画进程的 100 位画家 ／ 张桐瑀编著 . ——
南宁：广西美术出版社，2018.6
ISBN 978-7-5494-1821-3

Ⅰ . ①影… Ⅱ . ①张… Ⅲ . ①画家－生平事迹－中国
Ⅳ . ① K825.72

中国版本图书馆 CIP 数据核字 (2018) 第 004053 号

影响中国绘画进程的 100 位画家

编　　著：张桐瑀

策划编辑：姚震西

责任编辑：谢　赫

装帧设计：三恒文化

责任校对：陈叶萍　梁冬梅　肖丽新

审　　读：马　琳

责任印制：莫明杰

出版人：陈　明

终　　审：冯　波

出版发行：广西美术出版社

地　　址：广西南宁市望园路 9 号（邮编：530023）

网　　址：www.gxfinearts.com

印　　刷：北京雅昌艺术印刷有限公司

开　　本：787 mm × 1092 mm 1/16

印　　张：24

字　　数：350 千

出版日期：2018 年 7 月第 1 版第 1 次印刷

书　　号：ISBN 978-7-5494-1821-3

定　　价：98.00 元